EUROPAVERLAG

CHRISTIAN HARDINGHAUS

DIE VERLORENE GENERATION

Gespräche mit den letzten Kindersoldaten des Zweiten Weltkriegs

EUROPAVERLAG

MIX
Papier aus verantwortungsvollen Quellen
FSC® C014889

Umschlaggestaltung: Hauptmann & Kompanie Werbeagentur, Zürich,
unter Verwendung von Fotos von © ullstein bild – ullstein bild
Bildnachweis: Bundesarchiv, Bild 146-1973-060-72 / CC-BY-SA 3.0 S. 32; Bild 133-130 / CC-BY-SA 3.0 S. 34; Bild 183-J27050 / CC-BY-SA 3.0, S. 51; Bild 146-1971-033-15 / CC-BY-SA 3.0, S. 54; Bild 146-1978-013-07, S. 69; Bild 101I-155-2112A-38A / Noack / CC-BY-SA 3.0, S. 141; Bild 183-11408-0005 / CC-BY-SA, S. 175; Bild 183-J28536 / CC-BY-SA 3.0, S. 189; Bild 146-1981-053-35A / CC-BY-SA 3.0, S. 206; Bild 183-H26408 / CC-BY-SA 3.0, S. 209; Bild 183-N0301-503 / CC-BY-SA 3.0, S. 249; Bild 183-1985-0306-032 / CC-BY-SA 3.0, S. 286 https://www.szukajwarchiwach.gov.pl/en/jednostka/-/jednostka/9423960/obiekty/ 562464, S. 38 http://mil.ru/winner_may/history/more.htm?id=12226133@cmsArticle, S. 75 Wikimedia Commons, S. 93, 100; pomeranica.pl, S. 185 https://www.iwm.org.uk/collections/item/object/205023601, S. 266 http://history.amedd.army.mil/booksdocs/wwii/EPWs/Fig39p382.jpg, S. 275 Sylwester Braun, S. 293 http://media.iwm.org.uk/iwm/mediaLib//8/media-8489/large.jpg, S. 305, alle anderen: privat
Redaktion: Franz Leipold
Layout & Satz: Robert Gigler, München
Gesetzt aus der Simoncini Garamond
Druck und Bindung: Pustet, Regensburg
ISBN 978-3-95890-382-1

www.europa-verlag.com

INHALT

»MENSCHEN MIT NAZIHINTERGRUND«? –

Tiefpunkte deutscher Erinnerungskultur

Am 15. Februar 2021 diskutierten die 1993 in Afghanistan geborene und in Hamburg aufgewachsene Künstlerin und Kolumnistin Moshtari Hilal und der aus Sri Lanka stammende, 1985 in Coburg geborene Essayist und politische Geograf Sinthujan Varatharajah rund zwei Stunden auf einem Instagram-Kanal zum Thema »Kapital und Rassismus bei Menschen mit Nazihintergrund«[1]. Dabei wiesen sie in Deutschland lebende Personen pauschal zwei Gruppen zu: Menschen mit Migrationshintergrund und Menschen mit Nazihintergrund. Dass das extrem provozierte, war beiden bewusst, denn sie förderten den Effekt noch, indem sie sich dazu verabredeten, passend zum Diskussionsgegenstand braune Pullover überzuziehen.

Ihre persönliche Motivation, diese Einteilung vorzuschlagen, lässt sich schnell aus ihrem per Video geführten Gespräch ableiten. Sie zeigen sich genervt davon, dass sie mit dem Stigma »Migrationshintergrund« leben müssen, der sich den Zuschauern allerdings nur aufgrund von äußeren Merkmalen erschließen lässt, denn beide tun scheinbar viel dafür, um deutsch und angepasst zu wirken. Hilal beschwert sich in sauberem Hochdeutsch und politisch korrekter Gender-Sprache darüber, dass hiesige Historiker*innen [sic!] immer nachlässiger arbeiten würden, weil sie den Zusammenhang zwischen zeitgenössischem und nationalsozialistischem und kolonialdeutschem Rassismus nicht erkennen würden. Varatharajah, dessen Bruder Senthuran als Schriftsteller beachtenswerte Preise für sein feines literarisches Gespür der deutschen Sprache gewonnen hat, redet mit deutlichem oberfränkischem Akzent und ebenfalls in sauberem Gender-Neusprech. Auch er kritisiert zuvorderst die ungenügende Geschichtsvermittlung zum Zweiten Weltkrieg. Als erstes Beispiel für eine dringend notwendige Vertiefung des Themas in unserer Gesellschaft nennt er die Firma Bahlsen, die Wehrmachtsoldaten mit Keksen beliefert und dadurch unverkennbar den NS-Apparat gestützt habe. Er findet es schlimm, dass in Dokumentationen, die hierzulande über den Zweiten Weltkrieg laufen, immer wieder Trümmerfrauen in Ruinen als Opfer gezeigt werden. Niemanden würde es interessieren, dass diese eben noch in der NSDAP gewesen seien. Das Ablegen ihrer Ideologie mit Kriegsende nimmt er ihnen nicht ab. Das sehe er ihnen anhand der gehässigen und feindseligen Ausdrücke an, mit denen sie auf die alliierten Kameraleute reagieren.

Hilal und Varatharajah diskutieren über deutsche Geschichte in gelassenem Plauderton und kommen dabei trotz der verqueren Inhalte authentisch und sympathisch rüber, sodass man ihnen das fehlende oder völlig missinterpretierte Wissen über die Deutschen im Zweiten Weltkrieg sowie ihre Nichtdifferenzierung zwischen Nazis einerseits und Soldaten und Zivilisten andererseits kaum krummnehmen kann. Sie wirken insgesamt nicht, als würden sie anecken wollen oder eine böse Absicht verfolgen. Ihnen scheint es wirklich ernst, und sie wähnen sich dabei während des gesamten Talks auf einer moralisch sicheren Seite. Beide haben anscheinend aufgrund ihres Migrationshintergrundes bei gleichzeitiger völliger Angepasstheit ein Problem mit ihrer Identität entwickelt, ohne zu bemerken, dass dies ein Kernproblem der gesamten, vor allem aber auch der »biodeutschen« Gesellschaft ist. Dabei gibt Varatharajah sogar preis, dass er sich durch die Geschichtsvermittlung des deutschen Bildungswesens sehr schnell selbst schuldig gefühlt hat und sich geschämt hat, in diesem Land zu leben.

Die Unsicherheit, aus der heraus die beiden diskutieren, versteht man umso besser, wenn man versucht, sich auf ihre Perspektive einzulassen, und gleichzeitig weiß, dass das vermittelte Bild deutscher Geschichte in hiesigen Medien auf die Gräueltaten der Nazis im Dritten Reich fokussiert ist und kaum Multiperspektivität zulässt. Dem Konsens ihres Gespräches kann man entnehmen, dass Hilal und Varatharajah es als gerecht empfänden, wenn fortan Deutsche, die nicht durch das vermeintliche Stigma eines Migrations- oder eines anderen Minderheitenhintergrundes belastet sind, einfach stattdessen angeben würden, sie seien Menschen mit Nazihintergrund, um dadurch eine Art gleiche Ebene für alle herzustellen. Das mag ihnen kurzfristig Erleichterung im Umgang mit sich selbst verschaffen, trägt aber weder zur Lösung der Identitätsprobleme von Deutschen noch von hier lebenden Migranten bei. Was den Diskutanten während ihres Talks, in dem sie nicht ein einziges Mal tatsächlich auf ihre familiäre Migrationsgeschichte eingehen, nicht bewusst wird, ist, dass sie durch ihren Vorschlag genauso wenig differenzieren wie die Menschen, denen sie womöglich vorhalten, sie selbst nur aufgrund ihrer Herkunft zu bewerten. Nun ist allerdings ein Migrationshintergrund für die meisten, die ihn besitzen, gar kein Stigma und im allgemeinen Verständnis nichts Schlimmes. Ein Nazi – und damit ein Nazihintergrund – ist das aber auf jeden Fall. Die größte Beleidigung, auch wenn es sich längst inflationär eingebürgert hat, ist es für einen Deutschen immer noch – oder sollte es sein –, wenn man ihn zu Unrecht als Nazi bezeichnet. Hilal und Varatharajah begehen den Fehler, in ihrer Argumentation das zu übernehmen, was ihnen in dieser Gesellschaft medial und politisch allzu oft suggeriert wird, nämlich dass alle Deutschen, die in der Zeit des Dritten Reiches gelebt haben, Nazis und Täter gewesen sein müssen. Die beiden wissen es nicht besser, und ihnen fehlt an dieser Stelle mit Sicherheit auch genau das, was sie von »biodeutschen« Familien erwartet hätten: Gespräche mit eigenen Verwandten, die den Nationalsozialismus erlebt haben. Vielleicht können sie sich einfach nicht vorstellen, dass genau diese kaum oder gar nicht geführt wurden. Andererseits hätten beispielsweise deutsche Medien, die wegen hoher Klickzahlen und vereinzelter Shitstorms auf den Instagram-Talk aufmerksam geworden sind, aufklären können; daraus hätte sich ein spannender und wertvoller Dialog ergeben können. Möglicherweise hätten Hilal und Varatharajah erfahren, dass die Erlebnisse ihrer eigenen Eltern, die aus Afghanistan und Sri Lanka geflüchtet sind, eine Menge Parallelen zu den Lebenswegen der nächsten Verwandten vieler ihrer deutschen Mitmenschen aufweisen, die genau aus demselben Grund an Identitätsproblemen leiden, die intergenerationelle Gespräche verhindert haben. Aufgrund fehlender Aufklärung in Medien und Schule wissen Hilal und Varatharajah vermutlich gar nicht, dass zwischen 1944 und 1947 14 Millionen Deutsche mit Gewalt aus ihrer Heimat vertrieben wurden. Vielleicht hat ihnen nie jemand erzählt, dass dabei über zwei Millionen unschuldige Frauen, Kinder und alte Menschen ermordet und dass an Deutschen in dieser Zeit schreckliche Massaker verübt wurden. Nicht, dass mindestens zwei Millionen deutsche Frauen und Mädchen vergewaltigt worden sind. Sie hätten sonst sicher ihre Meinung darüber, welche Personenkreise im Zweiten Weltkrieg Opfer und welche Täter waren, differenzierter ausgedrückt und von sich aus auf ihre Wortneuschöpfung »Menschen mit Nazihintergrund« für die vielen Nachfahren der Deutschen mit Opferhintergrund verzichtet.

Doch medial wurde hier nicht moderiert, vielleicht, weil hiesige Medienvertreter nicht mutig genug sind, das Thema differenziert aufzugreifen, oder selbst »biodeutsche« Journalisten wissen es tatsächlich nicht besser. Ein Beispiel dafür gibt uns die Redakteurin Jule Hoffmann in ihrem Artikel »Deutsch und damit nicht normal«[2], erschienen in der *Zeit* am 12. März 2021, der sich auf das Gespräch zwischen Hilal und Varatharajah bezieht. Hoffmann hält darin die Anwendung des Begriffs »Mensch mit Nazihintergrund« nämlich für zutreffend. Er könne dabei helfen, dass sich die deutschen Nachkriegsgenerationen ihrer historischen Verantwortung stellen. Niemand, dessen Eltern oder Großeltern im Dritten Reich gelebt haben, könne etwas dagegen einzuwenden haben, meint sie und schreibt:

> *Es ist ein Riesenunterschied, ob ich mir eine Dokumentation über die Deutschen im Zweiten Weltkrieg ansehe, eine Gedenkstätte für Verfolgte der NS-Zeit besuche – oder ob ich mir sage: Ich bin ein Mensch mit Nazihintergrund. Man sage es ein paar Mal vor sich hin, um festzustellen: Die NS-Geschichte rückt einem sehr viel näher [...] Die Bezeichnung »Menschen mit Nazihintergrund« leuchtet mir sofort ein. Fast wundere ich mich, dass ich sie in diesem Instagram-Talk zum ersten Mal gehört habe.*[3]

Passenderweise brauchte ausgerechnet Hoffmann selbst sich den Begriff gar nicht erst zu eigen zu machen, denn zumindest auf den einen Teil ihrer Großeltern trifft das Etikett nicht zu. So schreibt die Journalistin, ihre Oma habe etwa beim gescheiterten Attentat auf Hitler durch Stauffenberg geweint und ihr Opa habe als Pfarrer mehrmals versucht, Deportationen zu verhindern. Mit dem anderen Großelternpaar habe sie zwar kaum selbst reden können, wisse aber über ihre Mutter, dass der Großvater ein harmloser Funker in Italien gewesen sei, der heimlich Gespräche von Generälen abgehört habe. Er sei wie seine Frau völlig unpolitisch und ländlich gewesen. Dennoch möchte Hoffmann darauf nicht stolz sein, denn schließlich könnten ihre Großeltern theoretisch zum Beispiel bei von Nazis nach Deportationen veranstalteten »Judenauktionen« jüdisches Geschirr oder Bettwäsche erworben haben. Dazu schreibt sie weiter:

Übrigens überkommt mich, noch während ich das schreibe, ein sehr ungutes Gefühl dabei, dass ich meine Großeltern hier öffentlich schlimmer Dinge verdächtige, ohne zu wissen, ob ich ihnen damit Unrecht tue. Aber wahrscheinlich deutet sich hier das Problem schon an: Auch kleine Verdachtsmomente wiegen so schwer, dass sie innere Abwehrreflexe auslösen.[4]

Im unbegründeten Zweifel also trotzdem gegen den Angeklagten? Hoffmann, die sich nach eigenen Angaben bei einem Besuch der Holocaust-Gedenkstätte Yad Vashem in Israel dafür geschämt hat, in einer deutschen Reisegruppe zu stehen, beklagt außerdem, dass sie bisher von niemandem gehört habe, der offen zugegeben hätte, dass seine Großeltern Nazis gewesen sind. Daraus leitet sie ab, dass Großeltern eben alle geschwiegen hätten. Ihr fehlten zum Beispiel Bekenntnisse der Großelterngeneration zu Kämpfen mit Gewehr und Panzerfaust – warum dies ein Indiz für eine Nazigesinnung sein könnte, erwähnt sie nicht. Nun sind fast sämtliche Zeitzeugen der Kriegsgeneration verstorben, auch Hoffmanns Großeltern. Sie schreibt:

Ich kann sie also nicht mehr fragen. Aber die berühmte Klage über das Wegsterben der Zeitzeugen – ist die nicht ohnehin heuchlerisch? Ich bin nicht sicher, ob ich sie je unumwunden gefragt hätte. Ob ich das geschafft hätte. Und ob ich je eine richtige Antwort erhalten hätte.[5]

Damit fasst Hoffmann immerhin das grundlegende Problem zusammen, dem sie selbst verfallen ist: Die Zeitzeugen sind weg, und der Großteil ihrer Nachfahren hat sich nicht getraut, mit ihnen zu sprechen. Sie hatte also gar nicht mitkriegen können, dass viele Großeltern genau deswegen geschwiegen haben, weil sie Angst gehabt oder sogar die Erfahrung gemacht haben, von jüngeren Menschen zu Unrecht als Nazi verurteilt zu werden. Im Umkehrschluss ist das der Grund, warum wir heute mit so vielen Einschätzungen falschliegen, denn zweifelsfrei halten sich Vorurteile über die Kriegsgeneration hartnäckig, die jedoch den historischen Fakten und Erkenntnissen nicht entsprechen. Diesen nach ist die absolute Mehrheit der Deutschen nämlich im Zweiten Weltkrieg weder Nazi noch Verbrecher gewesen, hat den Holocaust nicht zu verantworten gehabt und auch nicht von Massenmorden und Vergasungen in Vernichtungslagern gewusst. Das macht die Gräueltaten keinen Deut besser oder ungeschehen, sollte uns aber grundlegende Erkenntnisse und Hinweise darüber liefern, wie das NS-Regime funktioniert hat und wie das größte Verbrechen der Menschheitsgeschichte geschehen konnte.

Um dies präzise zu analysieren und daraus die richtigen Konsequenzen für unsere Gegenwart und Zukunft zu ziehen, ist die Vermittlung der Tatsachen wichtiger als jede falsche Scham davor, die Thematik anzugehen: Die Mehrheit der Deutschen hat nie frei die NSDAP gewählt, und von denen, die es getan haben, handelten die wenigsten aus bösen Motiven, mit exklusivem oder auch nur vermutetem Wissen darüber, was die Nazis ab 1942 beschließen und in Gang setzen würden. Mittlerweile lebt wahrscheinlich niemand mehr, der die NSDAP überhaupt gewählt hat. Und dennoch bleiben die Vorurteile bestehen gegenüber allen, die damals gelebt haben und die heute noch unter uns sind. Das betrifft im Besonderen sämtliche Angehörige der Generation der Kindersoldaten, die in den folgenden Kapiteln ihre persönliche Geschichte preisgeben. Falls aber doch noch jemand einen Deutschen daran bemessen will, ob er in der Lage gewesen wäre, die Nazis zu wählen, sei hier abschließend die einfache mathematische Feststellung erlaubt: Der- oder diejenige müsste mindestens 1913 geboren worden sein, um mit den notwendigen 20 Jahren an den Wahlen 1933 teilnehmen zu können. Damit müsste eine solche Person heute wenigstens 108 Jahre alt sein.

»GELOBT SEI, WAS HART MACHT!« –

Annäherung an die verlorene Generation

Die Möglichkeiten, Zeitzeugen über das Dritte Reich und den Zweiten Weltkrieg zu befragen, neigen sich 2021 dem Ende zu. Sie sind nahezu ausgeschöpft, und in wenigen Jahren gehören sie selbst der Geschichte an. Heute können wir diesen Zeitraum nach neueren Definitionen nicht einmal mehr der Zeitgeschichte zurechnen, unter der entsprechende Bücher noch um die Jahrtausendwende in Bibliotheken einsortiert wurden. Denn die dynamische Einordnung dieser Epoche setzt voraus, dass ein bedeutender Teil der Angehörigen einer Gesellschaft die im Untersuchungsfokus einer Publikation stehende Zeit aktiv miterlebt hat. Das können wir für das Dritte Reich und den Zweiten Weltkrieg nicht mehr annehmen. Ein Soldat, der 1939 in Polen gekämpft hat, muss heute mindestens 100 Jahre alt sein. Allein Menschen zu befragen, die während der Zeit des Nationalsozialismus erwachsen wurden, ist nicht mehr leicht. 94 Jahre sind Voraussetzung dafür.

Was uns heute bleibt, sind Zeitzeugen, die den Zweiten Weltkrieg als Kind erlebt haben und die Auskunft geben können über ihre kindlichen Erfahrungen mit Luftangriffen, zerbombten Städten, Konzentrationslagern, Flucht und Vertreibung, Mitgliedschaft in der Hitlerjugend (HJ) oder Schule in der NS-Zeit. Schon bedeutend schwieriger ist es, Zeitzeugen zu finden, die noch als Soldaten aktiv im Krieg gekämpft haben, die also über das Soldatenleben, das Töten und Sterben an der Front, die Teilnahme an bestimmten Schlachten, die Auseinandersetzungen mit dem Feind oder von der Verwendung spezifischer Waffen oder militärischer Fahrzeuge aus erster Hand berichten können. Um dazu noch aussagekräftige Informationen zu erhalten, müssen sich Historiker auf die Generation der damals minderjährigen Soldaten konzentrieren. Das ist ein Nachteil für zum Beispiel Militärhistoriker, da sie sich dabei auf Schlachten beschränken müssen, die gegen Ende des Zweiten Weltkriegs stattgefunden haben, also maßgeblich jenen auf deutschem beziehungsweise ehemaligem deutschem Boden. Eine bedeutende Chance und Herausforderung dagegen bietet sich Wissenschaftlern, die eine Gruppe in den Untersuchungsfokus rücken, die bisher in der Geschichtswissenschaft viel zu wenig Beachtung gefunden hat, die aber gerade aufgrund ihres charakteristischen Alters über ganz außergewöhnliche und einzigartige menschliche Erfahrungen im Krieg berichten kann. Die minderjährigen Soldaten des Zweiten Weltkriegs können uns heute Lebenden noch Antworten auf viele drängende Fragen geben, um diese Epoche vollständig zu erschließen. Auch wenn die Kindersoldaten zu jung waren, um auf der militärischen Leiter emporzuklettern, wenn sie keine Ritterkreuze und andere hohen Auszeichnungen trugen, wenn sie in der Regel nicht dem Widerstand angehörten, weil sie für all dies zu jung waren, so kämpften sie aber mit Gewehr, Handgranate oder Panzerfaust auf dem Schlachtfeld. Dabei waren sie noch nicht erwachsen, doch auch nicht mehr Kind, oder sind vielleicht erst durch ihre Teilnahme am Krieg überhaupt zur Mündigkeit gereift. Die heranwachsenden Soldaten des Zweiten Weltkriegs haben vieles von dem erlebt und durchgemacht, was auch die erwachsenen durchlebten. Sie haben getötet, sie wurden verwundet, sie haben furchtbaren Gemetzeln beigewohnt, in denen viele ihrer Kameraden ihr Leben lassen mussten. Sie wurden selbst verletzt, kennen die militärischen Kommandos, die Taktiken des Feindes, die Aufregung vor einem Angriff, die Wut und die Trauer nach dem Tod eines Kameraden und die Not und den Hunger in der Gefangenschaft.

Doch diese Zeitzeugen verfügen darüber hinaus über spezielle eigene Sichtweisen: Auf der einen Seite haben sie den Krieg mit den teilweise naiven Augen eines Pubertierenden durchlebt, der sich selbst für unverwundbar hält und sich leicht überschätzt. Auf der anderen Seite hat man sie aus genau diesem Grund zu Soldaten gemacht. Hitlers minderjährige Kämpfer waren einer auf Zerstörung getrimmten Kriegspropaganda ausgesetzt wie sonst kein anderer. Im Ergebnis sahen sich am Ende des Zweiten Weltkriegs sowjetische oder amerikanische Soldaten wild entschlossenen und dabei teilweise hervorragend ausgebildeten Halbwüchsigen gegenüber, die ihnen in ihrer Bereitschaft, sich selbst zu opfern, noch schmerzliche Verluste zufügten. Als sich nach der Kapitulation die letzten deutschen Soldaten ergaben, standen vor den Alliierten Jungen mit Milchgesichtern und viel zu großen Stahlhelmen. Nun sollten die Siegermächte entscheiden, was mit den Halbwüchsigen, die in Fantasieuniformen steckten und nicht mal im Stimmbruch waren, geschehen sollte. Im Gegensatz zu den Kriegskindern, jener Generation der zwischen 1930 und 1945 Geborenen, die sich als vom Sieger befreit fühlen sollten, schlug den Kindersoldaten des Zweiten Weltkriegs kein Mitleid entgegen. In der Regel gerieten alle, ob regulär in die Wehrmacht eingegliedert oder noch ohne Soldbuch in der Tasche, in Kriegsgefangenschaft.

Für den Begriff *Kindersoldat* existiert keine einheitliche Erklärung. Verschiedene Institutionen legen zur Beschreibung unterschiedliche Kriterien für Alter und nachgegangene Tätigkeit sowie Prinzipien von Freiwilligkeit oder Zwang zugrunde. Dieses Buch orientiert sich an der Definition von UNICEF, Terre des Hommes und Amnesty International, nach der alle bewaffneten Kämpfer in kriegerischen Konflikten unter 18 Jahren als Kindersoldaten bezeichnet werden. Dabei spielt es keine Rolle, ob es sich um aktuelle oder historische Krisen handelt. So können die minderjährigen deutschen Soldaten des Zweiten Weltkriegs, die zwischen 1943 und 1945 als bewaffnete Kämpfer eingesetzt wurden, als Kindersoldaten beschrieben werden. Für die Jahrgänge, die dies betrifft, gibt es in der Forschung ebenfalls unterschiedliche Ansichten. Einig ist man sich, dass die Luftwaffenhelfer[6] die unterste Altersgrenze bildeten. Zu den ältesten Kindersoldaten gehört demnach der Jahrgang 1926, der als Erster vor den 1927 und 1928 Geborenen zum Luftwaffenhelferdienst herangezogen wurde. In den letzten Kriegsmonaten griffen die Nationalsozialisten dann auf die Kampfkraft der jüngeren Hitlerjungen zurück. Das waren die Jahrgänge 1929 bis 1931. In den letzten Kriegswochen wurden selbst Pimpfe von gerade mal 13 oder 12 Jahren mit in bewaffnete Kriegshandlungen gezogen, weil sie zum Beispiel mit ihrem Alter schummelten und sich so einen Platz in einem HJ-Kampfverband sicherten. Und auch wenn jüngere Kinder die Möglichkeit hatten, sich eigenmächtig mit einer der vielen herrenlosen herumliegenden Waffen den Feinden entgegenzustellen, sich für Botengänge zwischen Wehrmachtseinheiten anboten oder sich Waffen-SS-Truppen als Pfadfinder oder Späher zur Verfügung stellten, soll in diesem Buch die Obergrenze Jahrgang 1931 für den Begriff Kindersoldat reichen. Damit ist eine offizielle Zugehörigkeit mindestens zur Hitlerjugend ausschlaggebend, in die man mit 14 Jahren aufgenommen wurde.

Spezifische wissenschaftliche Betrachtungen von Kindersoldaten, die im Zweiten Weltkrieg kämpften, ohne je ein anderes System als die NS-Diktatur gekannt zu haben, liegen kaum bis gar nicht vor. Literatur findet sich für diese Altersgruppe vor allem im Rahmen der Erforschung von NS-Herrschafts- und Strukturgeschichte, in der das Erziehungs- und Schulwesen des Nationalsozialismus sowie auch die Organisation der Hitlerjugend und ihrer Unterorganisationen im Vordergrund stehen. Die wenigen Publikationen, die Kinder in Kampfeinsätzen beschreiben, beschränken sich meist auf die Gruppen der Luftwaffenhelfer und des Volkssturms. Als Standardwerk im Bereich Luftwaffenhelfer sollte das leider nur im Selbstverlag erschienene und seit Jahren vergriffene, fast 670 Seiten starke Werk von Hans-Dietrich Nicolaisen gelten: *Der Einsatz der Luftwaffen- und Marinehelfer im 2. Weltkrieg. Darstellung und Dokumentation*[7]. Immerhin ist von Nicolaisen mit *Die Flakhelfer*[8] eine abgespeckte Version im Ullstein Verlag erschienen, die allerdings den Fokus auf die Darstellungen von Erlebnisberichten legt.

Wer sich umfassend über den Volkssturm informieren will, kommt an Franz W. Seidlers *Deutscher Volkssturm. Das letzte Aufgebot 1944/45*[9] und an *Der Volkssturm. Das letzte Aufgebot 1944/45* von Klaus Mammach[10] nicht vorbei. Zu den ab März 1945 auftretenden eigenständig operierenden HJ-Kampfeinheiten wie zum Beispiel den von Reichsjugendführer Artur Axmann befohlenen Panzervernichtungsbrigaden fehlt nahezu vollständig die Forschung. Einige wenige Bücher gehen aber auf Existenz und Einsatz dieser spezifischen Gruppen ein. Die umfangreichste Übersicht dazu sowie auch für den Kampfeinsatz der Hitlerjugend allgemein bietet *Totale Erziehung für den totalen Krieg. Hitlerjugend und nationalsozialistische Jugendpolitik* von Michael Buddrus.[11] Auch Sven Keller listet in *Volksgemeinschaft am Ende. Gesellschaft und Gewalt 1944/45*[12] die bekannten Verbände und Hintergründe der HJ-Kampfeinheiten auf.

Die erste Auseinandersetzung mit minderjährigen Kämpfern

des Zweiten Weltkriegs überhaupt gelang Gregor Dorfmeister unter seinem Pseudonym Manfred Gregor 1958 mit dem autobiografischen Roman *Die Brücke*[13], der ein Jahr später von Bernhard Wicki als filmische Adaption auf die Kinoleinwand gebracht und mehrfach ausgezeichnet wurde. Unter anderem gewann der Schwarz-Weiß-Film den Golden Globe und war für den Oscar nominiert. Allerdings werden die hier kämpfenden Kinder als durchweg fanatisch und somit klischeehaft dargestellt. Dass diese Art von Opferbereitschaft zwar nicht selten vorkam, aber lange nicht die Regel war, soll im Weiteren gezeigt werden.

Als 1972 Ludwig Schätz mit *Schüler-Soldaten. Die Geschichte der Luftwaffenhelfer im zweiten Weltkrieg*[14] die erste wissenschaftliche Untersuchung über den Einsatz von Luftwaffenhelfern herausbrachte, stand die militärische, rechtliche und technische Organisation ihres Luftschutzeinsatzes im Vordergrund und nicht die psychische Belastung oder persönliche Verfassung der Kindersoldaten. Gleichzeitig begannen in den 1970er- und 1980er-Jahren immer mehr Menschen damit, ihre Kindheitskriegserlebnisse zwischen Schule, Elternhaus und Fliegeralarm in Autobiografien aufzuarbeiten, die häufig literarischen Charakter aufwiesen. Schon damals wurde offenbar, dass die erlebte Geschichte der Zeitzeugen oftmals nicht in Einklang stand mit der wissenschaftlichen Einordnung ihrer Zeit durch Historiker, die nicht persönliche Lebensgeschichten in den Forschungsfokus rückten, sondern versuchten, das Große und Ganze innerhalb politischer Zusammenhänge zu erklären. In den Achtzigerjahren wurde auch der Begriff der sogenannten Flakhelfergeneration geprägt, die eine breite öffentliche Wahrnehmung erfuhr, weil sich viele prominente Persönlichkeiten als Angehörige herausstellten. Als Luftwaffenhelfer dienten zum Beispiel Schriftsteller wie Martin Walser, Günter Grass und Günter de Bruyn, Schauspieler wie Hardy Krüger und Dietmar Schönherr, Politiker wie Hans-Dietrich

Genscher und Erhard Eppler oder Wissenschaftler wie Niklas Luhmann und Joachim Fest. Außerdem waren Entertainer Peter Alexander, Kabarettist Dieter Hildebrandt sowie auch Papst Benedikt XVI., mit bürgerlichem Namen Joseph Aloisius Ratzinger, als Flakhelfer im Einsatz.

Die Vorurteile, mit denen ehemalige Kindersoldaten in ihrem späteren Leben zu kämpfen hatten, sind im Grunde die gleichen, die auch den erwachsenen Soldaten oder Frauen des Zweiten Weltkriegs entgegengeschlagen sind. Die vorwurfsvollen Fragen, die man den Zeitzeugen zu häufig nicht selbst gestellt, aber als Provokation in die öffentliche Debatte um Schuld und Unschuld eingeflochten hat, sind deckungsgleich: *Warum habt ihr da mitgemacht? Warum habt ihr getötet? Warum habt ihr nichts gegen Hitler unternommen? Warum habt ihr den Holocaust zugelassen?*

Zusätzlich haben sich explizite Vorurteile gegenüber deutschen Kindersoldaten gebildet, die wohl auf ihre Darstellungen in amerikanischen Spielfilmen und Trivialliteratur zurückzuführen sind. Dort werden sie als für Hitler kämpfende Bluthunde geschildert, die alles im Sinne des und für den Nationalsozialismus taten. Die wichtigste Studie, die über Motivationen und Einstellungen von Kindersoldaten – im Speziellen Flakhelfern – durchgeführt wurde, widerspricht diesem Bild in den wesentlichen Punkten. Der Historiker und Didaktiker Rolf Schörken hat dazu 1984 einen umfangreichen Fragebogen an 422 ehemalige Luftwaffenhelfer verschickt. Anhand von 228 beantworteten und zurückgeschickten Bogen konnte er ein aufschlussreiches Profil über das politische Bewusstsein der Flakhelfergeneration in einer Zeit extremer psychischer Belastung und strategischer Indoktrination – in die auch noch der eigene Reifeprozess fiel – erstellen und in seinem Buch *Luftwaffenhelfer und Drittes Reich. Die Entstehung eines po-*

litischen Bewußtseins[15] veröffentlichen. Schörken appelliert schon in seinem Vorwort eindringlich: »Will man der Erfahrungswirklichkeit einer ganzen Generation nahekommen, muss man bereit sein, sich auf differenzierte Ergebnisse einzulassen, die nicht in ein Schwarz-Weiß-Bild passen.«[16] Die Kriegsgenerationen ab 1926 seien, gerade weil ihnen die Erfahrung aus der düsteren Zeit der Weimarer Republik gänzlich fehlte, gar nicht mehr richtig vom Hitler-Enthusiasmus gepackt worden.[17]

Die Aufmärsche, Feiern, Gedenktage, Fahnenweihen, Feste und Reden, die dem Regime die sakrale Färbung gaben und die Politik zum Feiertag machen sollten, wirkten auf diejenigen, die das von klein auf mitmachen mussten – und zwar keineswegs freiwillig –, allein aufgrund der Gewöhnung wie etwas Alltägliches, oft genug Lästiges, dem man durch vielerlei Schliche aus dem Weg gehen konnte.[18]

Zur Mentalität des Luftwaffenhelfers stellt Schörken fest: »Er unterscheidet sich von den älteren Jahrgängen dadurch, dass ihn die nationalsozialistischen Ideologeme im engeren Sinne (Rassenlehre, biologistisches Geschichtsbild) kaum erreichten.«[19] Auf die Frage, ob NS-Ideologie oder Propaganda überhaupt eine Rolle im Alltagsleben der Luftwaffenhelfer spielte, antworteten 74,12 % der Befragten entschieden mit *Nein*. *Ja* sagten lediglich 12,72 %.[20]

Die Hauptursache, dass die Luftwaffenhelfer eine eingeschränkte Weltsicht entwickelten, die nur zwischen Deutschland und Feindesland unterschied, liege laut Schörken nicht an den Inhalten der NS-Propaganda, sondern gründe sich auf ihren diktatorisch abgeschirmten Zugang zur Außenwelt und in der Alternativlosigkeit.[21]

Niemand (...) hatte eine zutreffende Vorstellung davon, wie es außerhalb Deutschlands in der Welt aussah und was andere Menschen in anderen Völkern dachten und taten. [...] Außerhalb des Bewusstseins blieb auch, wie Deutschland unter Hitler draußen beurteilt wurde und wie man dort über den Krieg dachte.[22]

Von der NS-Propaganda sei in den Jahren 1943–1945 nur noch die Kriegspropaganda an die Luftwaffenhelfer herangedrungen, die auf Steigerung der Kampfmoral abzielte.[23] Dies führte zu einem erhöhten Zusammengehörigkeitsgefühl der Luftwaffenhelfer untereinander, zu einer Identifikation mit der Wehrmacht und zu einem Verständnis von sich selbst als Soldat. »Unter allen Elementen der nationalsozialistischen Propaganda fand die heroisierende Kriegsvorstellung in dieser Altersstufe vollen Anklang und wurde in aller Regel unkritisch übernommen.«[24]

Hingegen sei in den Einstellungen der Luftwaffenhelfer die entschiedene Ablehnung der HJ und anderer NS-Funktionäre vorherrschend gewesen. Nationalsozialistische Attribute und Vorschriften wurden im alltäglichen Dienst abgelehnt, und ideologietreues Verhalten im Umgang mit anderen, wie zum Beispiel sowjetischen Kriegsgefangenen, die mit in der Stellung lebten, wurde missachtet.[25] Ganz im Gegensatz also zur Darstellung der NS-Propaganda, nach der Russen als Untermenschen galten, gaben 42,9 % der von Schörken befragten Luftwaffenhelfer an, das Verhältnis zu den in der Stellung arbeitenden und lebenden sowjetischen Kriegsgefangenen sei sehr gut und freundschaftlich gewesen. 19,5 % beschrieben es als korrekt und 7 % empfanden sogar Mitleid mit ihnen. Die Wirkung des Führer-Images sei in der Untersuchungsgruppe äußerst gering gewesen.[26] Während 50,2 % zum Zeitpunkt ihrer Einberufung noch an den Endsieg geglaubt haben, verloren je 25 % Mitte 1944, Ende 1944 und Anfang 1945 ihren Glauben daran. Nur 10,8 % glaubten bis zur

Kapitulation an den Endsieg.[27] 32,8 % der Endsieggläubigen insgesamt trieb dabei die Hoffnung auf Wunderwaffen an, 25,9 % waren einfach nicht in der Lage, sich einen verlorenen Krieg vorzustellen, aber nur 11,7 % gaben als Grund Vertrauen auf den Führer an.[28] Interessant erscheint dabei auch die politische Selbsteinschätzung der befragten ehemaligen Luftwaffenhelfer während ihrer Dienstzeit. 47 % gaben patriotische Gründe an. Man habe als Soldat eine Pflicht für das Vaterland abgeleistet. 15,4 % beschrieben sich als naiv oder gutgläubig. 24 % sagten, sie hätten dem NS-Regime bereits deutlich kritisch gegenübergestanden, und 8 % sahen sich sogar in einer oppositionellen Rolle.[29]

Schörken fasst zusammen: »Auch bei vorsichtigster Interpretation wird man sagen dürfen, dass die Aufnahmebereitschaft für nationalsozialistisches Gedankengut in dieser Generation beinahe auf den Nullpunkt fiel. Die politische Situation verlief nicht mehr im Sinn des Nationalsozialismus.«[30]

Im Verlauf dieses Buches wird sich zeigen, ob Schörkens Erkenntnisse über Einstellungen und Motivationen von Luftwaffenhelfern der Jahrgänge 1926 bis 1928 sich in den Gesprächen mit den hier befragten ehemaligen Luftwaffenhelfern wiederfinden und ob sich diese auch auf die jüngeren Kindersoldaten der Jahrgänge 1929 bis 1931 übertragen lassen.

In diesem Buch erzählen 13 der letzten lebenden Kindersoldaten des Zweiten Weltkriegs ihre dramatische Geschichte. Alle sind zwischen 1926 und 1931 geboren. Die Männer sind heute zwischen 91 und 95 Jahre alt und waren bei Kriegsende entsprechend zwischen 13 und 18 Jahre alt. Alle Zeitzeugen waren aktiv an Kampf- oder Kriegshandlungen beteiligt und dienten in ihnen zugewiesenen Einheiten, waren also zumindest zeitweilig organisiert. Davon wurden fünf als Luftwaffenhelfer eingesetzt, vier gehörten Panzervernichtungstrupps oder anders genannten HJ-

Kampfgruppen an, drei waren als Hitlerjungen in den Volkssturm eingegliedert und einer im Hilfsdienst der Wehrmacht. Von fünf Zeitzeugen, die regulär als Soldaten in der Wehrmacht kämpften, wurde einer zwangsrekrutiert, vier hatten sich als Offiziersbewerber freiwillig gemeldet und sind so vorzeitig eingezogen worden. Ein Zeitzeuge wurde zwangsweise der Waffen-SS unterstellt. Weiterhin waren alle bei oder nach Kriegsende kürzer oder länger in alliierter Gefangenschaft. Jeder verlor während seines Kampfeinsatzes nahestehende Kameraden, sechs von ihnen wurden selbst teilweise schwer verletzt. Wiederum sechs Zeitzeugen stammen aus ehemaligen deutschen Gebieten in Posen, Schlesien oder Ostpreußen, was nicht verwundern darf, denn sowohl Volkssturm als auch kämpfende HJ-Gruppen fand man größtenteils an der Ostfront, und die reichte nur maximal bis Berlin.

Streng genommen erfüllt einer – der Älteste unter meinen Zeitzeugen – das Kriterium des Kindersoldaten nicht, da er, bereits einige Wochen bevor er in den Kampf geschickt wurde, 18 Jahre alt geworden ist, wobei seine militärische Ausbildung aber noch nicht abgeschlossen war. Seine Geschichte steht am Ende und soll den fließenden Übergang zwischen minderjährigen und den jüngsten erwachsenen Kämpfern aufzeigen. Ansonsten sind die Protagonisten in diesem Buch weder nach Alter noch nach Herkunft, Waffengattung oder eingesetztem Kampfgebiet sortiert. Wichtige allgemeine Hintergrundfakten und Eckdaten, die für das bessere Verständnis der unterschiedlichen Gruppen von Kindersoldaten dienen können, habe ich im nächsten Kapitel beschrieben. Der Leser soll hier Grundsätzliches zum Beispiel über Heranziehung, Ausbildung, Bewaffnung, Bekleidung, Kampf und Alltag der Hitlerjugend im Allgemeinen, der Luftwaffenhelfer, Kriegsfreiwilligen, Volkssturmmannen sowie der Panzervernichtungstrupps, HJ-Kampfverbände und sogenannten Werwölfe erfahren.

Die Kriegserlebnisse der einzelnen Protagonisten stehen im Vordergrund dieses Buches; natürlich wird dabei ihr vorheriges Aufwachsen im Nationalsozialismus in Gesellschaft und im Elternhaus mitbeleuchtet. Zugunsten der Beschreibung ihrer prägenderen Hitlerjugendzeit wurden die Erfahrungen im Deutschen Jungvolk nur angeschnitten. Zu Anfang einer jeden Episode lernen wir den Protagonisten in seinem jetzigen Alter und Lebensumfeld kennen. Zum Ende sind die jeweiligen Lebenswege nach dem Krieg nachgezeichnet. Den Einzelepisoden nach stehen außerdem zwei übergeordnete Fragen. Die Frage nach zeitgenössischem Wissen über Judenverfolgung und Holocaust ist in der deutschen Erinnerungskultur von so zentraler Bedeutung, dass ich sie für dieses Thema nicht ausklammern kann und auch nicht möchte. Schon während früherer Zeitzeugeninterviews habe ich allerdings festgestellt, dass meine Interviewpartner oftmals nicht selbst zu der Thematik finden. Die Gründe sind vielfältig, meist aber spielte der Holocaust in ihren eigenen Erinnerungen an den Krieg einfach keine zentrale Rolle. Sofern sie daher in ihren freien Erzählungen nicht von selbst darauf eingegangen sind, habe ich dazu am Ende meines jeweiligen Zeitzeugengesprächs eine konkrete Frage gestellt. Ich halte die Auseinandersetzung damit, auch weil ihre Nichtthematisierung zu erheblichen gesellschaftlichen Vorurteilen geführt hat, für so wichtig, dass ich die Antworten darauf losgelöst von den eigentlichen Kriegsepisoden aufgenommen habe. Eine zweite nachgestellte Frage zu jeder Episode ergab sich aus Hinweisen des Zeitzeugen zu einem persönlichen Interesse während des Gesprächs, das nicht in unmittelbarem Zusammenhang mit den Kriegserlebnissen steht, oder aus dem Wunsch, einen bestimmten Aspekt zu vertiefen. Beispielsweise äußerten sich Zeitzeugen zu unserem generellen Umgang mit Geschichte, zu ihren Erfahrungen mit jüngeren Generationen oder zu bedeutenden Themen wie Wut, Versöhnung oder Hoffnung.

Des Weiteren habe ich nach den Richtlinien der wissenschaftlichen Methode *Oral History* meine Zeitzeugen eigene Schwerpunkte setzen lassen. Entscheidend ist bei allen Zeitzeugenbefragungen, ein ausgeglichenes Maß zwischen Gespräch und Zuhören zu finden. Vermieden werden sollte ein starrer Interviewcharakter. Erfahrungsgemäß findet im ersten Teil eines gelungenen Gespräches ein Austausch auf Augenhöhe statt, auch um sich kennenzulernen und gegenseitiges Vertrauen zu schaffen. Oftmals finden anschließend Zeitzeugen, wenn die Atmosphäre stimmig ist, selbst in einen langen Monolog über all das, woran sie sich erinnern, den man möglichst nicht unterbrechen sollte. Daraus ergeben sich zum Ende hin wieder Aspekte, denen man vertieft gemeinsam nachspüren kann. Manchmal ist das Anschauen von Fotoalben dabei hilfreich, an anderer Stelle auch der Einbezug eines vertrauten Lebenspartners.

Dialekte, Füllwörter und Versprecher meiner Zeitzeugen habe ich nicht berücksichtigt, Halbsätze logisch geschlossen und längere Passagen gekürzt oder zusammengefasst. Darüber hinaus besteht ein Hauptteil der historischen Arbeit darin, die Zeitzeugenberichte inhaltlich auf zeitliche, räumliche und kausale Zusammenhänge und auf mögliche Unstimmigkeiten hin zu prüfen. Erst durch den Abgleich mit Sekundärliteratur und zugänglichen Quellen wie Archive und Karten können die Zeitzeugenerzählungen historisiert werden. Für eine tiefere Recherche konnte ich auch Wehrpässe, Soldbücher, persönliche Notizen oder Entlassungsunterlagen meiner Zeitzeugen hinzuziehen. Hintergrundinformationen zu besonderen geschichtlichen Ereignissen, die in der jeweiligen Episode eine Rolle spielen, habe ich ergänzend und immer passend zwischen Erzählabschnitten eingefügt.

Die größte Herausforderung für dieses Projekt war es für mich – wie auch schon in vorangegangenen Büchern –, geeignete Zeitzeugen zu finden. Sie mussten exakt in die definierte Zielgruppe passen und vor allem geistig und körperlich fit sein. Das ist oberste Voraussetzung für jede Zusammenarbeit in diesem Bereich. Durchschnittlich beträgt das Gespräch vis-à-vis vier bis fünf Stunden, danach lässt die Konzentriertheit eines hochbetagten Zeitzeugen in der Regel nach. Allerdings gibt es hier auch Ausnahmen, und die Unterhaltung kann – dann mit Pausen – doppelt so lange dauern. Bevor es zu einem Treffen kommt, ist viel Vorbereitung notwendig. Da dies mein viertes großes Zeitzeugenprojekt ist und die letzten Bücher sehr erfolgreich liefen, bekomme ich regelmäßig viele Zuschriften per E-Mail und per Post, meistens über meine Agentur. Zeitzeugen melden sich selbst bei mir, oftmals sind es aber auch Kinder, Enkel oder Freunde von betagten Menschen, die eines meiner Bücher gelesen haben und dann darauf hinweisen, dass sie auch jemanden mit einer besonderen Geschichte kennen. So hat sich bei mir in den letzten Jahren ein persönlicher Zeitzeugenpool gebildet, auf den ich gut für das Thema Kindersoldaten zurückgreifen und entsprechende Zeitzeugen auswählen konnte. Dabei geholfen, entsprechende Kontakte zu finden, haben mir aber auch erneut Zeitzeugenbörsen und Verbände sowie Aufrufe über soziale Medien.

Bevor es zu einem persönlichen Treffen kommt, das unabdingbar ist, um einen Menschen für ein solches Projekt kennenzulernen, finden in der Regel erst Gespräche mit Angehörigen statt; es folgen Telefonate mit dem Zeitzeugen und oftmals ein langer vorheriger Brief- oder E-Mail-Verkehr. Auch nach dem Treffen hält man Kontakt, da sich manchmal Detailerinnerungen erst später konkretisieren. Alle Gespräche habe ich zwischen Januar und Juni 2021 geführt.

Störend und oftmals belastend für alle Beteiligten war die Corona-Pandemie mit all ihren Einschränkungen. Öfter mussten daher Termine immer wieder verschoben werden. In der Regel habe ich gewartet, bis meine Gesprächspartner beide Impfungen erhalten hatten. Häufig waren die Corona-Pandemie und entsprechende Schutzregeln auch ein Einstiegsthema. Dabei ist mir besonders aufgefallen, wie erfrischend locker diese Generation mit der Krise umgeht. Nicht einer hatte mir gegenüber von Angst vor einer Infektion gesprochen, und keiner hat sich über die Maßnahmen beschwert. Das war ich aus meinem privaten und beruflichen Umfeld bei jüngeren Generationen ganz anders gewohnt, waren doch hier Sorgen und Beschwerden über eine lange Zeit Hauptthema.

Die *verlorene Generation* ist hart im Nehmen, ähnlich wie die *verdammte Generation*[31], anders als die *verratene Generation*[32]. An dieser Stelle möchte ich bekannt geben, warum ich mich auf der Suche nach einem kennzeichnenden Adjektiv für »verloren« entschieden habe. Der ausschlaggebende Grund ist nicht vornehmlich, dass so viele junge Kindersoldaten während des Zweiten Weltkriegs ihr Leben verloren haben, auch nicht, dass diese Generation sich am Ende des Krieges völlig verloren gefühlt hat und mitunter lange brauchte, um wieder in ein normales Leben zu finden. Vielmehr überwog das Gefühl, dass wir jetzt und heute im Begriff sind, eine besonders tapfere Generation zu verlieren. Und zwar für immer – an den Tod. Mit den letzten Kindersoldaten gehen die letzten Deutschen, die aktiv als Soldat am schlimmsten Krieg der Menschheitsgeschichte teilgenommen haben, und immer bleibt die Sorge, ob wir ihnen genug zugehört haben. Am Ende eines jeden Zeitzeugengespräches wurde mir wieder deutlich bewusst, wie endlich das Leben ist. Gerade hat man einen besonderen Menschen kennengelernt, hat an seinem facettenreichen Leben teilgenommen, da verabschiedet man sich und weiß, man wird sich nicht noch einmal sehen. Die Zeit wird vermutlich dafür nicht reichen.

Auf der anderen Seite bin den Zeitzeugen überaus dankbar und stolz auf sie, dass sie der Gesellschaft am Ende ihres Lebens noch ein letztes Mal ihre bedeutenden Erfahrungen und Erinnerungen an eine für uns alle prägende Zeit mitgeteilt haben und dass sie so dafür Sorge tragen wollen, dass all das, was sie durchgemacht haben, eben nicht verloren gehen und vergessen wird.

Alles hat seine Licht- und Schattenseiten. Die Erziehung der *verlorenen Generation* war brutal; die Kinder und Jugendlichen wurden abgehärtet und dazu angetrieben, ihre individuellen Bedürfnisse ganz hintanzustellen. Ihnen wurden Gehorsam und Härte regelrecht eingeprügelt, und hätten sie das als Kind nicht verinnerlicht, so hätten sie das Grauen, das sie tatsächlich im Kampf und in Gefangenschaft erleben mussten, psychisch nicht überstanden. Die Kinder der *verlorenen Generation,* die, ohne einen freien Willen zu besitzen, Opfer eines mörderischen Regimes geworden sind, haben aber für ihr Leben gelernt, sich nicht zu beklagen, sich selbst nicht so wichtig zu nehmen, nicht das eigene Leid über das aller anderen zu stellen. Sie haben die Prüfung bestanden, dem Grauen ins Auge zu blicken und nicht durchzudrehen oder wegzurennen, wenn etwas brenzlig wird, und sie haben Kameraden und Familie nicht im Stich gelassen. Sie waren weniger egoistisch, als wir es sind, sie haben mehr ertragen können und sie wollten vor allem nicht Opfer sein. Das alles liegt in den Erziehungsmethoden ihrer Zeit begründet, in Schule und Elternhaus und in diesem speziellen Fall in der Hitlerjugend, die wir uns dabei im Folgenden genauer anschauen müssen, weil diese die Entwicklung der Kinder und Jugendlichen schließlich immer weiter auf ihre Teilnahme am Krieg gelenkt hat.

DIE DEUTSCHE JUGEND IM KRIEG

Grundlagen der Hitlerjugend

»In unseren Augen muss der deutsche Junge der Zukunft schlank und rank sein, flink wie Windhunde, zäh wie Leder und hart wie Kruppstahl.« So beschrieb Adolf Hitler das Idealbild seiner männlichen Jugend vor 54 000 Hitlerjungen während des Reichsparteitages am 14. September 1935 in Nürnberg. Nicht mal vier Jahre später begann mit dem Überfall auf Polen am 1. September 1939 der Zweite Weltkrieg, und in der Tat gab es zu diesem Zeitpunkt weltweit keine Jugend, die besser für einen Krieg ausgebildet war als die deutsche Hitlerjugend, von der der Führer von Anfang an wusste, dass sie den Nachwuchs für seine Soldaten auf dem Feld stellen würde. Deshalb war eines der wichtigsten Statuten im Ausbildungsprogramm der HJ die vormilitärische Erziehung. Dass die Hitlerjungen allerdings ohne eine reguläre Wehrmachtsausbildung in den bewaffneten Kampf ziehen würden, hatte selbst die Reichsjugendführung bis 1943 nicht vorgesehen, weil niemand dort damit gerechnet hätte, dass sich der Krieg so lange hinziehen würde.

Als Jugendorganisation der NSDAP am 4. Juli 1926 auf dem Reichsparteitag in Weimar gegründet, war die Hitlerjugend zunächst nur eine von Tausenden überregional existierenden Gruppen, die während der Weimarer Republik unter dem Sammelbegriff *Bündische Jugend,* der sich mehr als 4 Millionen Jugendliche anschlossen, zusammengefasst wurden. Als die Nationalsozialisten nach der Machtergreifung die Jugend gleichschalteten und somit sämtliche Bünde und Jugendverbände verbieten ließen, wurde aus der bis zuletzt auf nicht mehr als 100 000 Jungen und Mädchen angewachsenen Parteijugend bald die größte Jugendorganisation der Welt. Im Mai 1939 verfügte die HJ über 8,7 Millionen und in der Spitze im Jahr 1941 über mehr als 10 Millionen Mitglieder. In den ersten beiden Jahren wahrte die HJ noch den Anschein einer freien, selbst geführten Jugendbewegung, die mit dieser Methode Jugendliche aller sozialen Schichten anzog. Zeltlager, Wanderungen, Naturverbundenheit, Sport, Spiel und Ka-

Nach Gleichschaltung sämtlicher Jugendorganisationen wurde aus der Hitlerjugend bald die größte Jugendorganisation der Welt.

meradschaft waren Ideale, die von der Bündischen Jugend übernommen wurden, und so merkten viele junge Menschen den Übergang zur HJ nur an der wechselnden Uniform.

Zunächst traten 7,7 Millionen Jungen und Mädchen freiwillig in die HJ ein; erst mit dem *Gesetz über die Hitler-Jugend* vom 1. Dezember 1936, das diese zur Staatsjugend erklärte, und noch einmal untermauert durch die Einführung der *Jugenddienstverordnung vom 25. März 1939 (Jugenddienstpflicht),* wurde die HJ zur Pflicht. Auf Kurt Gruber, den ersten Reichsführer HJ, folgten von 1931 bis 1940 Baldur von Schirach und von 1940 bis zum Ende des Dritten Reiches Artur Axmann. Unter dem Dach HJ, die Hitler direkt unterstellt war, formten sich fünf Unterorganisationen. Am 19. April eines jeden Jahres wurden alle zehnjährigen Jungen feierlich in das *Deutsche Jungvolk* (DJ) und die gleichaltrigen Mädchen in den *Jungmädelbund* (JM) aufgenommen. Zwischen dem 14. und 18. Lebensjahr dienten Jungen dann in der HJ, Mädchen von 14 bis 18 (später 17) Jahren im 1931 gegründeten *Bund Deutscher Mädel* (BDM). Einzig die Teilnahme an der Organisation *Glaube und Schönheit* für Mädel zwischen 17 und 21 Jahren blieb freiwillig.

Neben der geschlechtlichen Trennung wurden die HJ-Mitglieder nach Altersgruppen zusammengefasst. Der *Kameradschaft* gehörten in der Regel zehn möglichst gleichaltrige Jungen an. Vier Kameradschaften bildeten eine *Schar* mit bis zu 50 Jungen und darüber vier Scharen eine *Gefolgschaft* mit bis zu 160 Jungen, die in ihrer Struktur nach dem Vorbild einer militärischen Kompanie organisiert wurde. Wiederum drei bis fünf Gefolgschaften machten einen *Stamm* mit bis zu 600 Jungen aus und vier bis acht Stämme einen *Bann* mit bis zu 5000 Jungen. Ein HJ-Bann entsprach in der Hierarchie und Struktur auf Partei-Ebene der NSDAP-Kreisleitung. Je 20 Banne wurden geografischen *Gebieten* zugeordnet, von denen 1942 insgesamt 42 existierten.[33]

Eine der fünf Unterorganisationen der HJ war der Bund Deutscher Mädel, in den Mädchen zwischen 14 und 18 Jahren aufgenommen wurden.

Hitlerjungen trugen Uniformen, die Eltern nach Anmeldung ihrer Kinder in einem sogenannten *Braunen Laden* kaufen konnten. Die Sommeruniform bestand entsprechend aus einem braunen Hemd, an dem auf der Brusttasche eine Anstecknadel mit Abzeichen der HJ befestigt war. Über der roten Hakenkreuzbinde am linken Ärmel war ein kennzeichnendes Gebietsdreieck aufgenäht, und um den Hemdkragen trugen die Jungen ein schwarzes, zu einem Dreieck gefaltetes Halstuch. Die Schulterklappen waren farblich umrandet und wiesen die Zugehörigkeit zu einer Gattung der HJ aus. Eine rote Umrandung markierte dabei die Allgemeine HJ, weitere Farben bestimmten Sonderformationen: Blau kennzeichnete die Flieger-HJ, Gelb die Marine-HJ und Pink die Motor-HJ. Die Nummern auf den Schulterklappen gaben die zugehörige Gefolgschaft und den Bann des Trägers bekannt.[34] Diagonal von der rechten Schulter bis zur linken Taille zog sich ein

Schulterriemen, der mit Karabinern an der schwarzen Lederkoppel mit silberner Schnalle und Gravur »Blut und Ehre« befestigt war. An der linken Seite der Koppel, über der kurzen schwarzen Hose, hing das Fahrtenmesser, und auf dem Kopf trugen die Jungen ein sogenanntes Käppi aus braunem Leinenstoff. Unten herum zogen sie Bundschuhe mit langen entweder grauen oder braunen Strümpfen an. Im Winter gab man den Hitlerjungen eine schwarzblaue M37 Winteruniform, bestehend aus Überfallhose, dicker Bluse und Mantel, sowie eine M35 Feldmütze und schwere Marschstiefel aus.

Wöchentlich kamen HJ-Scharen in ihren HJ-Heimen oder angemieteten Räumlichkeiten zweimal für je zwei Stunden zum Dienst zusammen. Der sogenannte Heimabend fand in der Regel am Mittwoch statt und diente der Erziehung im Sinne der NS-Ideologie. Auf Festen, in Liedern und Gedenkstunden sollten die Hitlerjungen die Feindbilder der Nationalsozialisten verinnerlichen und sich selbst bewusst werden, dass Deutschland einen Führungsanspruch in der Welt besitzt. Anhand von Vorträgen, Lesungen, gemeinsamem Musizieren oder Diskussionsrunden wurden Themen wie Heimat, Deutsche Einheit, Kameradschaft, Volk und Persönlichkeit (berühmte Deutsche der Geschichte, inklusive fortwährend Adolf Hitler) oder Volk und Bluterbe (Rassenkunde), gesunde Lebensführung, Naturkunde oder Soziale Arbeit vermittelt. Jeden Samstagnachmittag kamen die Jungen außerdem zur Leibesertüchtigung zusammen. Hier standen entweder Sport oder Wehrertüchtigung auf dem Dienstplan. Ab Juli 1936 übernahm die HJ die Organisation des gesamten außerschulischen Sports sowie im selben Jahr auch die des Leistungssports. Eine alternative, legale Möglichkeit, Sport zu treiben, gab es für Jugendliche fortan nicht mehr. Besonders gefördert wurden Disziplinen, die dem zukünftigen Soldaten nützlich waren. Leichtathletik zur allgemeinen Fitness und Gelenkigkeit, Wandern oder Boxen für Ausdauer und Abhärtung. Auch Fußball, Turnen, Schwimmen und Tauchen standen regelmäßig auf dem Programm. Wenn die heimatliche Umgebung es zuließ, waren Skifahren und Bergsteigen Teil des HJ-Sports. Durch die kontinuierliche Ausrichtung von Wettkämpfen, Sportfesten und die Vergabe von Leistungsabzeichen wurden die Jungen zu Höchstleistungen angehalten. Für sie galt als oberste Prämisse: keine Schwäche oder Angst zeigen. Im Rahmen der Wehrertüchtigung erfreuten sich Geländespiele großer Beliebtheit. Weniger gemocht, aber stets mit allem Eifer ausgeführt, wurden militärischer Drill, Exerzieren und Marschieren. Jungen, die sich entschlossen, statt der allgemeinen HJ einer Sondereinheit beizutreten, die darauf abzielte, die Teilnehmer schon früh soldatisch zu spezialisieren, hatten neben den Grunddiensten außerdem zwei zusätzliche theoretische und einen praktischen Dienst im Monat abzuleisten. Begehrt war allen voran die *Flieger-HJ,* die in Zusammenarbeit mit dem Nationalsozialistischen Fliegerkorps (NSFK) organisiert wurde. Hier fühlten sich Jungen angesprochen, die ihre berufliche Zukunft in der Luftwaffe oder Zivilfliegerei sahen. Die *Marine-HJ* bot sich für Interessenten einer Laufbahn in der Kriegsmarine oder Handelsflotte an. Entsprechend konnten Angehörige notwendige Führerscheine erwerben. Die *Motor-HJ* bildete in Kooperation mit dem Nationalsozialistischen Kraftfahrkorps (NSKK) den kraftfahrttechnischen Nachwuchs aus und zog vor allem Motorrad-begeisterte Jungen an, die später im Feld als Kradmelder Dienst taten. Daneben konnten Mitglieder der *Nachrichten-HJ* das Funken, Morsen und Fernsprechen erlernen, und die *Reiter-HJ* bot mit Unterstützung des Nationalsozialistischen Reiterkorps (NSRK) eine vollständige Reitausbildung an. Außerdem existierten für kulturell Begeisterte und Begabte die sogenannten *Spielscharen* – darunter Singschar, Theaterschar, Rundfunkspielschar – und für medizinisch Interessierte die *Feldscher-HJ*. Eine weitere Sondereinheit bildete der *HJ-Streifendienst,* der Ordnungs- und Wachdienste übernahm und für Nachwuchs in den Polizeien oder der Feldgendarmerie sorgen sollte.

Der Kriegsbeginn beeinflusste die HJ nicht nur politisch, sondern machte sie von Beginn an zu einem kriegswichtigen Bestandteil, auf den immer mehr Last abgewälzt wurde. Zunächst hatte die HJ mit einer erheblichen Umstrukturierung in der Führungsebene zu kämpfen, da sich innerhalb eines halben Jahres 95 Prozent aller ehrenamtlichen HJ-Führer freiwillig zur Wehrmacht meldeten. Auf regionaler Ebene mussten die Lücken, die die jungen Erwachsenen rissen, von zunehmend jüngeren Mitgliedern aufgefüllt werden. Fahrten und Freizeitveranstaltungen rückten schon kurz nach Kriegsbeginn zugunsten von Sammelaktionen in den Hintergrund. Die Hitlerjugend organisierte zur Unterstützung der auf Rohstoffe angewiesenen Kriegswirtschaft Altkleider-, Altmetall- oder Flaschensammlungen. Besonders die Pimpfe des Jungvolkes durchkämmten regelmäßig Wald und Flur, um Heilkräuter für die Front aufzulesen, oder trieben in den Wintermonaten mit Trillerpfeifen und Blechbüchsen Spenden für das Winterhilfswerk ein, das mit ihren Leistungen seine Einnahmen von 1939 noch 680 Millionen Reichsmark innerhalb von nur drei Jahren auf 1,6 Milliarden Reichsmark im Jahr 1942 steigern konnte.

Die älteren Jungen der HJ sollten jetzt systematisch auf ihre Wehrdienstzeit vorbereitet werden. Für die 16- bis 18-Jährigen wurde neben ihren allgemeinen Dienst- und Sonderdienstverpflichtungen die Teilnahme an einer insgesamt zwölfmonatigen Spezialausbildung im Geländedienst und Kleinkaliberschießen Pflicht. Alle 14 Tage wurden sie dazu an den Wochenenden von ausgebildeten Gelände- und Schießwarten trainiert; meistens waren das ehemalige HJ-Führer, die schon über Fronterfahrungen

In der Hitlerjugend sah ihr Führer die Generationen zukünftiger Soldaten. Hier auf dem Reichsparteitag in Nürnberg 1935.

verfügten und durch Verletzungen abkömmlich waren. Am Ende erwarben die Teilnehmer den sogenannten Kriegsausbildungsschein der Hitlerjugend. Nach den im Juli 1942 herausgegebenen *Richtlinien des Kriegseinsatzes der HJ* erfolgte die militärische Ausbildung der 16- bis 18-jährigen Hitlerjungen nunmehr in speziellen Wehrertüchtigungslagern, von denen insgesamt 262 errichtet wurden. Die übertrieben harte vormilitärische Schulung in der Kaserne dauerte drei Wochen. Neben theoretischem und praktischem Unterricht an Infanteriewaffen wie dem Karabiner 98k oder dem Maschinengewehr (MG 34 und MG 42) wurde Handgranatenzielwurf trainiert und später der Umgang mit der Panzerfaust. Die Ausbilder brachten die militärischen Komponenten in Einklang mit ideologischer Schulung durch politische Propaganda. Ziel war es, die Leidenschaft der Jugendlichen für Opferbereitschaft und Heldenmut zu entfachen, sodass kein Hitlerjunge auch nur im Ansatz die Frage nach der Notwendigkeit seines Kriegseinsatzes stellte. Eine Siegesgewissheit über alle anderen Völker sollte den angehenden Soldaten eingeimpft werden. Sowohl Wehrmacht als auch Waffen-SS schickten Ausbilder für die Lager, die ihre Zöglinge mit konkurrierendem Interesse auf ihrer Suche nach militärischem Nachwuchs genau beäugten. Bis 1942 wurden außerdem 700 000 Jungen in sogenannten Feuerwehrscharen für die Freiwillige Feuerwehr ausgebildet, 23 000 weitere in Schnellkommandos zur Unterstützung der Polizei in der Meldung und Ermittlung von Brandherden, für den Flugmeldedienst oder den Sicherheitsdienst.

Mit dem Beschluss des *Grenzeinsatzes der HJ* im Frühherbst 1944 und dem damit einhergehenden Befehl über *Maßnahmen des totalen Kriegseinsatzes der HJ* befahl Reichsjugendführer Artur Axmann alle Hitlerjungen, die noch nicht anderweitig eingezogen worden waren, zum sogenannten Schanzeinsatz. Eine halbe Million Minderjährige wurden zur Grenzsicherung an den Ost- oder seltener auch Westwall abkommandiert. In Matsch und Kälte stehend, bauten sie Unterstände, Bunker und MG-Stände und hoben Hunderte kilometerlange Panzergräben aus. Auch 125 000 BDM-Mädel, die für Versorgung und medizinische Betreuung der Jungen verantwortlich waren, wurden verpflichtet.

Eine besondere Herausforderung für die Hitlerjugend im Krieg bildete zudem die sogenannte *Erweiterte Kinderlandverschickung* (KLV), die am 27. September 1940 von Baldur von Schirach eingeleitet wurde. Damit gemeint war die Evakuierung von Jugendlichen zwischen 10 und 16 Jahren sowie Müttern mit Kleinkindern aus besonders für Luftangriffe gefährdeten Gebieten in die Provinz. Während das Reichsministerium des Innern dafür Gaststätten, Hotels oder öffentliche Gebäude beschlagnahmte, die

Reichsbahn mit dem Transport beauftragt wurde und das Reichsministerium für Landwirtschaft die Zuweisung erhöhter Lebensmittelrationen übernahm, sollte die HJ zusammen mit den Dienststellen der Volkswohlfahrt und dem NS-Lehrerbund sämtliche Betreuungsaufgaben der Jugendlichen übernehmen. Die Teilnahme an der KLV erfolgte freiwillig und umfasste eine Zeit von mindestens sechs Monaten bis hin zu mehreren Jahren. Der Unterricht wurde von mitreisenden Lehrern an den Evakuierungsorten abgehalten. Neben dem Schutz der Gesundheit der Minderjährigen bot die KLV den Nazis eine zusätzliche, einmalige Möglichkeit, nämlich den Großteil der Jugend vollständig und ohne Widerstand aus dem Elternhaus erfassen und propagandistisch beeinflussen zu können. 1944 existierten über 5500 KLV-Lager in Gegenden des Deutschen Reiches, die nicht oder kaum von Bombenangriffen bedroht waren, vor allem war dies der Fall in Ostpreußen, im Reichsgau Wartheland und in Oberschlesien. Insgesamt lebten bis Kriegsende mehr als 850 000 Kinder und Jugendliche in Jugendherbergen, Hotels, Gaststätten oder bei Gastfamilien der KLV-Lager. Trotz des gerade für Jungen in den Lagern vorherrschenden uniformierten und militärischen Drills überwiegt in den Erinnerungen der Teilnehmer der Eindruck eines Abenteuers oder langen Urlaubes.

Kinder an Kanonen: Luftwaffenhelfer

Die rechtliche Grundlage dafür, dass Hitlerjungen überhaupt für Kriegshilfsdienste eingespannt werden konnten, schaffte Hermann Göring mit der am 15. Oktober 1938 erlassenen *Notdienstverordnung,* nach der jeder Bewohner des Reiches nach Vollendung des 15. Lebensjahres zu beliebigen – auch militärischen – Diensten herangezogen werden konnte. Während die Mädel des BDM vornehmlich für Betreuungsaufgaben verpflichtet wurden, reichten die Tätigkeiten der Hitlerjungen von der Hilfe bei der Verteilung der Reichspost oder beim Bau von Luftschutzräumen über Meldetätigkeiten für den Reichsluftschutzbund, Boten- und Kurierdienste für die Wehrmacht bis hin zu gefährlichen und schweren Einsätzen nach Bombenangriffen wie Aufräumarbeiten oder der Bergung von Toten, Verschütteten und Verletzten. Den einschneidendsten und bedrohlichsten Kriegshilfsdienst der Hitlerjugend stellte aber ihr kollektiver Einsatz als Luftwaffenhelfer dar. Da an der Ostfront immer mehr Kämpfer gebraucht wurden, hatte Adolf Hitler am 20. September 1942 in einem Führerbefehl die sofortige Abstellung von 120 000 Soldaten der Luftwaffe aus dem Reich für den Erdkampf an der Front beschlossen. Da gleichzeitig die Bombardements auf deutsche Städte immer mehr zunahmen, führte der Verlust dieser Vielzahl an Soldaten für die Flakstellungen, die zur Verteidigung des Reiches vorgesehen waren, zu einem erheblichen Engpass. Diese Lücken sollten mit Hitlerjungen aufgefüllt werden. Göring kalkulierte, dass 100 jugendliche Flakhelfer 70 reguläre Soldaten ersetzen könnten. Ab Oktober 1942 versuchte man, Strategien für einen bis dato noch nie da gewesenen Einsatz von minderjährigen Kämpfern zu erarbeiten. Die unterschiedlichen Stellen, die für die Organisation zuständig waren – allen voran Reichsluftfahrtministerium, Reichserziehungsministerium, Reichsjugendführung und Reichsinnenministerium –, hatten dabei zum Teil gegensätzliche Vorstellungen. Die Luftwaffe beispielsweise war der uneingeschränkten Meinung, die Jungen müssten dafür vom Schulunterricht befreit werden. Dagegen protestierte das Erziehungsministerium, und auch die Eltern der Kinder hätten eine solche Bedingung gar nicht oder nur widerwillig akzeptiert. So einigte man sich darauf, dass die Luftwaffenhelfer zusätzlich zu ihrem Dienst regelmäßigen wöchentlichen Unterricht erhalten. Skeptischen Eltern sollte darüber hinaus durch gut dosierte Propaganda klargemacht werden, dass sowohl eine ausgewogene Verpflegung und Unterbringung gewährleistet wie auch ein striktes Verbot von Alkohol und Tabak eingehalten werde. Bereits Mitte Juni 1943 allerdings vermerkte das Erziehungsministerium, dass die Doppelbeanspruchung als Soldat und Schüler für die Luftwaffenhelfer mit schweren Einbußen in der physischen und psychischen Leistungsfähigkeit verbunden sei. Nach und nach wurde in der Praxis der Schulunterricht daher mehr oder weniger wieder ausgesetzt. Mit dem Erlass der *Verordnung über die Heranziehung der deutschen Jugend zur Erfüllung von Kriegsaufgaben* vom 2. Dezember 1942 sowie der *Verordnung zur Heranziehung von Schülern zum Kriegshilfsdiensteinsatz der deutschen Jugend in der Luftwaffe* vom 22. Januar 1943 konnten umfassende Bestimmungen für den Dienst der Luftwaffenhelfer beschlossen werden. Ab dem 15. Februar 1943 wurden zunächst sämtliche Schüler der Höheren und Mittleren Schulen der Jahrgänge 1926 und 1927 eingezogen. Nach Beendigung der Dienstzeit dieser Kohorte und Einzug zum Reichsarbeitsdienst (RAD) traf der Beschluss ab Januar 1944 die Schüler des Jahrgangs 1928. Zusätzlich wurden im Sommer 1944 auch Lehrlinge der Berufs- und Handelsschulen derselben Jahrgänge herangezogen. Eine exakte Dienstzeit für Luftwaffenhelfer war nicht vorgesehen, sie sollte in der Regel mit der Einberufung zum RAD oder in die Wehrmacht enden. Tatsächlich kämpften viele Helfer bis Kriegsende in ihren Einheiten noch am Boden oder wurden nahtlos anderen Kampfgruppen zugewiesen. Insgesamt taten 200 000 Jungen in 2300 Flakbatterien ihren Dienst als Luftwaffenhelfer.

Obwohl sie alle Aufgaben eines Flaksoldaten erfüllten und auch durch Uniform und Hoheitsabzeichen der Luftwaffe für den Feind als reguläre Soldaten zu erkennen waren, behielten die Helfer rechtlich den Status des Schülers beziehungsweise des Hitlerjungen bei. Mit der Ausnahme, dass sie als Wehrmachtsgefolge vollständig der Militärgerichtsbarkeit unterlagen.

Nach ärztlicher Eignungsuntersuchung und einer Aufklärungsveranstaltung für die Eltern erhielten die Luftwaffenhelfer immer klassenweise Stellungsbefehl zunächst nur für Flakbatterien, die in unmittelbarer Nähe zu ihrem Heimatort oder maximal 50 Kilometer davon entfernt lagen, sodass die ganze Klasse entweder in ihrer bisherigen Schule oder durch den Besuch ihrer Lehrer in der Stellung unterrichtet werden konnte. Luftwaffenhelfer erhielten Personalbuch, Personalausweis und Erkennungsmarke, Sozialversicherung, Heilfürsorge und truppenärztliche Betreuung sowie eine tägliche Vergütung von 50 Pfennig. Unterkunft, Verpflegung und Bekleidung regelte die Luftwaffe. Die Dienstverpflichteten lebten in zugewiesenen Baracken, meist zu 24 Jungen; sie schliefen doppel- oder dreistöckig auf Holzpritschen mit Strohsäcken. In den Unterkünften befanden sich Unterrichtsräume, Aufenthaltsräume mit Büchern und Gesellschaftsspielen und ein Speisesaal. Die Jungen erhielten neben der regulären Truppenverpflegung zusätzlich je einen halben Liter Milch pro Kopf zur Herstellung einer warmen Abendsuppe. Die Tabak- und Alkoholrationen nach militärischen Tagessätzen wurden gestrichen, stattdessen bekamen Luftwaffenhelfer Süßigkeiten und Vitamindrops. In der Regel machten ihre Vorgesetzten bei Feierlichkeiten wie Batteriefesten aber eine Ausnahme. Auf Frischobst wurde besonderer Wert gelegt. Die Verwendung von Weck- und Reizmitteln wie Pervitin, Koffein und Cola hingegen war ihnen grundsätzlich verboten.

Für die Dienstuniform der Jungen beziehungsweise ihre Ausgehuniform wurde die der Flieger-HJ mit entsprechend modifizierten Emblemen verwendet. Es handelte sich um eine lange blaugraue Überfallhose, darüber eine Fliegerbluse mit auf der rechten Brustseite aufgenähtem Abzeichen der Luftwaffenhelfer: ein Dreieck mit den Buchstaben L und H in Blau auf schwarzem Grund, darunter der Adler als Hoheitsabzeichen der Luftwaffe.

Die Jungen trugen die Koppelschlösser der Luftwaffensoldaten und auf dem Kopf eine Skimütze. Die HJ, die sich immer wieder energisch, doch meist vergeblich darum bemühte, einen Einfluss auf die Dienstverpflichteten geltend zu machen, setzte durch, dass die offizielle Bezeichnung *Luftwaffenhelfer HJ* lautete. Außerdem wurde ihr zugestanden, dass die Helfer über dem linken Ärmel eine HJ-Armbinde trugen, was diese jedoch mehrheitlich als Demütigung empfanden, weil sie sich von Beginn an als richtige Soldaten fühlten und mit der HJ nichts mehr zu tun haben wollten. Es gehörte für sie zum guten Ton und war ein wichtiges Abgrenzungsmerkmal, dass sie die Armbinde spätestens dann ablegten, wenn sie Ausgang hatten. Nach Schörkens Studie gaben 97,36 % der befragten ehemaligen Luftwaffenhelfer an, dass sie sich der Luftwaffe zugehörig fühlten, weniger als 3 % verstanden sich als Angehörige der HJ[35]. Schörken schreibt: »Die Amtswalter der NSDAP waren, gemessen an den jungen Soldaten, allenfalls komische Figuren, die nicht ernst genommen wurden und oft genug Gegenstand kindlichen Spottes waren.«[36]

Die Arbeitskleidung der Helfer inklusive Stahlhelm unterschied sich nicht von der regulärer Flaksoldaten. Zunächst erhielten alle die Grundausbildung, die vier Wochen dauerte und von einem der Einheit angehörigen Unteroffizier übernommen wurde. In dieser Zeit sollten sie sämtliche Aufgaben und Geräte einer Flakstellung kennen- und bedienen lernen. Unterrichtet wurden sie zudem in Ballistik, Kartenlesen und Funktechnik. Ständiges Waffentraining und Schießübungen waren ebenso an der Tagesordnung wie Marschieren und Exerzieren. Die Luftwaffenhelfer pflegten und warteten ihre technischen Geräte, hielten Batterie und Unterkünfte sauber.

Nach Absolvieren der Grundausbildung wurden sie vom Batteriechef einer festen Tätigkeit und entweder der Geschützstaffel oder der Messstaffel zugeordnet. Die schwere Flak war in der Re-

Luftwaffenhelfer vor einer mittleren 3,7-cm-Flak

gel eine 8,8-cm-Kanone (Acht-Acht), seltener ein 10,5-cm- oder 12,8-cm-Geschütz. Eine Acht-Acht-Flakbatterie bestand meist aus vier Flakgeschützen, die rechteckig auf freiem Feld innerhalb eines Splitterschutzwalls auf Sockeln aufgestellt wurden. Je ein Geschütz wurde von neun eingesetzten Kanonieren bedient.[36] Der Höhenrichtkanonier (K1) und der Seitenrichtkanonier (K2) stellten die vom Kommandogerät übermittelten Höhen- und Seitenrichtwerte zum Abschuss des feindlichen Flugzeugs ein. Der Ladekanonier (K3) war in der Regel ein muskulöser Junge oder – falls noch vorhanden – ein regulärer Flaksoldat. Er schob nach Ertönen der Feuerglocke die ladefertige Granate in das Geschützrohr ein und betätigte beim Ausklingen der Glocke den Abzug. Je nach Ausbildungsstand beziehungsweise Leistungsfähigkeit des K3 feuerte die Acht-Acht 15 bis 25 Schuss pro Minute ab. Sie schoss 10,6 Kilometer hoch und 14,9 Kilometer weit. Die Munitionskanoniere K4 und K5 legten die bis 16 Kilogramm schweren

Granaten nach, der K6 (Zündsteller) stellte die Zünder ein, und die Munitionskanoniere K7 und K8 – üblicherweise übernahmen diese Funktion sowjetische Kriegsgefangene, die in separaten Baracken lebten – schafften unaufhörlich die Granaten vom Vorratsbunker zum Geschütz. Als K9 wurde der Geschützführer beziehungsweise Flakkommandant bezeichnet. Außerdem bedienten Luftwaffenhelferschützen mittlere Flaks mit 3,7-cm- oder 4-cm-Kaliber und leichte 2-cm-Flaks, beispielsweise Flak-Vierlinge, zur Abwehr von Tieffliegern auf die Batterie.

Die Luftwaffenhelfer der Messstaffel hingegen arbeiteten an Geräten der Feuerleitung zur Erfassung von Flugdaten feindlicher Flugzeuge. Herzstück war das Kommandogerät 40[38], das durch Splittergräben geschützt in der Befehlsstelle lag, in der sich auch der Batteriechef aufhielt. Das Kommandogerät war ein für die damalige Zeit hochkomplexer analoger Computer, der mithilfe von Blenden, Spiegeln, Prismen und Objektiven, die von der Mannschaft eingestellt wurden, im Raumbildungsverfahren elektromechanisch sämtliche Flug- und Abschussdaten ermittelte. Eingespeist wurden in dieses Gerät auch die Daten des Funkmessgerätes[39] (Radar-Erfassung) und des Malsi-Gerätes, das die Abschussdaten anderer Flakbatterien von bis zu acht Kilometern Entfernung übertrug und umwertete.

Weitere Luftwaffenhelfereinheiten bedienten Scheinwerfer, mit denen sie nicht nur den Luftraum aufhellten, sondern auch feindliche Flieger blendeten und so zum Absturz brachten, oder arbeiteten in der Telefonvermittlung der Batterie.

Etwa eine Stunde vor Beginn des Fliegeralarms wurde die Besatzung in Gefechtsbereitschaft versetzt. Diese endete wiederum etwa eine Stunde nach der Entwarnung für die Zivilbevölkerung. Der Dienst des Luftwaffenhelfers während eines Bombenangriffs konnte also gut fünf Stunden dauern.

Der Schulunterricht an den Stellungen betrug in der Woche 18 Stunden, die sich auf die Fächer Deutsch, Geschichte, Erdkunde, Mathematik, Physik, Chemie und Latein verteilten und beschränkten. Die Inhalte entsprachen denen des regulären Lehrplanes. Die Lehrer fuhren für den Unterricht normalerweise in die Stellungen, wo behelfsmäßige Unterrichtsräume zur Verfügung gestellt wurden. Mit in der Batterie lebte daneben ein Betreuungslehrer, der die schulischen Belange der Luftwaffenhelfer gegenüber ihren militärischen Vorgesetzten vertrat und darauf achtete, dass seine Schüler nicht überfordert wurden. Unter den Helfern existierten zwei verschiedene Dienstgrade, die untereinander ohne Vorgesetztenverhältnis auskamen. Bei guter Führung und Leistung konnte der Luftwaffenhelfer nach neun Monaten Dienstzeit zum Oberluftwaffenhelfer befördert werden. Die Jungen erhielten Flaktätigkeitsabzeichen, konnten für eine bestimmte Anzahl von Abschüssen Flakkampfabzeichen erwerben und bekamen für besondere Tapferkeit reguläre Kriegsauszeichnungen wie das Eiserne Kreuz, das Kriegsverdienstkreuz oder die Kriegsverdienstmedaille. Alle 14 Tage wurde den Jungen ein freies Wochenende, und zweimal im Jahr ein zweiwöchiger Urlaub zugestanden. Ortsansässigen Helfern wurde zudem einmal pro Woche ein mehrstündiger Besuch bei ihren Eltern zugesprochen – in diesem Rahmen mit Erlaubnis des Einheitsführers auch eine Übernachtung. Waren Luftwaffenhelfer außerhalb ihres Dienstortes unterwegs, mussten sie entweder einen gültigen Urlaubsschein oder einen Marschbefehl bei sich führen. Sie verfügten über einen Wehrmachtsfahrschein für die Eisenbahn und konnten kostenlos öffentliche Verkehrsmittel nutzen. Görings Kalkulation ging nicht auf. Schnell stellte sich heraus, dass Luftwaffenhelfer reguläre Soldaten nicht nur 1:1 ersetzen konnten, sondern diese noch an Einsatzbereitschaft übertrafen. In vielen Stellungen, vor allem in den letzten Kriegswochen, bedienten die jugendlichen Flakhelfer die Geschütze ganz ohne einen regulären Luftwaffensoldaten. Ab Juli 1943 kippte nach einer Führerentscheidung auch der Grundsatz, Luftwaffenhelfer nur nahe dem Heimatort einzusetzen. Immer mehr Jungen erhielten Stellungsbefehl im gesamten Reichsgebiet und wurden besonders dort eingesetzt, wo wichtige Rüstungsbetriebe vor alliierten Luftangriffen geschützt werden mussten. Mit dem beginnenden Vormarsch der Sowjetarmee auf das Deutsche Reich ab Januar 1945 wurden Luftwaffenhelfer letztendlich dazu abkommandiert, den anstürmenden Feind am Boden mit ihren Flakgeschützen aufzuhalten. Tatsächlich entwickelte sich ihre Acht-Acht im Erdkampf als eine der tödlichsten Waffen des Zweiten Weltkriegs. Sie funktionierte effektiver und präziser gegen Panzer und andere Fahrzeuge am Boden als gegen Flugzeuge am Himmel. Doch zu einem hohen Preis. Zigtausende auf Kanoniere umgeschulte Helfer bezahlten ihren Einsatz mit dem Leben. Allein im letzten Monat des Krieges starben mehr Luftwaffenhelfer als in den zwei Jahren zuvor. Die genaue Anzahl der Toten ist nicht errechenbar. Ihr Übertritt in den Dienst der Wehrmacht oder zu anderen HJ-Kampfverbänden verlief meist fließend.

Kriegsfreiwillige und eine HJ-Panzer-Division

Die Jahresparole des Reichsjugendführers lautete für 1944 nicht ohne Grund *Jahr der Kriegsfreiwilligen.* Ursprünglich hatte das Wehrgesetz des nationalsozialistischen Staates die Wehrpflicht nicht für unter 18-Jährige vorgesehen. Doch die enormen Verluste durch den Totalen Krieg forderten nach stetig mehr und damit vor allem jüngeren Soldaten. Ende 1943, als die Wehrmachtsverluste bereits weit über vier Millionen Soldaten betrugen, wurden schon 17-Jährige verpflichtend eingezogen, ab 1945 dann sogar vereinzelt 16-Jährige. Vereinfacht wurde die Rekrutierung in jedem Falle durch das Heranziehen von sogenannten Kriegsfreiwilligen. Ab einem Alter von 17 Jahren konnten sich Jugendliche freiwillig zum Dienst melden. Jungen, die sich erfolgreich als Offiziersanwärter beworben hatten, wurden sofort gezogen. Vertreter der Wehrmacht und Waffen-SS setzten daneben die 16-jährigen Hitlerjungen in Wehrertüchtigungslagern unter Druck, sich umgehend als Reserve für die Front zu melden. Die Waffen-SS verkaufte sich auch im letzten Kriegsjahr noch als Elite-Einheit, lockte mit Versprechungen und Anerkennungen, veranstaltete massenweise Werbeveranstaltungen oder großzügige Feste in RAD-Lagern. Klappte das nicht, wurden irritierte Jungen auch eingeschüchtert oder vorschnell mit Knebelverträgen überrumpelt. Ob nun überzeugt oder nicht – beide, Wehrmacht und SS, fanden über unterschiedliche Strategien ihren minderjährigen Nachwuchs bis fast zur Erschöpfung. Reichsjugendführer Artur Axmann war so angetan von der Idee einer kämpfenden Jugend, dass er dem Führer zum 55. Geburtstag eine eigene Elite-Division der Hitlerjugend schenken wollte – eine Junior-Leibstandarte. Während Propagandaminister Joseph Goebbels kritisch auf eine solche Aufstellung reagierte, weil er befürchtete, das Ausland würde eine Kampftruppe von Minderjährigen als Eingeständnis einer drohenden Niederlage werten, zeigte sich Hitler sofort begeistert und setzte auf den propagandistischen Effekt, den eine Armee aus Hitlerjungen in Bezug auf Opferbereitschaft und Heldenmut erzielen konnte. Darauf wurden zum 1. September 1943 20 000 überwiegend 16- und 17-Jährige aus der Hitlerjugend eingezogen und in einer sechswöchigen Grundausbildung zu einer Panzer-Division geformt. Dabei wurden auf Wunsch des Führers bürokratische Hindernisse, die dem Einsatz im Wege stehen könnten, beiseitegeräumt. So beschloss Axmann, eine elterliche Zustimmung für die Bewerbung sei nicht mehr nötig. Reichsführer SS Heinrich Himmler setzte die Mindestgröße für SS-Rekruten von 1,77 Meter extra für die neue

Division auf 1,70 Meter herunter. Nachrichtenpersonal konnte sogar schon ab einer Größe von 1,68 Meter angeworben werden. Es wurde Wert darauf gelegt, nach außen zu kommunizieren, dass es sich um eine reine Freiwilligen-Division handeln sollte, doch in Wirklichkeit wurden Unfreiwillige so lange durch die SS unter Druck gesetzt, bis sie unterschrieben, um Schlimmeres zu verhindern. Im März 1944 war die *12. SS-Panzer-Division Hitlerjugend* unter dem Kommando von SS-Brigadeführer Fritz Witt kampfbereit und wurde in die Normandie verlegt, wo sie der Panzergruppe West unterstellt wurde, um die Landung der Alliierten zurückzuschlagen. Die Division verfügte über 177 Panzer, 700 Maschinengewehre und 70 Granatwerfer, dazu kamen Haubitzen, Feldgeschütze und Panzerabwehrkanonen.

Amerikanische Truppen, die auf die Division stießen und kaum glauben konnten, dass selbst die Unteroffiziere im Teenageralter waren, tauften sie mit dem Namen *Baby-Division* und wiesen ihnen auf ihren Karten als taktisches Zeichen eine Milchflasche zu. Tatsächlich erhielten die noch nicht ausgewiesenen Jungsoldaten neben ihrer militärischen Verpflegung 3,5 Liter Frischmilch pro Kopf und Woche. Wie auch an die Luftwaffenhelfer wurde an sie kein Tabak ausgegeben, stattdessen erhielten sie Bonbons und Schokolade. Schnell wurde den Alliierten allerdings klar, dass sie es mit erstklassig ausgebildeten, mit modernsten Waffen ausgerüsteten, fanatischen Jugendlichen zu tun kriegten, die jederzeit dazu bereit waren, ihr eigenes Leben im Kampf aufs Spiel zu setzen, und die sich durch einen unbändigen Siegeswillen und eine tödliche Entschlossenheit auszeichneten. Und sie fügten ihrem Feind herbe Verluste zu. Schon am Tag ihres ersten Einsatzes schossen die *Babys* 28 kanadische Sherman-Tanks ab, 245 Kanadier ließen bei den folgenden Rückzugskämpfen ihr Leben. Am 30. Juni 1944 eroberte die 12. SS-Panzer-Division Hitlerjugend

Die 12. SS-Panzer-Division Hitlerjugend wird größtenteils aus 17-Jährigen zusammengestellt.

die schwer umkämpfte Höhe 112 von den Briten zurück. Letztendlich hatten aber die Jungen keine Chance gegen die Übermacht der Landungstruppen. Im Juli 1944 verzeichnete die Division bereits 6000 Verluste und drohte völlig aufgerieben zu werden. Auch Divisionskommandeur Witt war bei Kämpfen um Caen am 14. Juni gefallen. Sein Nachfolger, SS-Standartenführer Kurt Meyer – genannt Panzermeyer –, erbat nun den Abzug seiner auf Soldaten getrimmten ausblutenden Hitlerjungen, die angesichts der eigenen Verluste immer erbarmungsloser vorgingen. Die Ermordung von 187 kanadischen Kriegsgefangenen durch Angehörige der *Baby-Division,* für die sich Panzermeyer nach dem Krieg verantworten musste (er wurde zunächst zum Tode, dann zu lebenslanger Haft verurteilt und 1954 begnadigt), markiert das schwerste Kriegsverbrechen während der Kämpfe um die Normandie. Hitler bestand aber unter allen Umständen auf absolutem Durchhaltewillen und verbot einen Rückzug. Im Kessel von Falais kämpfte die Division noch Tausende deutscher Soldaten frei, verlor zuletzt dabei an nur einem Tag selbst über 1000 Kämpfer, und das Sterben ging weiter. Als seine gesamte Aufklärungskompanie von britischen Panzern überrollt wurde, notierte Panzermeyer:

> *Ich kannte jeden einzelnen von diesen jungen Soldaten [...] Die Jungen haben noch nicht leben gelernt – aber weiß Gott, sie verstehen zu sterben! Knirschende Panzerketten beenden ihr junges Leben. Mir laufen die Tränen übers Gesicht – ich beginne, den Krieg zu hassen.*[40]

Im September 1944 verfügte die 12. SS-Panzer-Division über nur noch 2000 Angehörige. Mindestens 10 000 Hitlerjungen der Einheit überlebten den Krieg nicht.

Das letzte Aufgebot: Volkssturm im Einsatz

Im Herbst 1944 fielen jeden Tag durchschnittlich schon 5000 Soldaten der Wehrmacht. Die NS-Führung wusste, dass die Erstürmung der Reichsgrenzen unmittelbar bevorstand und dass die Lücken, die zur Verteidigung der Grenzen entstanden waren, nicht mit regulären Soldaten aufzufüllen waren. So viele junge Männer konnten gar nicht mehr wehrfähig werden. Im vollen Bewusstsein darüber, dass er Deutschland mit in den Abgrund reißen würde, entschloss sich Hitler, den Untergang durch ein letztes Aufgebot hinauszuzögern. Am 18. Oktober 1944 wurde den Deutschen ein Erlass des Führers verkündet, der aus allen wehrfähigen Männern im Alter zwischen 16 und 60 Jahren den Volkssturm als Hilfstruppe der Wehrmacht bilden sollte. Die Aufstellung und Gliederung in Bataillone und Kompanien wurde den Gauleitern der verschiedenen Gebiete des Reiches übertragen, die nun als Reichsverteidigungskommissare fungieren sollten. Die Gesamtorganisation des Volkssturms wurde NSDAP und SS zu gleichen Teilen anvertraut. Der Sekretär des Führers und Leiter der Reichskanzlei Martin Bormann sollte für die politisch-organisatorischen Angelegenheiten verantwortlich sein, Himmler als neuer Chef der Heeresrüstung war für die militärische Ausrüstung und Bewaffnung zuständig. Einheitliches Aussehen der Kämpfer konnte man nicht mehr organisieren. Neben Restkleidungsbeständen der Wehrmacht trugen Volkssturmmänner in Feldgrau umgefärbte Parteiuniformen, SA- oder HJ-Uniformen. Viele von ihnen kämpften teilweise oder ganz in ihrer Zivilkleidung. Stahlhelme standen nicht zur Verfügung, Hüte in Zivil blieben verboten. Im Anspruch auf eine wenigstens einheitliche Kopfbedeckung nähte die NS-Frauenschaft im Schnellverfahren Tausende Hütchen im Stil einfacher Wehrmachtsfeldmützen. Alle Männer wurden auf den Führer vereidigt und erhielten eine Armbinde mit der Aufschrift *Deutscher Volkssturm – Wehrmacht* und ein Soldbuch, womit sie rechtlich als Soldaten galten, was von den Alliierten auch so anerkannt wurde. Volkssturmangehörige liefen bei Gefangennahme damit nicht Gefahr, als Partisanen erschossen zu werden. Ihre Dienstgrade und Einheiten gliederten sich wie folgt: Zehn Volkssturm-Männer und ein Gruppenführer bildeten eine Gruppe, drei bis vier Gruppen plus Zugführer einen Zug, drei bis vier Züge plus Kompanieführer eine Kompanie und drei bis vier Kompanien plus Bataillonsführer ein Bataillon.

Die Aufgaben des Volkssturms sind schnell umrissen: Unter Einsatz des eigenen Lebens sollten die Angehörigen neben Schanzarbeiten, Evakuierungsaufgaben, Objektschutz oder Gefangenenbewachung vor allem die Verteidigung ihrer Ortschaften und Städte übernehmen. Als Bewaffnung erhielt die Volkssturm-

Im Herbst 1944 verfügte die NS-Führung die Bildung eines »Volkssturms« aus allen waffenfähigen Männern im Alter von 16 bis 60 Jahren.

armee Handfeuerwaffen aus Restbeständen des Ersatzheeres der Wehrmacht, oftmals veraltete Waffen oder französische, italienische sowie tschechische Beutegewehre. Auch SA, NSDAP und alle Unterorganisationen mussten ihre Bestände zur Verfügung stellen, Fabriken und Lager wurden ebenso geräumt. Massenhaft vorhanden waren in jedem Fall Panzernahbekämpfungswaffen wie die Panzerfaust, die noch bis in den April hinein millionenfach produziert und zum Symbol des Volkssturms wurde. Volkssturmangehörige bildeten Panzerwarnstellen, in denen sogenannte Panzermelder, die mit Fahrrädern, Motorrädern oder auf Pferden im umkämpften Gebiet unterwegs waren, gegnerische Panzer meldeten. Über Sirenen wurden dann Panzerjagdkommandos und Panzernahbekämpfungstrupps in Bewegung gesetzt.

Die eingesetzten Volkssturmmänner sperrten Straßen, legten Panzersperren an und versteckten sich dann in vorbereiteten Schlupfwinkeln in Kellergeschossen oder Gräben, um mit ihrer Panzerfaust anrollende Fahrzeuge abzuschießen.

Die Rekrutierung des Volkssturms erfolgte nach vier Aufgeboten. Zum ersten zählten alle tauglichen und waffenfähigen Männer der Jahrgänge 1884 bis 1924 – dies waren über 50-jährige ehemalige Frontkämpfer des Ersten Weltkriegs und Angehörige ziviler Organisationen wie Polizei, Feuerwehr oder technischer Notdienst. Das zweite Aufgebot bildeten Männer im Alter von 20 bis 60 Jahren, die während des Verlaufes des bisherigen Krieges aufgrund kriegswichtiger Tätigkeiten zum Beispiel für die Rüstungsindustrie oder für das Nachrichten- und Transportwesen als unabkömmlich gestellt waren. Das dritte Aufgebot umfasste sämtliche Jugendlichen der Jahrgänge 1925 bis 1928, die aus verschiedenen Gründen noch nicht in Wehrmacht oder Waffen-SS rekrutiert worden waren, zum Beispiel weil sie noch ihren Reichsarbeitsdienst oder Dienst als Luftwaffenhelfer ableisteten. Dazu gehörten 600 000 HJ-Angehörige, die auch in ihren Volkssturmeinheiten unter sich bleiben sollten. Nach Erlass des Chefs des Oberkommandos der Wehrmacht Wilhelm Keitel wurden ab dem 5. März 1945 dann auch die 15-Jährigen des Jahrgangs 1929 zum dritten Aufgebot zusammengezogen. Die unzureichende Bewaffnung insgesamt, die miserable Organisation und der ohnehin schlechte Ruf der Volkssturmmänner unter den Soldaten ließ die Kriegsfreiwilligen für Wehrmacht und Waffen-SS noch einmal in die Höhe steigen, denn minderjährigen Jugendlichen stand dies immer noch als Alternative zum Volkssturm zur Verfügung. Zum vierten und letzten Aufgebot schließlich wurden alle nicht wehrfähigen Männer herangezogen, die sich wenigstens für Wach- und Ordnungsaufgaben eigneten. Nicht offiziell für den Krieg eingesetzt waren damit ab diesem Zeitpunkt nur noch Kinder, Greise und aus ideologischen Gründen *jüdische Mischlinge ersten Grades.*

Die erbittertsten und verlustreichsten Schlachten führten die Volkssturmmänner bei der Verteidigung der Oder-Linie, besonders in Posen und Pommern, beim Kampf um die schlesische Hauptstadt Breslau *(Wrocław)* und schließlich in der letzten Schlacht um die Reichshauptstadt Berlin. Insgesamt sind vermutlich bei den schweren Kämpfen von 700 aufgestellten Volkssturmbataillonen über 175 000 Angehörige gefallen. Weitere 30 000 gelten als vermisst.

HJ-Kampfverbände, Panzervernichtungstrupps und Werwölfe

Nachdem nun alle Jugendlichen ab 16 Jahren innerhalb von Wehrmacht, Waffen-SS oder im Volkssturm kämpften, blieben im Frühjahr 1945 noch 14- und 15-jährige Hitlerjungen unbewaffnet. Viele von ihnen besaßen einen unbändigen Willen, endlich auch ihren Teil zur Verteidigung der Heimat beitragen zu dürfen und zu den Großen dazuzugehören. Diese kindliche Kampfmoral machten sich fanatische HJ-Führer oder NSDAP-Funktionäre zunutze. Bereits im Herbst 1944 hatte die Reichsjugendführung bestimmt, dass alle Jungen in Wehrertüchtigungslagern neben den gängigen Waffen auch an der Panzerfaust ausgebildet werden. Sie waren also häufig schon junge *Panzerbrecher-Experten.* Artur Axmann ließ bei der letzten HJ-Gebietsführertagung im März 1945 anordnen, aus allen Teilnehmern von Wehrertüchtigungslagern umgehend Panzervernichtungseinheiten zu bilden und die Ausbilder zu ihren Führern zu machen. Die HJ sollte dabei nur für die Rekruten sorgen, aber nicht über konkrete Modalitäten des militärischen Einsatzes bestimmen. So stand zwar immer die Panzerbekämpfung im Vordergrund, praktisch jedoch kämpften die Jungen je nach Bedarf in jeder infanteristischen Disziplin und an allen verfügbaren Waffen. Eine Kontrollinstanz gab es nicht mehr. Panzervernichtungseinheiten bildeten sich darüber hinaus aus RAD-Lagern, Adolf-Hitler-Schulen, Deutschen Heimschulen und Nationalsozialistischen Erziehungsanstalten. Die selbst ernannten Führer, nicht selten erfahrene und bewährte Frontkämpfer im Offiziers- oder Unteroffiziersrang, sammelten de facto alle Jugendlichen ein, die in einer Hitlerjugend- oder Luftwaffenhelfer-Uniform steckten und keiner erkennbaren Volkssturmeinheit angehörten. Häufig suchten sie in Flüchtlingstrecks nach neuen Rekruten und fanden dort in großer Zahl Jungen, die ihre Eltern und Familien verloren hatten. Die so zusammengefassten und oftmals im Schnellverfahren an der Panzerfaust geschulten Kämpfer sollten dem Sinne nach die Lücken der regulären Truppen schließen, wurden aber in den letzten Kriegswochen eigenständig eingesetzt, kämpften an der Seite von Wehrmachtseinheiten oder gingen eigenen Kommandos nach. Von diesen Kampfeinheiten existierten wahrscheinlich Hunderte Kleinstgruppen, die sich wiederum in größeren Formationen zusammenschließen konnten. Die stärksten Verbände kamen mit bis zu 3000 Kindersoldaten auf Brigadestärke. Da ihre vornehmlichen Aufgaben darin bestanden, feindliche Panzereinheiten zu bekämpfen, vergab man entsprechende, aber nicht einheitliche Namen, oftmals mit einem Zusatz HJ oder einer Angabe, die auf den Aufstellungsort oder den Namen ihres militärischen Führers schließen ließen. So tauchen in Berichten Bezeichnungen wie *Panzervernichtungs-Ersatz-Brigade Hitlerjugend Voigt* oder *Panzervernichtungsbrigade südliche bayerische Ostmark* auf. In kleineren Einheiten kämpften unter vielen anderen etwa das *Panzer-Zerstörer-Bataillon Hitlerjugend Franken*, das *Jagd-Bataillon Hitlerjugend Braunschweig* oder die *Regimentsgruppe der Hitlerjugend Hirsch*. Außer auf die Unterstellung einer Armee und die Teilnahme an einem größeren Unternehmen lässt sich heute kaum mehr auf konkrete Wege und Aufträge dieser Selbstmordkommandos schließen. Am Ende des Krieges fanden sich vor den Toren umkämpfter Orte an der gesamten Ostfront Minderjährige in HJ-Uniform, die von Panzern überrollt worden waren. Todesmutig hatten sie versucht, sich mit Panzerfäusten oder Haftminen unter feindliche Fahrzeuge zu legen, um diese von hinten auszuschalten. In aller Regel aber wurden die anfänglich enthusiastischen Jugendlichen nach den ersten tatsächlichen Kampfeinsätzen, den vielen toten Kameraden und traumatischen Erlebnissen desillusioniert. Doch ein Zurück gab es für sie dann nicht mehr.

Um entschlossene oder vermeintlich unerschrockene Jugendliche am Ende des Krieges bildeten sich unter den Alliierten auch zahlreiche Mythen. Immer wieder war von Werwölfen die Rede, die Terroranschläge auf Soldaten verüben würden. Tatsächlich existierte die militärisch und politisch-revolutionäre Institution Werwolf, die vermutlich im Herbst 1944 von Heinrich Himmler als Widerstandsorganisation ins Leben gerufen worden war und dazu bestimmt sein sollte, Kleinkriege durch Hinterhalte oder Überfälle zu führen. Das Oberkommando der Partisanentruppe, die ihr Hauptquartier auf Schloss Hülchrath in Grevenbroich hatte, aber von der man nicht als einer zentral und flächendeckend operierenden Organisation sprechen kann, oblag SS-Obergruppenführer Hans-Adolf Prützmann. Seine Kleinkriegseinheiten sollten auch möglichst klein gehalten werden, entsprechend bestand eine Jagdgruppe aus nur einem militärisch erfahrenen Führer und vier Jägern. Nur in schwach vom Feind besetzten Gelände oder bei sehr guten Unterschlupfmöglichkeiten sollten sich nach Vorstellungen ihrer Führer mehrere Jagdgruppen zu einem Jagdzug mit zehn bis vierzig Mann zusammenfinden, und in

Ausnahmefällen mehrere Jagdzüge zu einem Streifzug. Die Bewaffnung der Jäger sollte leicht sein. Neben den für die Operationen unentbehrlichen Handgranaten und anderen Sprengkörpern wurden laut Schulungsmaterial Pistolen mit Schalldämpfern, Karabiner und Dolche für den einzelnen Jäger empfohlen, für einen Zug zusätzlich ein leichtes Maschinengewehr. Nach Möglichkeit sollten sich die Jäger in der Bekleidung von Bauern tarnen. Ausgebildet wurden die Werwölfe besonders in Gelände- und Kartenkunde, Straßensperrenbau, Tarnung und Nahkampf. In die Bedeutungen von erlernter Geheim- und Zeichensprache sollte die Bevölkerung des Operationsgebietes eingebunden werden. Bis Ende 1944 existierten wahrscheinlich bis zu 5000 Werwölfe, die sich aus HJ, SA und SS rekrutiert hatten. Die bekannteste Aktion, die dem Werwolf zugeschrieben wird, ist die Penzberger Mordnacht vom 28. April 1945, während der Partisanen der Gruppe *Werwolf Oberbayern* per Standgericht 16 Menschen töteten.

Insgesamt lässt sich aber nicht klar ausmachen, wie viele und welche Aktionen dem Werwolf zuzurechnen sind. Man kann davon ausgehen, dass die meisten Kommandos, in die Hitlerjungen involviert wurden, aufgrund des nahenden Kriegsendes scheiterten.

Seine stärkste Wirkung auf den Feind entwickelte der Werwolf auch nicht durch tatsächlich ausgeführte Anschläge, sondern vielmehr durch Propaganda- und Legendenbildung, die auch Goebbels für sich nutzte, indem er am 1. April 1945 über den Radiosender Werwolf verkünden ließ, dass unter diesem Namen eine spontane Untergrundbewegung existiere, die Jagd auf alliierte Soldaten mache. Diese Kriegspropanda von den unaufhörlich kämpfenden und siegenden deutschen Kriegern erfasste sämtliche Kindersoldaten, wie sich in ihren nachfolgenden Erinnerungen zeigen wird.

HANS: EHRENDOLCH UND TIGERPANZER

Hans lebt gemeinsam mit seiner Frau in Schöneiche bei Berlin und leitet von dort aus bis heute ein Archiv für Fernsehgeschichte der DDR. Das gelingt ihm, weil sein Gedächtnis selbst mit 92 Jahren noch wie ein Uhrwerk funktioniert. Er erinnert sich an kleinste Details aus einem langen, bewegten Leben, das in all seiner Dramatik mindestens fernsehtauglich gewesen wäre. Doch ausgerechnet seine prägendsten Erlebnisse sammelt er in der Zeit des Zweiten Weltkriegs. Darüber wahrheitsgetreu oder überhaupt zu berichten ist nicht im Sinne seines ehemaligen Arbeitgebers, der Deutschen Film Aktiengesellschaft (DEFA), gewesen. Doch dank seiner außergewöhnlichen Gedächtnisleistung kann er heute selbst davon erzählen, und das bildlich genug. Hans hat einen besonderen Grund dafür, warum er Erinnerungen so pflegt und wertschätzt, denn er hat erfahren, wie es ist, ganz ohne zu sein. Im Frühjahr 1938 löscht ein Autounfall in seinem Heimatort Templin, wo er 1929 geboren wird, sein bisheriges Gedächtnis komplett aus. »So gesehen feiere ich zwei Geburtstage«, sagt Hans. »Von Freunden, die damals dabei waren, weiß ich, dass ich beim Spielen auf der Straße vor einen Opel P4 gerannt bin. Ich erlitt einen Schädelkapselsprung, fiel ins Koma und verlor mein Gedächtnis. Als ich nach mehreren Tagen erwachte, wusste ich nicht, wer die Menschen um mich herum waren. Ich erkannte weder Mutter noch Vater, auch nicht meinen zwei Jahre älteren Bruder. Einfach niemanden mehr, mit dem ich bis dahin zu tun gehabt hatte. Und auch wenn meine Familie mir immer wieder Fotos vorgelegt hat, war es vergebens. Außer einem vertrauten Gefühl zu den nächsten Angehörigen kam keine Erinnerung an mein Dasein vor dem Unfall zurück. Man verlässt sich darauf, dass diejenigen, die behaupten, in meinem vorherigen Leben mit mir in Kontakt gestanden zu haben, die Wahrheit sagen. Ich lernte alle quasi von vorne kennen und setzte anfangs mühselig Puzzleteile zusammen, bis ich zumindest wieder ein Verständnis für mein bisheriges Leben entwickeln konnte.«

Mit zehn Jahren erfährt Hans unter diesen besonderen Umständen, dass seine Eltern ein Friseurgeschäft in Templin führen. Der Vater als Meister den Herrensalon, die Mutter als seine Gehilfin einen Damensalon. Hans selbst besucht die zweite Klasse der Templiner Volksschule. Vor seinem Unfall erlernte geistige und körperliche Fähigkeiten wie Schreiben oder Fahrradfahren beherrscht der Junge nach wie vor, sodass er schnell wieder in den Schulalltag findet. Doch die Mehrheit seiner neuen Erlebnisse ist schon bald negativ überladen. Gerade ist er körperlich genesen, da beginnt der Krieg gegen Polen, und parallel dazu zerstreiten sich seine Eltern. »Das war schlimm für mich, denn ich hing sehr an beiden, vertraute ihnen, die mir mein gesamtes Leben neu erzählt hatten. Sie stritten sich jetzt ununterbrochen. Eines Tages habe ich miterleben müssen, wie diese zwei Menschen, die ich am meisten liebte, in unserer Küche aufeinander losgingen. Ich habe mich verzweifelt dazwischengeschmissen und mich so aufgeregt, dass ich ohnmächtig geworden bin. Ein Gefühl, das ich nach meinem Unfall eigentlich nie wieder erleben wollte – doch das sollte ich noch oft. Damals auf dem Küchenboden erlitt ich ein Nervenfieber und musste behandelt werden. Der Arzt machte meinen Eltern klar, dass sie sich entweder zusammenreißen oder ihr Kind besser abgeben sollten. Es passte perfekt in die Zeit, dass ausgerechnet damals drei Werber der NAPOLA in den Schulunterricht kamen, um uns zu beobachten.«

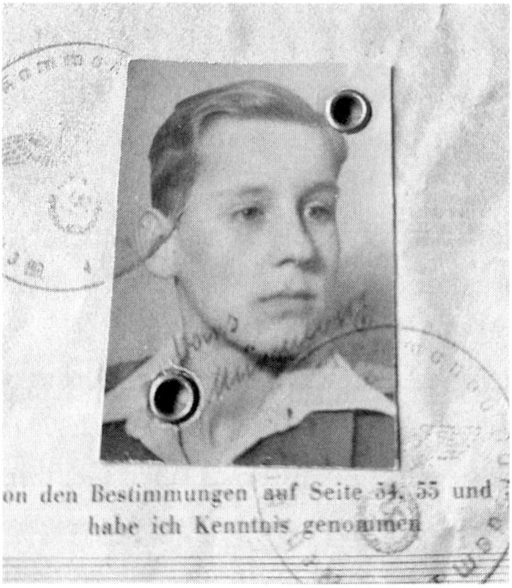

Hans' Foto im Wehrpass, April 1945

Mit Werbern meint Hans Zugführer der *Nationalpolitischen Erziehungsanstalt* (NPEA) Potsdam. Gebräuchlicher für die im Dritten Reich existierenden 43 Eliteschulen der Nationalsozialisten ist schon damals der Begriff *Nationalpolitische Lehranstalt* (NAPOLA). Durch gezielte Schulung und Erziehung im Sinne des Nationalsozialismus sollen die rund 6000 Schüler der NAPOLAS auf berufliche Führungspositionen im NS-Regime vorbereitet werden. Die Aufnahmebedingungen unterliegen strengen politischen, geistigen und körperlichen Kriterien. Um die leistungsfähigsten und rassisch reinsten Schüler für die Anstalten zu gewinnen, besuchen Lehrer der NAPOLAS, die Zugführer genannt werden, umliegende Lehranstalten und machen gegebenenfalls Angebote für einen Schulwechsel. Die Potsdamer NPEA, am 26. Mai 1933 in den Gebäuden der ehemaligen Kadettenanstalt gegründet, ist nach der NPEA Plön die zweitälteste NAPOLA im Reich.

»Ganz offenbar fand man Gefallen an mir und erkundigte sich beim Rektor über die politische Einstellung meines Vaters«, erzählt Hans. »Als ehemaliges *Stahlhelm*-Mitglied war er der NSDAP beigetreten. Die Voraussetzungen stimmten also auch. Ein Zugführer besuchte uns wenig später zu Hause, allerdings in Zivil. Er erklärte meinem Vater die Kriterien für die Einladung seines Sohnes zu einer Prüfungswoche. Unter anderem mussten er und meine Mutter einen auf mehrere Generationen ausgelegten Ariernachweis erbringen. Das war kein Problem, und Vater zeigte sich überaus stolz auf mich, prahlte schon vor seinen Kunden und machte mir eindrücklich klar, dass der Besuch der NAPOLA mir die Chance meines Lebens bieten würde. Ich könne damit später alles werden, was ich mir vorstellen würde. Mutter und ich waren zwar nicht so sehr begeistert, da ich aber davon ausging, dass ich die harten Aufnahmeprüfungen sowieso nicht bestehen würde, ließ ich mich ohne eine Auflehnung gegen die Hochstimmung meines Vaters darauf ein. Eine Entscheidung würde sich vielleicht gar nicht mehr stellen, wenn ich nicht tauglich wäre.«

240 Bewerber erscheinen in den Herbstferien 1939 zur sogenannten Prüfungswoche der NAPOLA Potsdam. Sie erhalten Uniformen und werden in Stuben zu je zwölf Jungmannen eingeteilt. Dem Stubenältesten und seinem Stellvertreter – zwei Schüler aus einer höheren Klasse – obliegt während der Prüfungszeit die Befehlsgewalt über die Jungen. Zugführer prüfen die Anwärter in allen schulischen Fächern schriftlich und mündlich, zusätzlich stehen harte Sportprüfungen und weltanschauliche Begut-

achtungen auf dem Programm. Auch körperliche Vermessungen und Blutproben im Sinne der NS-Rassenlehre werden vorgenommen. Die Entscheidung fällt Ende des Jahres, und so lange befinden sich die Bewerber auf Bewährung. Wer währenddessen charakterlich auffällig wird, hat die Aufnahme verwirkt. 30 Schüler werden letztendlich angenommen, darunter Hans. »Ich hatte überhaupt nicht damit gerechnet, weil ich in keinem Fach herausragende Leistungen vorgelegt hatte, aber ich war anscheinend im Durchschnitt mehr als gut. Außerdem hat bestimmt eine Rolle gespielt, dass ich als Typ *Nordisch 2* gemustert wurde und mich bei der Mutprobe als besonders tapfer erwiesen hatte, bei der wir über Schießstände klettern mussten. Später erfuhr ich, dass ich in der Gesamtwertung auf Platz 13 gelandet war. Jedenfalls fühlte ich mich nach den Ergebnissen so geschmeichelt, dass ich wie mein Vater dachte, die NAPOLA könne doch das Richtige für mich sein.«

Am 8. April 1940 wird Hans in die NPEA Potsdam aufgenommen. Den Schülern, die nach dem Vorbild der englischen Public Schools zu Ehrenmännern erzogen werden sollen, stehen zur körperlichen Ertüchtigung Sportfelder, eine eigene Schwimmhalle und ein Pferdegestüt zur Verfügung. Zur NAPOLA gehören ein Lazarett, Exerzierplätze und Schießstände für die vormilitärische Ausbildung. Für verschiedene Anlässe und Wetterlagen erhalten die Jungen spezielle Uniformen und Anzüge. Die achtstufigen Schulklassen, die mit 25 Schülern besetzt sind, werden Züge genannt und in Hundertschaften eingeteilt, von denen es in Potsdam drei gibt: die erste Hundertschaft für die jüngeren Klassen 1–4 und zwei mit je vier Zügen für die Oberstufe, eine davon eine Fliegerhundertschaft. Der Rektor der Potsdamer NAPOLA, Otto Calliebe, untersteht wie alle Schulleiter der NPEA der SS.

Hans im Kreis seines Jungmann-Zuges

»Was mich von Anfang an richtig abschreckte, war der riesige Schlafsaal«, sagt Hans. »Mit hundert Mann schliefen wir zusammen. In der Mitte des Saales gab es eine Kabine für die Wache – wie in einem Gefängnis. Wir wurden ständig beobachtet, und zwar jede unserer Bewegungen. Der Waschsaal hatte entsprechend hundert Waschbecken, hundert feste Plätze gab es zum Schuhputzen. Einer Stube wurden je zwölf Jungmannen zugeteilt, darin hatte jeder einen Schreibtisch, ein Regal und einen Spind. Zwischen zwei Stuben befand sich ein Erzieherzimmer mit gesonderten Türen, durch die unsere Zugführer, wann immer sie wollten, in den Raum eintreten konnten. Alles, was wir besaßen, war namentlich gekennzeichnet, sodass sofort auffiel, wenn etwas nicht akkurat aussah. Und Auffallen war das Schlimmste, was einem passieren konnte auf so einer Schule. Neben ausuferndem Sport wie Leichtathletik, Geländeübungen, Handball oder Boxen waren Disziplin, Ordnung und Sauberkeit oberstes Gebot bei uns. Die Anordnungen und der Ton waren immer militärisch. Ich hatte anfangs oft Heimweh, wurde von stärkeren Jungmannen drangsaliert und aufgrund dessen, dass ich der Kleinste war, als Stubenzwerg verspottet. Ich ertappte mich dabei, dass ich viel über den Tod nachdachte, und verstand das als ein Warnzeichen. Schließlich schmiedete ich Pläne, auszubrechen und nach Hause abzuhauen, weil ich es nicht mehr aushielt. Beim Essen im Speisesaal bat ich den Tischältesten höflich um Erlaubnis, die Toilette aufsuchen zu dürfen. Nach der Genehmigung rannte ich zur Mauer des Schulgeländes und wollte mich darüber vom Acker machen, als mich ein Zugführer erwischte. Ich musste zum Appell in seinem Büro antreten und erwartete die schlimmsten Strafen. Aber der Mann hat mir stattdessen Saft und Kekse hingestellt und versprochen, niemandem etwas von meinem Ausbruchsversuch zu verraten, wenn ich ihm versicherte, wenigstens bis zu den Pfingstferien abzuwarten mit der Entscheidung, die NAPOLA zu schmeißen. Ich vertraute ihm, und als er kurz darauf einmal aus dem Erzieherzimmer heraus beobachtete, wie mich ein Stubenkamerad anging, stürmte er ins Zimmer und machte den Jungen vor versammelter Mannschaft so zur Sau, dass es danach niemand mehr wagte, mich anzurühren. Das gab mir Selbstvertrauen. In Theo und Bertram fand ich dann außerdem zwei wirklich gute Kameraden, und solche brauchte man dringend, um da drinnen zu bestehen.«

Zur NAPOLA-Erziehung gehört propagandistische Beeinflussung. Um auf emotionaler Ebene angreifen zu können, eignen sich das gemeinsame Anschauen und Besprechen von Wochenschauen oder Besuche von Kinofilmen mit anschließender Diskussion besonders gut. Nachdem Hans' Hundertschaft *Kampfgeschwader Lützow, Die Feuertaufe* und *Wunschkonzert* gesehen hat, muss jedem Jungmann klar sein, dass es nirgendwo auf der Welt einen besseren Soldaten als den deutschen gibt. *Ohm Krüger* und *Die Rothschilds* sollen keinen Zweifel daran lassen, dass es Juden sind, die andere Völker und Nationen ins Verderben führen. »Eine ganz besondere filmische Exkursion führte uns direkt zur SS-Leibstandarte Adolf Hitler nach Lichterfelde«, erinnert sich Hans. »Ein Hauptsturmführer bereitete uns auf den Film vor, der, wie er sagte, noch streng geheim sei. Aber wir sollten zu den Ersten gehören, die die Wahrheit kennenlernen.« Den Jungmannen werden dokumentarische Filmaufnahmen über das Massaker von Katyn gezeigt. Zwischen dem 3. April und 11. Mai 1940 richten Angehörige des sowjetischen Geheimdienstes NKWD in einem Wald nahe dem polnischen Dorf Katyn etwa 4500 polnische Offiziere hin. Das Verbrechen, das fälschlicherweise der Wehrmacht zugeschrieben wird, gelangt erst im Frühjahr 1943 an die Weltöffentlichkeit. Noch bis 1990 leugnet die Sowjetunion ihre Verantwortung an dem Massenmord. »Das waren die schlimmsten Bilder, die ich je in meinem Leben gesehen hatte«, sagt Hans. »So abgrundtief grausam, dass man es kaum beschreiben kann. Ich starrte voller Entsetzen auf die Leinwand, sah Berge von erschossenen Menschen übereinanderliegen, so viel Blut und entstellte Körper, leblose Gesichter. Dazu erzählte uns der Hauptsturmführer, dass jüdisch-bolschewistische Untermenschen diese Taten begangen hatten. Mir wurde schlecht, und ich musste irgendwann wegsehen. Heinz, ein Jungmann, der mich auf dem Kieker hatte, bemerkte das und zischte mir schon während der Vorführung zu, dass ich mich wie ein feiger Jude benehme, der Katyn zu verantworten habe. Der Hauptsturmführer appellierte nach dem Film an uns alle, dass jedem klar zu sein habe, dass Deutschland sich gegen das Judentum zur Wehr setzen müsse. Er gab bekannt, dass die Regierung sich deswegen dazu entschlossen habe, alle Juden in streng bewachte polnische Gettos einzusperren, wo sie nur noch unter ihresgleichen bleiben sollten.«

Im Anschluss an die verstörenden Leinwandbilder dürfen die Jungmannen auf ihrer Exkursion den Schießstand der Leibstandarte Adolf Hitler besuchen. Mit scharfer Munition feuern sie auf menschliche Silhouetten aus Pappe. »Ich war gut«, erinnert sich Hans. »Ich traf erst den Kopf und dann das Herz und war von dem Ergebnis selbst ein bisschen erschrocken. Den Scharführer, der uns betreute, fragte ich ganz aufgeregt: *Hätte ich jetzt jemanden getötet?* Das bemerkte Heinz erneut und raunte mir wieder zu, ich sei wohl ein feiger Jude. Der SS-Mann beruhigte mich und erklärte, dass man hier unten nicht auf Menschen schieße. Wenn nicht Pappkameraden, würde man höchstens Juden aufstellen. Meine angebliche Feigheit bei der SS lastete mir jedoch nach. In den darauffolgenden Tagen fand ich einen mit gelber Kreide gemalten Judenstern auf meinem Spind und auch einen auf meiner Tischplatte; außerdem verbreitete jemand an der Schule, mein Nachname sei klar jüdischen Ursprungs. Als mir von anderen bestätigt wurde, dass Heinz dahintersteckte, ging ich ohne Weiteres auf ihn los und schlug ihn zusammen. Der Vorfall wurde untersucht und endete damit, dass unser Zugführer vor der Hundertschaft erklärte, dass es undenkbar sei, dass auf der NAPOLA Potsdam Juden eingeschrieben seien. Jeder Schüler besitze einen einwandfreien Ariernachweis. Damit war der Streit geschlichtet.«

Im September 1943 sind sechs von acht Zügen der oberen zwei Hundertschaften der NAPOLA Potsdam zur Wehrmacht oder zum Luftwaffenhelferdienst eingezogen worden. Hans' 4. Zug ist nun zweitältester der Schule. Im Februar 1944 wird er zum Gefolgschaftsführer befördert und befehligt selbst Jungmannen eines unteren Zuges. Im Sommer wird sein nunmehr 5. Zug gemeinsam mit der Potsdamer HJ zum Schanzbau in den Reichsgau Wartheland (Warthegau) abkommandiert. »Die Arbeit war unvergleichbar hart. Aber wir alle wussten, worum es ging: den

Die Nationalpolitischen Erziehungsanstalten stellten Eliteschulen dar, in denen die kommende Führungsschicht Nazideutschlands herangebildet werden sollte.

Feind von unseren Grenzen fernhalten. Stundenlange Märsche, Schwitzen mit Spaten, Spitzhacke und Schaufel nahmen wir dafür in Kauf. Wir hoben Panzergräben aus und bauten Infanteriestellungen in der vollen Überzeugung, dass wir den Endsieg erringen werden.«

Die Erziehung an der NAPOLA ist darauf ausgerichtet, den Kampfeswillen der Schüler und ihren Glauben an den Führer zu stählen. Im Herbst 1944 überreicht Schulleiter Calliebe Hans und seinen Kameraden in einer euphorisch inszenierten Feierstunde den Ehrendolch der NAPOLA. Auf seiner scharfen Klinge steht als Leitspruch eingraviert: Mehr sein als scheinen. Die Beeinflussung zeigt Erfolge. Im Herbst 1944 meldet sich Hans' 5. Zug, der nach der Einberufung des 6. Zuges zum RAD den schulältesten stellt, vollständig und geschlossen zum Volkssturm. Mit Erlaubnis der Eltern ist es 14-Jährigen zu diesem Zeitpunkt gesetzlich gestattet, sich freiwillig zu melden. Doch die Eltern der NAPOLA-Zöglinge werden gar nicht erst gefragt, sondern nur informiert. Der Wille der Jungen ist eisern, ein Einspruch aus dem Elternhaus würde nicht akzeptiert werden und findet auch nicht statt. »Wir konnten es kaum erwarten, uns endlich um Führer, Volk und Vaterland verdient zu machen«, sagt Hans, der in den nächsten Monaten an allen leichten und mittelschweren Infanteriewaffen geschult wird. Für Gefechtsübungen fahren die Jungmannen mit Fahrrädern zur Kriegsschule Potsdam. »Ganz stolz war ich, als wir mit dem MG 42 schießen lernten, dem besten Maschinengewehr der Welt. Wir alle konnten es kaum abwarten, an die Front zu kommen. Was für eine Art Elitetruppe würde man aus uns formen? Gerüchte machten die Runde, erfahrene Narvik-Kämpfer würden uns in den Alpen zu Ski fahrenden Gebirgsjägern ausbilden.«

Nach einem weiteren Einsatz für den Stellungsbau südwestlich von Berlin wird Hans' Zug kurz vor Ostern 1945 im Heeresarsenal Drewitz die gängige Infanterieausrüstung zugewiesen. Die Schüler erhalten Karabiner, Patronengurte und Panzerfäuste. In den Brotbeutel, der an der Koppel befestigt wird, werden statt Verpflegung Eierhandgranaten und eine Pistole vom Typ Mauser gesteckt. Eine Dose Scho-Ka-Kola ist immerhin dabei. Zur Motivation wird der 5. Zug noch einmal ins Kino geschickt, um den Film *Kolberg* zu sehen. Ehedem hat Jugendführer Artur Axmann Hitler den Jahrgang 1929 geschenkt, der sich laut dem Reichsjugendführer freiwillig für ihn in den Dienst der Wehrmacht stelle. Auf Generalfeldmarschall Wilhelm Keitels darauf am 5. März 1945 erlassene Dienstverpflichtung des Jahrgangs 1929 werden 120 000 Hitlerjungen vorzeitig gemustert. Auch Hans wird mit seinem Zug im April in ein Musterungslokal einbestellt. Mit gerade mal 1,60 Meter und 45 Kilogramm wird er zu seiner Enttäuschung als zeitlich untauglich eingestuft und vorläufig bis 1. Juli 1945 vom Wehrdienst zurückgestellt. Ungefähr die Hälfte der jungen Volkssturmrekruten trifft das gleiche Schicksal. Die Schmach wird im frisch ausgehändigten Wehrpass vermerkt. Die als tauglich gemusterten Schüler, darunter Hans' Freund Theo, erhalten Einberufungsbefehle. Sein zweiter Kumpan Bertram hingegen wird vom Wehrdienst gänzlich freigestellt. Er ist deswegen völlig aufgelöst und verliert tagelang kein Wort zu seinen Kameraden. Während eines vertraulichen Gesprächs mit Hans verrät er ihm schließlich den Grund für seine Betrübtheit. Sein einzig noch lebender Bruder sei bei den Kämpfen um Lauban *(Lubań)* in Schlesien gefallen, und damit sei er nun der letzte männliche Nachkomme seiner Sippe. Er dürfe daher nach den Bestimmungen des Nationalsozialismus nicht eingezogen werden, damit der Fortbestand seiner Linie nicht gefährdet werde.

Dass der Krieg näher an die Heimat heranrückt, merken die übrigen NAPOLA-Zöglinge an den zunehmenden Bombenangriffen auf Berlin, die sie immer wieder zwingen, den Luftschutzkeller der Schule aufzusuchen. Potsdam bleibt bis zur Nacht des 14. April 1945 verschont, als 490 britische Avro 683 Lancaster 1700 Tonnen Bomben über der Stadt abwerfen, dadurch fast 1600 Zivilisten töten und 60 000 in die Obdachlosigkeit geraten. Auch die NAPOLA wird getroffen. »Der Angriff war so heftig, dass wir aus den Pritschen fielen«, erzählt Hans. »Die Druckwellen hatten die Stahltüren der Luftschleuse aus der Verankerung gerissen, und der ganze Keller füllte sich mit Qualm und Hitze. Wir zogen die Gasmasken an und flüchteten über das Treppenhaus nach draußen. Mehrere Funktionsgebäude waren komplett zusammengekracht, die Turnhalle halbiert, das Hauptgebäude stand ohne Dach da. Aus unserer Schule kam zum Glück niemand um, aber wir Ältesten wurden umgehend als Rettungstruppe in die brennende Stadt geschickt, wo uns ein fürchterliches Inferno erwartete. Das Feuer fraß sich von Haus zu Haus, wir orientierten uns an den vielen Hilfe- und Schmerzensschreien. Der schlimmste Moment war, als wir im Keller eines halb zerstörten Gebäudes eine Frau fanden, deren Unterarm von einem Stahlträger zerquetscht worden war. Sie steckte fest, und auch mit vereinten Kräften schafften wir es nicht, sie zu befreien. Unser Truppführer holte eine Säge, ich schnürte der Frau die Blutgefäße mit einer Binde ab und sah dann, wie ihr direkt vor meinen Augen der Oberarm abgesägt wurde. Ein schreckliches Geräusch. Aber wir kriegten sie frei, kurz bevor sie vom einstürzenden Dachstuhl begraben worden wäre.«

Nach dem verheerenden Bombenangriff soll die NAPOLA Potsdam evakuiert werden, doch Schulleiter Calliebe hat zumindest mit dem 5. Zug andere Pläne, schließlich gehören alle Jungen dem Volkssturm an. »In einer flammenden Rede erklärte er uns, dass wir jetzt Kämpfer der Ostfront seien und die jüdisch-bolschewistischen Todfeinde aufhalten müssen«, sagt Hans. »Er selbst habe vom Führer andere Aufgaben übertragen bekommen und würde die NAPOLA umgehend verlassen. Das Kommando übergab er unserem Unterrichtsleiter, der aus uns eine Fahrradkompanie aufstellen ließ. Um einheitlich auszusehen, wurden als Uniformen neue Trainingsanzüge der Schule ausgegeben. Wir setzten Stahlhelme auf, zogen Marschstiefel an und banden Karabiner und Panzerfäuste an die Fahrradstangen.«

Nachdem sich noch ein paar wenige jüngere Schüler des Jahrgangs 1930 angeschlossen haben, fahren 30 Jungen im Alter von 14 und 15 Jahren auf schwer bewaffneten Fahrrädern mit ihrem Zugführer nach Spandau. In der dort liegenden, bereits evakuierten Schwestern-NAPOLA nimmt sie ein Hauptsturmführer der SS in Empfang und unterstellt die Kompanie der Waffen-SS.

»Wir wurden einer Versehrtenkompanie der SS angeschlossen«, sagt Hans. »Die tauglich Gemusterten von uns bildeten eine eigene Kampfgruppe und erhielten ihre Soldbücher. Wir Untauglichen wurden in einer weiteren Kampfgruppe zusammengefasst, die als zweite Verteidigungslinie eingesetzt werden sollte. Am nächsten Tag bekamen alle viel zu große Flecktarnanzüge der Waffen-SS ausgehändigt. Jacke und Hose in Camouflage. Vorne in die Uniformjacke waren zwei Verbandspäckchen eingenäht. Wir wurden von unseren neuen Vorgesetzten, den Scharführern der Genesungskompanie, in Richtung Spandauer Stadtheide abkommandiert. Da sollten wir einen Sperrriegel errichten, um den Einmarsch der Sowjetarmee, die zwischen Bernau und Oranienburg durchgebrochen war, zu verhindern. Gleich meine erste Aufgabe jagte mir einen gehörigen Schrecken ein. Ein Feldtelefon war unterbrochen worden, unser Zugführer gab mir und einem Kameraden Befehl, dem Kabel zu folgen und nachzusehen, was los war. In einer Mulde fanden wir drei tote und merkwürdig verrenkte Landser, die für die Fernmeldeverbindung zuständig gewesen waren. Ihre Stiefel fehlten, die Bäuche waren aufgeschlitzt, die Ohren abgeschnitten und die Augen ausgestochen worden. Es war grauenvoll. Alles, was wir über die Feigheit des russischen Untermenschen gelernt hatten, schien sich in diesem abartigen Überfall zu bestätigen – und das prägte mein Verhalten bis zum Kriegsende. Es blieb uns damals aber keine Zeit, darüber nachzudenken, denn wir wurden selbst zum Ziel. Als wir in einem Wald in Schützengräben kauerten, entdeckten uns sowjetische Flieger und schossen. Unmittelbar danach folgte schwerer Granatbeschuss durch Stalinorgeln. Fünf Kameraden wurden verletzt, Rudi und Heinrich konnten wir nur tot bergen, sie lagen blutüberströmt zwischen zerfetzten Bäumen. Mir wurde ganz übel bei dem Anblick. Wir nahmen sie mit, beerdigten sie im Wald und sangen gemeinsam das Lied *Wir hatten einen Kameraden.* Bei einem weiteren Angriff kurz darauf wurde unser Zugführer Teddy schwer verletzt. Wir fanden ihn auf dem Waldboden, ein Bein war komplett abgerissen, das andere am Oberschenkel offengelegt. Wir versuchten, die Blutung zu stillen, kümmerten uns um ihn, bis wir das *Urrääh*-Geschrei anstürmender Russen hörten. In Panik probierten wir, Teddy auf eine Zeltbahn zu hieven, denn wir wollten ihn nicht den Grausamkeiten des Feindes überlassen, aber der Zugführer bäumte sich auf und befahl uns, ihn zurückzulassen und abzuhauen. Mir schnürte es die Kehle zu, aber wir befolgten auch diesem Befehl.«

Die Waffen-SS-Einheit zieht zurück nach Spandau. »Wir bezogen Stellung im Südpark«, sagt Hans. »Als ein sowjetischer Schützenpanzerwagen mit aufgestelltem MG auf uns zufuhr, schoss Egon mit der Panzerfaust, traf aber nur ein Haus. Das feindliche MG setzte Garben auf uns ab, und wir suchten Deckung. Ich hörte Panzerketten eines T-34, rief nach meinem Freund Bertram, der neben mir lag. Aber er rührte sich nicht. Ich zog und rüttelte an ihm. Ganz plötzlich fiel sein Kopf zur Seite, und ich sah, dass er kein Gesicht mehr hatte. Unter dem Helm erkannte ich nur noch blutige Masse. Vor Schreck sprang ich auf. Die Kugeln des MG hatten Bertram frontal erwischt. Ich musste ihn liegen lassen, den Letzten seiner Sippe.«

Die Kampfgruppe zieht weiter, erreicht in Ruhleben eine Kaserne, wo die Jungen schlafen können. Als sie erwachen, fehlt Heinz. Hans' persönlicher Feind, der ihn einen feigen Juden genannt hat, ist getürmt. »Ich machte dem Scharführer Meldung, der versprach, wenn Heinz gefunden wird, werde er als Deserteur standrechtlich erschossen. Kurz danach wurden uns aus einer Waffenkammer der Kaserne Sturmgewehre und Reservemagazine ausgehändigt. Wir marschierten weiter, bis uns westlich vom Funkhaus Masurenallee Scharfschützen unter Beschuss nahmen.

Der Kampf um Berlin von April bis Mai 1945 kostet noch einmal fast 200 000 deutsche und sowjetische Soldaten das Leben.

Der nächste Kamerad sackte tot zusammen: Es war Horst, einer der jüngeren, die sich angeschlossen haben, erst 14 Jahre alt, ein ganzes Jahr jünger als ich. Sein Helm war durchschossen, darunter lief Blut über sein Gesicht. Ich rannte und kam desorientiert an einer Eckkneipe zum Stehen. Als ich hinter die Mauer spähte, setzte vor Schreck beinahe mein Herz aus. Ein junger sowjetischer Soldat in brauner Uniform und mit Käppi auf dem Kopf stand direkt vor mir. Wir schauten uns gegenseitig ängstlich an. Er war der erste Bolschewist, den ich sah. Der blonde Mann mit dem runden Gesicht wirkte nicht böse, nicht beängstigend, nicht wie in der Wochenschau. Wir beide machten zeitgleich einen Schritt zurück, hoben die Gewehre hoch und zielten damit aufeinander. Ich mit meinem Sturmgewehr, er mit einer Maschinenpistole (MPi) mit rundem Magazin. Und nun? Hatte er gezwinkert? Ja! Ich tat es ihm nach, zwinkerte. Er nickte ruhig, ich auch. Langsam taumelte ich rückwärts, wieder um die Ecke. Der Russe kam nicht nach. Wir hatten uns gegenseitig verabredet, am Leben zu bleiben!«

Hans bezieht mit den Resten seiner Einheit Quartier im Keller des Funkhauses, als am frühen Morgen des 2. Mai der Berliner Stadtkommandant General Helmuth Weidling über Radio den Tod des Führers und den Befehl zur sofortigen Einstellung aller Kampfhandlungen sowie die Kapitulation der Hauptstadt für den Nachmittag bekannt gibt. Offiziell ist damit die Schlacht um Berlin beendet, die seit dem 16. April 1945 fast 80 000 sowjetische und über 90 000 deutsche Soldaten das Leben gekostet hat. Doch nicht alle in Berlin befindlichen Wehrmachtssoldaten sind damit einverstanden. »Die Höfe des Funkgebäudes sammelten sich mit Landsern, die sich nicht ergeben wollten«, erzählt Hans. »Für mich kam das auch gar nicht infrage. Es wurde gemunkelt, dass Briten und Amerikaner mit den Russen gebrochen hätten und nun endlich mit uns gegen den gemeinsamen Feind angehen würden. In der nächsten Nacht versuchten Tausende Soldaten, aus der Stadt auszubrechen. Um rauszukommen, mussten wir die Havel überqueren. Das ging nur noch über die Charlottenbrücke, die allerdings unter gewaltigem Artillerie- und MG-Feuer stand. Die Russen hatten sich auf einer Landzunge nordöstlich der Brücke festgesetzt. Wir besetzten umliegende Gebäude und feuerten ohne Ende, aber es machte irgendwann keinen Sinn mehr, es waren zu viele. Mit einem Mal rannten alle auf die Brücke zu, Soldaten und auch Zivilisten. Granaten schlugen in die Kolonne ein, schreiende Verwundete wälzten sich vor mir auf dem Boden, und ich stolperte über Dutzende Tote. Die Kugeln flogen mir um die Ohren, trafen Männer hinter und vor mir. Sie fielen ins Wasser.

Merkwürdigerweise dachte ich in diesem Moment die ganze Zeit an meinen gefallenen Freund Bertram.«

Hans schafft es über die Brücke bis nach Alt-Spandau, von den anderen seiner Gruppe sieht er niemanden mehr. »Ich bewegte mich also ohne Führung«, erzählt er weiter. »Ich fand Schutz im Schatten eines Panzerspähwagens mit Flammenwerfer-Aufbau. Ich ging eine Weile mit. Als ich ein bedrohliches Heulen schräg über mir vernahm, sprang ich zurück in eine Türnische, hörte den ungeheuren Knall und sah im selben Moment, in dem mich die Druckwelle erwischte, wie der Panzer in Flammen aufging. Ich wurde samt der Tür durch den ganzen Flur des Hauses geschleudert. Im Hof rappelte ich mich auf, taumelte auf der anderen Seite wieder heraus. Ein fremder Leutnant sprach mich an, erkundigte sich nach meiner Einheit. Ich antwortete, ich sei alleine, worauf er mir eine Panzerfaust in die Hand drückte und erklärte, dass ich dann eben jetzt seinem Panzerjagdkommando angehören würde. So kam ich bis nach Staaken, wo die Russen sich mit Panzern auf dem Flugplatz verschanzt haben sollten. Gemeinsam mit einem Gefreiten wurde ich eingeteilt, in den Gärten einer Siedlung Ausschau nach dem Feind zu halten. Wir liefen durch die Grünanlagen, als der Landser plötzlich schrie: *Volle Deckung!* Ich sah einen Lichtblitz und hörte in der nächsten Sekunde einen Doppelknall, spürte darauf einen Schlag gegen meinen Stahlhelm und verlor das Bewusstsein. Im Keller eines Hauses erwachte ich mit dem süßen Geschmack von Apfelsaft auf den Lippen. Zwei Frauen hatten sich über mich gebeugt. Eine von ihnen sagte, sie hätten mich im Garten gefunden, nachdem der russische Panzer abgedreht war. Ich sei verletzt. Sofort tastete ich meine Brust ab, spürte eine tiefe Wunde, die aber zum Glück nicht stark blutete. Ich riss die Verbandspäckchen aus der Tasche. Beide Frauen halfen mir mit dem Verbinden. Dann wollten sie mich überreden aufzugeben. Ich sei verletzt und noch ein Kind, der Krieg sei aus und so weiter. Aber ich dachte nicht daran. Ich hatte schließlich Todesangst vor den Russen. Da ich kein Gewehr mehr besaß, zog ich meine Pistole aus dem Brotbeutel, verabschiedete mich von den Frauen, lief aus dem Haus und weiter durch die Gärten. Da wurde ich schon wieder beschossen. Ein MG rasselte, Kugeln zerfetzten Büsche und Sträucher. Ich warf mich hinter eine Mauer, blieb liegen, bis es still wurde. Als ich später deutsche Nebelwerfer und darauf Ketten rasseln hörte, lugte ich aus meinem Versteck. Ein Tigerpanzer rollte die Straße entlang, ihm folgten Schützenpanzerwagen. Ich atmete auf, kroch raus, gab mich zu erkennen. Ein Major kletterte vorne aus seinem Führungsfahrzeug und nahm mich sofort ins Verhör. Ich machte Meldung über alles, was ich gehört und gesehen hatte; er schaute sich etwas auf einer Karte an und stieg wieder in seinen Befehlswagen. Wollte er mich wirklich hier alleine zurücklassen? Nein! Nicht so! Ich lief ihm hinterher, schrie und flehte, mich doch mit zunehmen, aber die Schützenpanzerwagen fuhren weg. Der Tiger drehte behäbig auf der Stelle, setzte sich ebenfalls in Bewegung. Ich wollte aber auf gar keinen Fall in Feindesgebiet zurückgelassen werden. Instinktiv schnappte ich nach dem Abschlepphaken des Tigers, krallte mich daran fest und ließ mich an den Fußsohlen meiner Stiefel mitschleifen. Mehr Kraft konnte ich nicht aufbringen. Ein paar Kilometer weiter wurde an einem Waldstück gestoppt. Hinter dem Tiger hielt ein Schützenpanzerwagen, Soldaten stiegen aus, fluchten und zogen mich vom Panzer runter. Ich bettelte wieder darum, mitgenommen zu werden. Ein Leutnant setzte mich auf den Kotflügel des Fahrzeuges und band meine Koppel an den Stahlstab für die Seitenbegrenzung, damit ich während der Fahrt nicht herunterfalle. Die Kolonne setzte sich wieder in Bewegung, gleich danach wurden wir abermals beschossen. Mir war alles egal. Ich wollte einfach darauf vertrauen, dass mir nichts passiert, sonst hätte es mich ja längst erwischt. Ich schlief ein. Als ich aufwachte, war es schon dunkel, und der Leutnant, der mir geholfen hatte, tastete meine Uniform ab. Er war verwundert darüber, dass ich noch lebte, und befreite mich von der Stange. Danach zeigte er mir einen Raupenschlepper, in dem Verwundete lagen. Als der sich in der Morgendämmerung abfahrbereit machte, kletterte ich rein, konnte auf einer freien Kiste mitfahren, bis auch der Schlepper unter Beschuss geriet. Im Himmel blitzten Mündungsfeuer auf. Sowjetische Schlachtflieger flogen über uns und schossen. Ich ließ mich einfach auf die Verwundeten fallen. Das Führerhaus des Raupenschleppers wurde getroffen, und das Fahrzeug geriet ins Schlingern, sodass es auf eine Wiese ausweichen musste. Wieder erschrak ich heftig, denn dorthin hatten sich Dutzende Soldaten geflüchtet, die Schutz vor dem Angriff gesucht hatten. Da lagen schreiende Männer auf dem Boden, und der Schlepper fuhr einfach über sie drüber und zerquetschte sie bei lebendigem Leibe.«

Am 4. Mai kommt Hans in Ketzin an. In einem Teil der brandenburgischen Kleinstadt, um die seit Ende April ukrainische Truppen von Norden aus und weißrussische Truppen von Süden einen Ring geschlossen und damit Berlin vollständig eingekesselt haben, halten sich versprengte Wehrmachtssoldaten inmitten eines sowjetischen Auffangkessels verschanzt. »Wir waren umzingelt und wurden den ganzen Tag beschallt von Propagandalautsprechern, die rund um den Ort aufgestellt waren«, erzählt Hans. »Man forderte die deutschen Soldaten immer wieder auf, sich zu ergeben. Wir seien umstellt, und wer unbewaffnet und mit erhobenen Händen herauskäme, dem würde nichts passieren. Drauf gepfiffen! Unser Kampfgruppenführer ließ Befehl ausgeben, bis 20 Uhr zu verteidigen. Danach seien alle vom Fahneneid entbunden. Die ganze Zeit über trieb mich das Bild an, das ich von den massakrierten Fernmeldern im Kopf hatte. So war es für mich unmöglich, mich zu ergeben, und auch wenn es nahezu aussichtslos erschien, da lebend rauszukommen, musste ich es doch versuchen. Am Stadtrand stieß ich auf einen Sanka, davor stand ein Offizier mit gezogener Pistole, der alle Mühe damit hatte, Soldaten daran zu hindern, hinten einzusteigen. Ich versteckte mich und reagierte blitzschnell, als der Sanka anfuhr. Ich sprang auf das Trittbrett an der Fahrerseite, griff durch das offene Fenster und hielt mich an der Kurbel fest. Der Offizier schimpfte, der Sanitäter, der den Wagen fuhr, redete aber ruhig auf ihn ein, dass er mich nicht abschütteln wolle. Es nützte sowieso nichts. Kurz nachdem wir aus Ketzin rausgeprescht waren, erkannte ich über einem Feld Leuchtspurmunition. Auf der Stelle ließ ich meinen Griff wieder los und knallte bei voller Fahrt auf die Straße. Ich schrie vor Schmerzen, rollte dabei in den Straßengraben und sah von dort, wie der Sanka wenige Meter weiter getroffen wurde und in Flammen aufging. Das Emblem des Roten Kreuzes hatte die Russen nicht interessiert. Völlig am Ende meiner Kräfte krabbelte ich ins Feld, versuchte, ein Waldstück zu erreichen, schaffte es aber nicht. Ich blieb erschöpft liegen, bis ich von zwei Soldaten angesprochen wurde. Ich flehte sie auf Knien an, mich mitzunehmen. Sie liefen einfach an mir vorbei. Nicht schon wieder! Ich schrie: *Wartet! Ich habe auch einen Kompass!* Den besaß ich tatsächlich. Ich hatte ihn im Senderaum des Funkhauses gefunden und mitgenommen. Es wirkte. Sie blieben stehen: *Zeig mal her!*

Ich schluchzte: *Bitte nehmt mich mit!*

Der Landser zog eine Pistole, richtete sie auf mich und fragte: *Gibst du mir jetzt den Kompass her?*

Halt!, schrie in dem Moment jemand hinter mir. Ich drehte mich um und sah einen Hauptmann der Luftwaffe mit drei Fallschirmjägern im Schlepptau auf uns zukommen. Er ließ die Soldaten entwaffnen und befahl ihnen dann, mich zu tragen. So lernte ich Hauptmann Herbst kennen, einen ehemaligen Flieger mit

Beinprothese aus Holz und Ritterkreuz. Er wollte nach Westen, um sich zu den Engländern durchzuschlagen. Wir liefen ein paar Tage durch Sumpfgebiet, weil auf der Straße sowjetisches Militär fuhr. Da gab es eine Kette von Seen. Ich war immer noch so schwach, dass mich der Hauptmann mit meiner Koppel an einer Birke festschnallte, damit ich während des Schlafes nicht ins Wasser fiel. Ich hatte ein sicheres Gefühl bei ihm. Er besaß auch einen Kompass und steuerte auf das Dorf Päwesin zu, das genau zwischen zwei Seen lag. Er sagte, wenn wir da durchkämen, wären wir fast bei den Briten. Dann fragte er mich, ob ich mir zutrauen würde, alleine ins Dorf zu laufen, um zu erkunden, ob Russen da wären. Man würde mich ohne Uniform nicht für einen Soldaten halten. Ich willigte ein und lief unbewaffnet und in meinem Trainingsanzug ins Dorf. Gleich an einem der ersten Häuser fing ein Hund an einer Kette laut zu kläffen an. Da, wo Hunde waren, waren auch Menschen! Ich klopfte an die Hoftür, und eine Frau trat heraus. Ruhig erklärte ich ihr die Situation. Auf meine Frage, ob Russen hier seien, antwortete sie, die seien schon da gewesen und hätten verkündet, dass sie, wenn sie zurückkämen und dann nur einen einzigen deutschen Soldaten im Dorf vorfänden, alles in Brand stecken würden. Sie forderte mich logischerweise auf, mit meiner Gruppe abzuziehen, die Russen hätten sowieso gesagt, der Krieg sei aus, Deutschland habe kapituliert. Ich schüttelte den Kopf und lachte, weil ich ihr das nicht glaubte, ließ mir noch Stullen-Pakete mitgeben und ging dann betrübt zurück zu den anderen, um dem Hauptmann die Brote und die schlechte Nachricht zu überbringen. Ich erzählte ihm auch davon, was die Frau im Dorf für einen Blödsinn über das Ende des Krieges von sich gegeben hatte. Zu meinem Entsetzen antwortete er: *Das stimmt, Junge, sie hat recht. Wir haben den Krieg verloren.* Weinend brach ich zusammen, hörte den Hauptmann noch sagen: *Manchmal braucht die Wahrheit mehr Mut als die Lüge.* Darauf fiel ich in einen tiefen Erschöpfungsschlaf. Als ich aufwachte, war ich alleine und wütend. Ich fühlte mich verraten und im Stich gelassen. Meinen Kompass und die Eierhandgranaten hatten die Kameraden auch mitgenommen. Die Welt brach mit Großdeutschland an diesem traurigen Ort für mich zusammen.«

Hans nimmt seine Pistole in die Hand und lehnt sich an einen Baum. Kurz überlegt er, sich das Leben zu nehmen, aber so feige will er am Ende doch nicht sein. Er beschließt stattdessen, gar keine Angst mehr zu haben, auch nicht vor den Russen. Als tapferer Soldat will er sich den Russen ergeben, in Uniform, mit Stolz und erhobenen Hauptes. Aber sollten sie ihn doch erst mal entwaffnen! Hans packt zusammen und taumelt zurück nach Päwesin. Er verweilt in so trüben Gedanken, dass er nicht mal mehr den kläffenden Hund beachtet, der ihn dieses Mal anspringt und umwirft, sodass er mit dem Kopf auf dem Pflaster aufschlägt und abermals das Bewusstsein verliert. »Als ich erwachte, hörte ich Russen fluchen«, sagt Hans. »Nix Dokument! Du Faschist! Ich bemerkte, dass ich auf einem Sofa lag. Mit halb geöffneten Augen beobachtete ich zwei Sowjetsoldaten, die mit Maschinenpistolen vor mir herumfuchtelten. Bereit zum letzten Kampf tastete ich nach meiner Pistole. Sie war nicht da. Da erst sah ich die Frau, die mir am Tag zuvor etwas zu essen gemacht hatte. Sie sprach in ruhigem Ton mit den Russen und übergab ihnen einen Wehrpass, meinen Wehrpass. Jetzt erst kapierte ich, dass ich den Tarnanzug gar nicht mehr trug. Sie musste ihn mir ausgezogen und darin den Pass gefunden haben, der mich mit einem Kinderpassbild als 15-jährigen Nichtkombattanten auswies. Einer der Russen glich das Bild mit mir ab und sagte: *Du Detsky, Chitler kaputt, gehen damoi, Matka.* Danach verschwanden sie. Ganz klar, die Frau hatte mich gerettet.«

Hans bleibt über Nacht, lernt den Vater der Frau kennen, deren Mann im Krieg verschollen ist, wie sie erzählt. Hans isst mit ihnen und lässt sich den Verband wechseln. Am nächsten Tag, es ist der 11. Mai, nimmt ihn der Vater seiner Beschützerin auf einem Wagen mit bis in den Ort Nauen. Zu Fuß läuft Hans weiter, sammelt auf dem Weg zurückgelassene Verbandspäckchen der Wehrmacht ein und steckt sie in einen Kinderrucksack, den ihm seine Retterin samt Verpflegung mitgegeben hat. Als er einer sowjetischen Militärpatrouille auf Fahrrädern begegnet und sich ausweist, bietet ihm ein russischer Soldat an, ihn auf dem Gepäckträger mit bis nach Oranienburg zu nehmen. Hans nimmt an und wundert sich, und noch mehr, als er in der dortigen Kommandantur ein Essen vom Feind erhält und sogar eine Büchse Schmalzfleisch für die Weiterreise. Im Ort Grüneberg angekommen, wird er von einem Mann vor einem Hauseingang darauf aufmerksam gemacht, dass er während der Sperrstunde auf der Straße laufe und das gefährlich sei. Der Fremde bietet ihm an einzutreten. Kurz darauf sitzt Hans inmitten von freigelassenen polnischen Zwangsarbeitern der Munitionsfabrik Grüneberg, die ganz genau von ihm wissen wollen, was er im Krieg für eine Funktion innegehabt habe. Es gelingt Hans, zu lügen und sich als verwundeter Gymnasiast aus Templin auszugeben. Die Polen erzählen, dass sie am Ende des Krieges Sabotage betrieben hätten; als das aufgefallen sei, habe man alle Arbeiter erschossen oder ins KZ Sachsenhausen verschleppt. Sie seien die Einzigen, die sich hätten verstecken können.

Hans bringt diese Situation erstmalig ins Grübeln über die Rechtschaffenheit des Dritten Reiches. Er denkt noch auf seinem weiteren Heimweg darüber nach. Als er in Templin und kurz darauf zu Hause ankommt, findet er sein Elternhaus ausgebrannt vor. Nach dem Einmarsch haben die Sowjetsoldaten einige Gebäude der Stadt angezündet, in denen sie Nazis vermutet haben. Das Feuer hat sich so auf andere Häuser ausgebreitet. Hans versucht es bei seinen Großeltern und trifft dort Mutter, Bruder und

Tante an, die nach ihrer Flucht vor der Sowjetarmee bereits zurückgekehrt sind. Seine Mutter erkennt ihn zunächst nicht, ist dann aber schier außer sich vor Freude. Das Glück hält nicht lange. Einige Wochen später wird sie schwer krank. Hans' Bruder kehrt mit nur einem Bein aus dem Krieg zurück und ist nicht in der Lage, der Mutter, die Anfang 1947 in die Frauenklinik der Berliner Charité eingeliefert wird, dringend benötigtes Blut zu spenden. Hans, der inzwischen weitestgehend von seiner erlittenen Lungen- und Armverletzung, die durch Splitter der Panzergranate in Staaken verursacht worden sind, genesen ist, übernimmt das. Aber trotzdem ist es zu spät. Die Metastasen haben bereits schlimm gewuchert. Die Mutter stirbt im August 1947. Sein Großvater wird Hans bald erzählen, dass sie während der Flucht von Sowjetsoldaten vergewaltigt und verletzt worden ist. Das Kind, das daraus entstanden sei, habe sie wegmachen lassen. Danach sei es ihr immer schlechter gegangen. Möglicherweise sei der Krebs die Folge einer unsachgemäßen Abtreibung gewesen.

Hans kann 1948 sein Abitur in Templin abschließen. Als er darauf studieren will, erfährt er, dass ihm als Zögling einer NAPOLA auf Lebenszeit ein Studienplatz in Naturwissenschaften verwehrt bleibt. Nach Gründung der DDR wird ihm zumindest ein Studium der Pädagogik an der HU Berlin gestattet. Hans findet einen Job in der Fernsehbranche, aber solange er in der DDR lebt, werden ihm aufgrund seines NAPOLA-Besuchs immer wieder Steine in den Weg gelegt. Dennoch entwickelt Hans als Autor und Dramaturg über 30 Filme für das DDR-Fernsehen.

Hans über Erinnerungskultur

Davon abgesehen, dass ich meine Geschichte in der DDR gar nicht und in der BRD kaum vorurteilsfrei habe erzählen können, weil sie politisch nicht passte, kann ich mich schon über Einzelheiten aufregen. Woher kommt es denn, dass wir so falsch informiert sind? Als um 2003 herum der Film NAPOLA von Dennis Gansel entwickelt wurde, bat man mich als einen der wichtigsten überlebenden Zeitzeugen darum, historisch beratend an der Produktion mitzuwirken. Doch schon als ich das Drehbuch in den Händen hielt, erkannte ich die Story als unvereinbar mit dem, was dort Realität gewesen war. Ich wies auf die eklatanten Falschdarstellungen und historischen Fehler hin, wie beispielsweise die Existenz ziviler Boxvereine – in Nazideutschland undenkbar. Dass in einem Speisesaal der NAPOLA junge Mädchen Essen servieren – unvorstellbar! Dass ausgerechnet ein christlicher Pastor, der nie an eine solche Schule gelassen worden wäre, einem Schüler die Nachricht über den Heldentod eines Angehörigen überbringt – nein, sicher nicht! Da das alles nicht geändert wurde, habe ich mich dagegen gewehrt, dass mein Name im Abspann erwähnt werden durfte.

Hans über zeitgenössisches Holocaustwissen

Während des Krieges habe ich nur das mitbekommen, was bekannt war. Von Massentötungen oder Vergasungen gelangte nie etwas an mich heran. Ich weiß nicht mal, wie ich es damals empfunden hätte, hätte ich davon gewusst. Eine spannende Frage, denn ich war ja der Ideologie aufgrund meiner Erziehung verfallen beziehungsweise stellte bis zum Schluss nie infrage, was der Führer tat. Bestimmte Momente in meinem Leben waren immer prägend. So hat mich zuerst die Wahrheit darüber, dass wir einen Krieg verloren hatten, völlig aus der Bahn geworfen, und wenig später dann, dass ich polnischen Zwangsarbeitern in Grüneberg Lügen auftischte und verheimlichte, dass ich für die SS gekämpft hatte. Geschlafen habe ich in dieser denkwürdigen Nacht im Unterschlupf der Polen in einem Zimmer, in dem in Betten noch zwei abgemagerte, kahlköpfige Gestalten aus dem KZ Sachsenhausen lagen, die zu schwach waren, am Tisch mit den anderen ehemaligen Arbeitern zu sitzen. Sie trugen Sträflingskleidung und einen roten Stern auf der Brust. Sie haben für mich, der gerade noch der SS angehört hatte und wahrscheinlich nicht gezögert hätte, sie als ausgemachte Todfeinde auf einen Befehl hin zu erschießen, ein Bett frei gemacht und haben sich zusammen in das andere gelegt. Daran hat man zu knabbern, lange.

ARMIN: PANZERALARM AUF DER »GOYA«

»Wir Luftwaffenhelfer in Ostpreußen wollten die Russen mit aller Kraft zurückschießen«, erzählt Armin in seinem Haus im schleswig-holsteinischen Schönberg. »Wir haben uns stark und unbesiegbar gefühlt.« Der 93-Jährige sammelt sich; er weiß, dass ihn die Schilderungen seiner Erlebnisse als Kindersoldat jedes Mal mitnehmen. Seine Frau Inge sitzt neben ihm – der größte Halt in seinem Leben. Armin schaut auf das geschnitzte Stadtwappen seiner Heimat im ostpreußischen Königsberg *(Kaliningrad)*. Als gelernter Zimmerer hat er dieses und viele andere Bilder aus seiner Vergangenheit in künstlerischen Holzarbeiten verewigt. Mehrfach hat er überlegt, ob er die »Goya« schnitzen sollte – jenes Frachtschiff, das am 16. April 1945 von zwei Torpedos getroffen wird, innerhalb von sieben Minuten untergeht und so traurige Berühmtheit erlangt. 6800 Flüchtlinge und Soldaten ertrinken damals. Kurz vorher hat Armin das Schiff in Swinemünde verlassen, weil er Befehl erhalten hat, mit seinen Kameraden der Panzer-Nahkampf-Brigade Hitlerjugend, die in Königsberg an Bord gegangen sind, über den Landweg zurück an die Ostfront zu marschieren, um sich den Russen mit Panzerfäusten entgegenzustellen.

1928 wird Armin in Königsberg geboren. Sein Vater arbeitet als Taucher bei den Stadtwerken und hat noch drei weitere Kinder. Zwei Brüder sind jünger als Armin, eine Schwester älter. »Mein Vater hat für seine Familie ein Haus am Stadtrand gebaut, wo wir alle aufgewachsen sind. Unser großer verwilderter Garten bot uns Kindern ein Paradies. An seinem Rand verlief der Beek, ein kleiner Bach, der in den Pregel mündete. Mein Vater war ein tüchtiger Mann, der handwerklich sehr geschickt, sportlich und durchtrainiert war. Er hatte Freude daran, nackt durchs Haus zu laufen, was damals recht unkonventionell war und von meiner Mutter nicht gerne gesehen wurde. Man konnte ihn schlecht einschätzen. Einerseits Naturbursche durch und durch, dann aber war sein größtes Hobby das Lesen. Er werkelte, zeichnete, spielte Mandoline und besuchte die Sternwarte, die einem seiner vielen Freunde gehörte. Als Taucher brachte er mir immer wieder kleine Schätze mit an Land, eine alte Pistole oder einen Säbel, die er am Grund gefunden hatte. Wenn seine Brüder, meine Onkel, zu Besuch kamen, um mit ihm zu musizieren, wurde danach heiß über Politik diskutiert. Er war zwar kein Nazi, wollte aber alles mitbekommen, was nach außen drang. Die einzigen Schläge, die ich überhaupt von Vater bekam, habe ich Hitler zu verdanken. 1936 hielt der eine seiner Führerreden, die mein Vater über den Volksempfänger ganz fasziniert verfolgte. Weil wir Kinder partout nicht ruhig sein wollten, verpasste er mir einen Kinnhaken. Da war ich baff; das war eine Seite, die ich nicht von ihm kannte. Bei meiner viel strengeren Mutter saß die Hand schon öfter mal locker, aber das schmerzte natürlich nicht so.«

Armin besucht die Jahnschule in Königsberg. Als im September 1939 der Krieg ausbricht, ist er im Jungvolk organisiert. »Wir Pimpfe freuten uns, dass Deutschland nun endgültig erwacht ist. Als ich davon hörte, dass Danzig wieder deutsch war, machte ich wahre Freudensprünge auf dem Nachhauseweg von der Schule.

Armin (links) und ein Kamerad in der Königsberger Hitlerjugend

Ich hatte ja nun ziemlich oft gehört und gelesen, dass die Polen die deutsche Minderheit schikanierten. Das würde jetzt bald aufhören, endlich würde Gerechtigkeit einziehen. Vom Krieg an sich bekamen wir in Königsberg lange nichts mit, außer dass alle wehrfähigen Männer eingezogen wurden. Zwar haben wir regelmäßig verdunkelt und Luftschutzräume eingerichtet, aber Bombenangriffe gab es erst mal nicht.«

Der Jungzugführer Armin interessiert sich vor allem für die sportlichen Wettkämpfe. Für Prügeleien hat er dagegen nicht viel übrig. »Aber die gab es oft im Jungvolk«, sagt er. »Man musste sich beweisen. Zum Abschluss habe ich immerhin meinen Fähnleinführer verdroschen, weil er mir ein Mädchen ausgespannt hat. In der Hitlerjugend, in die ich 1942 eintrat, hörte so etwas auf, man kam mit Kameraden zusammen, die die gleichen Interessen teilten. Ich trat der Marine-HJ bei und trug eine schicke Uniform. Wasser war

1943 beginnt Armin eine Ausbildung als Schiffbauer.

mein Element. Zum Dienst haben wir uns im Bootshaus am Hafen getroffen, wurden dort unterrichtet, zum Beispiel im Flaggen-Alphabet. Wir sind regelmäßig auf dem Marinekutter gesegelt und träumten von einer beruflichen Zukunft auf den Weltmeeren.« Im April 1943 ist für Armin die Schule beendet, und er fängt eine Schiffbau-Lehre an. In der Familie seines Vaters sind fast alle zur See gefahren oder haben für die Schiffindustrie gearbeitet.

Armins Ausbildungsbetrieb führt im Auftrag der Marine Reparaturen an Küstenschiffen durch und fertigt Tiefenruder für U-Boote. Dem 14-Jährigen macht das alles unheimlich Spaß, aber er muss die spannende Lehre schon nach einem Jahr abbrechen, weil er am 1. Juni 1944 als Luftwaffenhelfer eingezogen wird.

Stellungsbefehl erhält er für das Luftabwehrausbildungslager in Ponarth, einem Stadtteil von Königsberg. »Unsere Ausbildung zum Flakkanonier fing harmlos an. Anhand kleiner Modelle mussten wir Flugzeugtypen erkennen lernen und kriegten theoretischen Unterricht und die Einweisung in die Bedienung der verschiedenen Ortungsgeräte und Geschütze. Wir lernten an einer *Acht-Acht* und an einem Flak-Vierling. Zuletzt wurde ich am Malsi-Gerät ausgebildet. Wir waren in Holzbaracken untergebracht und sollten da drinnen auch Berufsschulunterricht bekommen, was aber nicht lange klappte, da der immer wieder durch Alarm gestört wurde und man den Lehrern schließlich den umständlichen Weg in die Stellung nicht mehr zumuten wollte. Nach sechs Wochen war die Grundausbildung beendet, und wir Luftwaffenhelfer wurden in eine aktive Batterie am nördlichen Stadtrand verlegt. Da erhielten wir einen streng durchgetakteten Dienstplan. Um 6 Uhr weckte uns der Unteroffizier vom Dienst (UvD) zum Stubenappell. Betten, Schränke und Fenster wurden kontrolliert. Um 7 Uhr Antreten zum Morgenappell, wo Tageslosung und Aufgaben verteilt wurden. Neben dem militärischen Dienst hatten wir nun auch wieder Schulunterricht. In der Zeit infizierte ich mich mit einem unangenehmen Fußpilz, sodass ich keine Schuhe mehr tragen konnte. Dem Sanitäter der Batterie blieb nichts anderes übrig, als mich in ein Lazarett in die Immelmann-Kaserne zu überweisen. Ausgerechnet dort erlebte ich die schlimmsten Bombenangriffe auf die Stadt und war nicht mal in der Lage, meinen Kameraden in der Stellung zur Seite stehen. Wegen Fußpilz! Eine psychische Folter.«

In der Nacht vom 26. August auf den 27. August 1944 bombardieren 174 viermotorige Avro-Lancaster-Bomber der 61. Squadron der britischen Royal Air Force (RAF) den Nordosten von Königsberg, 1000 Menschen sterben in der Feuersbrunst, die auch durch neue 39 Pfund schwere Flammenstrahlbomben ausgelöst wird. Am frühen Morgen des 30. August werfen 189 Lancaster 480 Tonnen Bomben auf das Stadtzentrum. 5000 weitere Menschen sterben – danach sind 30 000 Königsberger obdachlos und über 40 Prozent der Wohnfläche sowie fast die gesamte historische Altstadt vollständig zerstört. »Diese barbarischen Angriffe habe ich mit anderen Patienten im notdürftig abgestützten Keller der Sanitätskaserne überlebt«, erzählt Armin. »Das Getöse, die Explosionen der Bomben, die Flak. Es war so unerträglich laut, dass alles wackelte und wir jederzeit damit rechneten, unter dem Gebäude begraben zu werden. Es sind auch ein paar Bomben aufs Kasernengelände geflogen und sogar bis in die Keller durchgekracht. Was für ein sagenhaftes Kriegsglück, dass die nicht explodiert sind. Die Blindgänger haben wir eingesammelt und anschließend kontrolliert gesprengt. Meine schöne Stadt aber war durch Phosphorbomben in Schutt und Asche gelegt worden. Königsberg brannte noch Tage später. Das Wichtigste allerdings war für mich, dass meine Familie unverletzt geblieben ist.«

Nach seiner Genesung wird Armin Anfang September 1944 einer neuen Batterie im Stadtteil Beydritten zugeteilt. Einige seiner Kameraden aus der alten Einheit treffen ebenfalls dort ein. »Alle Luftwaffenhelfer waren auch hier Lehrlinge, keine Schüler. Als neuen Batteriechef kriegten wir einen Major, der zuletzt in Finnland eingesetzt gewesen war. Nachdem er uns eingewiesen hatte, fragte er nach unserer Sauna. Keiner wusste, was das ist, und er klärte uns auf. Am nächsten Tag erhielten wir prompt den Befehl, auf dem Batteriegelände eine Sauna zu bauen, mit großen Steinen, Palisaden und einem Holzfeuer. Das war schon verrückt, aber wir genossen das Saunieren, auch wenn es ungewohnt blieb, mit unserem Spieß nackt in einer kleinen Höhle zu sitzen. Ich kann mir nicht vorstellen, dass es außer uns noch andere saunierende Luftwaffenhelfer im Reich gegeben hat. Aber wir schöpften

Bei den heftigen Luftangriffen auf Königsberg wird auch die Probsteikirche zerstört.

tatsächlich Kraft daraus, es tat körperlich gut, denn unser Dienst verlangte uns bald physisch und psychisch alles ab. Wir mussten nämlich mithelfen, nach den Luftangriffen die bis zur Unkenntlichkeit verbrannten Leichen zu bergen und in vorher aufgesprengten Massengräbern beizusetzen. Das Gleiche erledigten wir mit Tausenden Tierkadavern. Man hat plötzlich öfters mit Toten als mit Lebenden zu tun. Dazu nahmen die Tieffliegerangriffe der Russen immer mehr zu. Die zerstörte Stadt bot ihnen jetzt die besten Möglichkeiten, ungeschützte Menschen am Boden zu erwischen. Sie kamen im Tiefflug und schossen mit den MGs auf wirklich alles, was sich bewegte. Wir feuerten von unserer Stellung aus mit der Vierlings-Flak aus allen Rohren und holten damit einige ihrer alten Maschinen vom Himmel.«

Gegen Ende des Jahres 1944 wird Armins Batterie schon auf den Erdkampf vorbereitet. Die Jungen tragen die Erdwälle vor den Stellungen ab und legen Panzergräben davor an. »Wir erhielten kleinere sowjetische Beutegeschütze, die auf Selbstfahrlafetten montiert waren. Die Kanonenrohre wurden aufgebohrt, sodass panzerbrechende Acht-Acht-Granaten in die Geschütze passten. Das Donnergrollen der russischen Artillerie wurde von Tag zu Tag lauter. Durch unsere Geräte beobachteten wir, wie eines Nachmittags Infanteristen auf die Stadt zustürmen. Wir feuerten ohne Unterlass, bis uns eine Vorhut erreichte und uns klarmachte, dass wir auf eigene Soldaten zielten. Es handelte sich um Einheiten, die sich aus dem Kurlandbecken nach Königsberg durchgekämpft hatten. Es war für uns unerträglich und eine grausame Erfahrung, als uns bewusst wurde, dass wir womöglich eigene Kameraden getötet hatten. Der letzte Rest an Weihnachtsstimmung löste sich in Luft auf. Daran änderte auch der Weihnachtsbaum nichts, den wir in die Stellung holten, und auch nicht der Besuch meines Vaters, der mit einem meiner jüngeren Brüder mit dem Fahrrad zu uns hochgefahren kam. Es war das letzte Mal, dass ich ihn sah.«

Zwischen Weihnachten und Silvester steht Armins Batterie unter ständigem Beschuss. Etwa 100 000 Soldaten der Roten Armee belagern die Stadt. In Gebäuden rund um Königsberg verschanzen sich russische Scharfschützen. »Wir kriegten Befehl, mit unserem Geschütz alle Häuser plattzumachen«, sagt Armin. »Das zeigte Wirkung, denn wir hatten danach erst mal Ruhe. Aber der Ärger hörte trotzdem nicht auf. Dummerweise hat bei einem solchen Beschuss unser K6 den Zünder falsch eingestellt, und wir haben somit auch direkt auf unsere Kameraden in der benachbarten Geschützstellung geschossen und getroffen. Keiner von ihnen hat überlebt, wir standen unter Schock. Vielleicht wurde deswegen unsere Batterie kurz nach dem Vorfall aufgelöst. Wir etwa

40 verbliebene Luftwaffenhelfer wurden zu einer Schule abkommandiert, wo uns ein Unteroffizier in Empfang nahm und uns zu Angehörigen der Panzer-Nahkampf-Brigade Hitlerjugend erklärte. Mit weiteren etwa 150 Hitlerjungen aus Königsberg bildeten wir eine neue Kompanie. Die Luftwaffenhelferzeit war damit zu Ende. Wir erhielten Uniformen in Gelbgrau und Kakifarben. So was hatte ich noch nie gesehen. Die sahen aus wie Fantasietrachten. Außerdem wurden wir mit Wunderwaffen bestückt, wie unser neuer Vorgesetzter die Panzerfäuste nannte, an denen wir in den kommenden Tagen ausgebildet wurden. Als Übungsziele dienten uns leere Blechtonnen. Die Panzerfaust feuerte 25 Meter weit, sie bestand aus einem einfachen Rohr und einer aus Blech gestanzten Zieleinrichtung. Die zugehörigen Zünder, die äußerst sensibel auf jede Erschütterung reagierten, mussten wir dabei in den Jackentaschen tragen und erst unmittelbar vor Gebrauch der Waffe einsetzen. Das war ein gefährliches Spiel. Der Ausbilder erklärte uns genau, wie wir im Ernstfall vorzugehen hatten. Wir sollten die Panzer auf uns zurollen oder uns im Zweifelsfall auch in einem Graben von ihnen überrollen lassen und sie dann von hinten abschießen. Nachdem wir die Panzerfäuste beherrschten, erhielten wir neue Karabiner und entsprechendes Schießtraining. Dann sollten wir auf den Kampfeinsatz beziehungsweise auf die sowjetischen Panzer warten. Während der Schulung in der Panzer-Nahkampf-Brigade schwafelte unser Ausbilder immerzu vom Endsieg, den wir herbeiführen würden, und dass das ganze Reich auf uns zählte. Es nervte, denn er musste keinen von uns überzeugen; wir waren bereit für diese Aufgabe, ob nun an der Flak oder mit der Panzerabwehrwaffe.«

Seit Anfang Januar 1945 werden Königsberger Hitlerjungen und Luftwaffenhelfer, die noch nicht unter dem Kommando des Volkssturms stehen, in Gruppen zwischen 40 und 200 Mann zusammengezogen, um eigene Kampfgruppen zu bilden, die sich im Verlaufe der zu erwarteten Schlacht Wehrmachtseinheiten anschließen sollen. Mitte Januar 1945 bricht die gesamte deutsche Ostfront zwischen Ostseeküste und Karpaten zusammen, und die Sowjetarmee überrollt die ihnen schutzlos ausgelieferte deutschstämmige Bevölkerung. Millionen Menschen werden gezwungen, innerhalb von Minuten das Notwendigste zusammenzupacken und in völlig überfüllten Zügen, mit Pferdewagen, Handkarren, Schlitten oder Fahrrad über vereiste Landstraßen gen Westen zu fliehen. Dabei kommt es zu zahlreichen Vertreibungsverbrechen durch Angehörige der Sowjetarmee, die vor allem Frauen, Kinder unter 16 Jahren und Senioren treffen. Für bis zu 100 000 Ostpreußen und Schlesier, deren Vorsprung zu knapp ist, enden bereits die ersten Tage nach dem Einmarsch der Roten Armee tödlich. Den sowjetischen Verbänden gelingt es, bis in die westlich von Königsberg gelegene Küstenstadt Elbing *(Elbląg)* vorzudringen und die Fluchtwege abzuschneiden. Unter den Flüchtlingen bricht blanke Panik aus. Zigtausend versuchen, über den Hafen Königsberg zu entkommen. Am 25. Januar wird die Pregel-Stadt zur Festung erklärt. Dem Festungskommandanten General Otto Lasch stehen 50 000 reguläre Soldaten und 5000 Volkssturmangehörige zur Verfügung. Armins Zug der Panzer-Nahkampf-Brigade wird zunächst dazu beordert, Flüchtlingen zu helfen, auf die Schiffe zu gelangen.

»Es war unbeschreiblich kalt«, erinnert er sich. »Zwischen minus 20 und 30 Grad. Im Hafengelände spielte sich ein unglaubliches Chaos ab. Überall standen Pferdefuhrwerke, lagen Gepäckstücke und Hausrat, der zurückgelassen werden musste. Ich rannte zwischen frei laufenden Kühen und Schafen hindurch, um Kindern und Frauen zu helfen, zu den Schiffen zu gelangen. Alles, was schwimmen konnte, stand bereit. Marineschiffe, Küstenschiffe, Fischkutter, Schlepper. Die Szenen waren herzzerreißend. Ehemänner und Väter, die die Trecks begleitet hatten, durften nicht mit an Bord. Sie sollten in den Volkssturm eingegliedert werden und Königsberg verteidigen. Ich sah gestandene Männer weinen, die wussten, dass sie ihre Lieben nie wiedersehen würden. An mehreren Tagen marschierten wir zum Hafen, um zu helfen. Es wurde immer dramatischer, mehr und mehr panische Menschen kamen dazu. Einmal flogen die Tiefflieger direkt über uns und schossen auf alles, was sich bewegte. Als ich meine Deckung verlassen hatte, lief ich auf ein Schlachtfeld. Massenweise verendetes, durch MG-Kugeln zugerichtetes Vieh, dazwischen blutüberströmte Frauen und Kinder, um die sich niemand kümmerte. Wer von oben getroffen wurde, hatte keine Chance. Medizinische Hilfe gab es nicht, die Menschen verbluteten einfach. Ich kam mir vor wie in der Hölle. Dann wieder Maschinengewehrgarben aus dem Himmel, schreiende und sterbende Flüchtlinge am Boden. Einige sprangen in Panik ins eiskalte Meer, versuchten, sich an Tauen auf die Schiffe zu ziehen, fielen wieder runter, tauchten nicht mehr auf, ertranken oder wurden von Schiffsschrauben zermahlen. Ich hielt es nach diesem Angriff nicht länger aus am Hafen. Ich hatte einen Kloß im Hals und fühlte mich psychisch nicht weiter in der Lage, diesen vielen armen Menschen beim Sterben zuzuschauen, ohne etwas tun zu können. Also lief ich in die Stadt, um in Erfahrung zu bringen, was mit meiner Familie passiert war. In den Straßen war kaum ein Mensch, Haustüren standen offen, Fenster waren eingeschlagen. Hin und wieder sah ich bewaffnete Jugendliche, die Geschäfte plünderten. Was war nur aus meiner Welt geworden? An unserem Haus angekommen, stellte ich fest, dass der Ostgiebel des Daches abgebrochen war, wahrscheinlich durch einen Granattreffer. Drinnen rief ich verzweifelt nach meinen Eltern. Niemand gab Antwort. Ich weinte in dem Moment wie ein kleines

Kind, weil ich mir Sorgen machte, dass ich sie alle nie wiedersehen würde. Mir ging es wie den Ehemännern am Hafen. Ich war völlig aufgelöst; zu viel hatte ich in den letzten Wochen gesehen, was ich eigentlich nicht hätte sehen sollen.«

Schon am 23. Januar 1945 ist der Raum Königsberg weitläufig von der Roten Armee eingekesselt. Die Stadt wird zwar noch bis April erfolgreich von der Wehrmacht gehalten, aber Flüchtlinge kommen vorerst nicht mehr durch. In ihrer Not treibt es Hunderttausende auf das zugefrorene Frische Haff, der einzige Weg, der ihnen noch die Möglichkeit bietet, zu einem der übrig gebliebenen Ostseehäfen zu gelangen. Bei Temperaturen von bis zu minus 25 Grad ziehen sie mit Pferdekarren und Schlitten auf das Eis. Unter der schweren Last und aufgrund des ständigen Beschusses durch russische Tiefflieger brechen Tausende ein und ertrinken. Für diejenigen, die es schaffen, ist die Gefahr längst nicht vorüber. Zwar werden insgesamt eine Million Menschen über die Ostsee gerettet, mindestens 40 000 aber sterben, weil ihre Schiffe torpediert werden. Anfang März erhält schließlich auch Armins Panzer-Nahkampf-Brigade Befehl, voll bewaffnet mit einem Schiff aus Königsberg auszureisen. Man müsse den Russen von Westen aus bekämpfen und zurückdrängen, lässt der Zugführer verlauten. Mit etwa 1800 Personen fahren die bewaffneten Hitlerjungen an Bord des Kohlendampfers »Koholyd« von Königsberg ab. Aufgrund eines wilden Sturms kommt das Schiff erst nach anderthalb Tagen in Gotenhafen *(Gdynia)* an. »Wir gingen von Bord und sahen, dass sich hier die gleichen Szenen abspielten wie in Königsberg. In Panik geratene Menschen versuchten, sich Plätze auf Schiffen zu ergattern: auf Vorpostenbooten, Fischkuttern, U-Booten. Verendetes Vieh lag auf der Erde, und leere Fuhrwerke, teilweise mit Leichen darauf, standen um uns herum.« Armins Kompanie quartiert sich in leeren Gasthäusern ein. Nach einer Woche sammeln sie sich am Hafen, wo die »Goya« angelegt hat. Ein Oberleutnant übernimmt das Kommando über die etwa 200 Soldaten der Königsberger Panzer-Nahkampf-Brigade Hitlerjugend. Als Zugführer werden Unteroffiziere und Obergefreite eingesetzt. Etwa 6000 Menschen befinden sich auf dem Schiff, darunter circa 1000 verwundete Soldaten und 4000 Frauen und Kinder, der Rest sind Volkssturmmänner und HJ-Kämpfer, die zurück an die Ostfront sollen. »Ich versuchte, während der Überfahrt einen klaren Kopf zu bewahren«, sagt Armin. »Ich erfuhr, dass die verwundeten Soldaten, die im Frachtraum unter Deck untergebracht waren, aus der Kurlandschlacht kamen. Krankenschwestern und Sanitäter kümmerten sich um sie. Unsere Kompanie leistete Hilfsdienste. Wir trugen blutige Verbände und Eimer mit Fäkalien per Leiter nach oben und kippten alles über Bord. Die Verwundeten waren meist junge Soldaten, sie lagen wie ein Häufchen Unglück bandagiert auf Stroh. Der Gestank war unerträglich: Eisen und Eiter. Manche haben gejammert, manche haben geschrien, andere verharrten im Delirium. Ich kam mir dort unten vor wie in einem Gruselkabinett.«

Nach etwas mehr als drei Tagen, um den 16. März herum, erreicht die »Goya« Swinemünde *(Świnoujście),* kann dort aber nicht anlegen, weil der Hafen durch Schiffswracks blockiert ist. Am 12. März hat es hier einen schweren Luftangriff gegeben. Die Passagiere der »Goya« werden mit Beibooten an Land gebracht. »Danach wurde unsere Kompanie mit neuen Panzerfäusten ausgestattet, die bis zu 150 Meter weit feuern sollten«, sagt Armin. »Dann wurden wir auf mehrere bereitstehende Busse der Berliner Verkehrsgesellschaft verteilt. Die Zugführer teilten uns mit, dass wir in die Hauptstadt zum Stab unserer Einheit fahren würden. Während der Fahrt wurden wir von Tieffliegern beschossen. Von einer Reise konnte man nicht sprechen. Immer wieder hieß es

Armin verlässt die »Goya«, kurz bevor sie im März 1945 von einem sowjetischen U-Boot versenkt wird, wobei mehr als 6800 Menschen den Tod finden.

raus, in den Graben legen und Deckung suchen und zurück in den Bus; nach spätestens einer halben Stunde das gleiche Spiel. Als einer der Busse hinter der Stadt Demmin getroffen wurde und nicht mehr weiterkam, streikten die Busfahrer. Sie hatten die Schnauze voll, ließen uns aussteigen und zu Fuß weiterlaufen. In den verlassenen Dörfern beschafften wir uns Handkarren, in die wir Panzerfäuste, Handgranaten und Maschinengewehre legten. An Wehrmachtsversorgungsständen füllten wir Feldflaschen und deckten uns mit Scho-Ka-Kola ein, die uns den schlimmsten Hunger nahm. Wenn die Kompanie durch ein Dorf kam, suchten wir nach Essbarem. In Seen und Flüsse warfen wir Granaten und holten uns so die Fische raus, die wir dann über einem Feuer brieten. Am Tag schafften wir 30 Kilometer, geschlafen haben wir unter freiem Himmel. Anfang April kamen wir in der Trümmerstadt

Berlin an. Wir übernachteten eine Nacht im Café Kranzler, wo wir uns endlich mal wieder waschen konnten. Auf andere Teile unserer Brigade sind wir nicht mehr gestoßen, wir waren zu spät da. Die anwesenden Führer berieten, was die Hitlerjugend für uns wohl geplant hatte. Am folgenden Tag erhielten wir dann schon Marschbefehl Richtung Böhmen. Als Zugführer kriegten wir jetzt einen Hauptgefreiten der Luftwaffe zugewiesen. Wir marschierten lange, ich zog mir abscheuliche Blasen an den Füßen zu, die wesentlich stärkere Schmerzen verursachten als mein Fußpilz. Aber wir liefen immer weiter, unser Marsch wurde nur unterbrochen von häufigem Beschuss durch Tiefflieger. Größere Straßen mieden wir deswegen ganz und liefen nur über Nebenstraßen, wo wir schnell Deckungsmöglichkeiten fanden. Durch das unterschiedliche Marschtempo und die ständigen Angriffe wurde die Kompanie über mehrere Kilometer auseinandergezogen. Wir liefen zu unserem eigenen Schutz dann nur noch in kleinen Gruppen und fühlten uns bald orientierungslos. Im Grunde marschierten wir einfach immer weiter Richtung Süden. Straßenschilder gab es kaum mehr, weil die bereits von Wehrmachtssoldaten zur Desorientierung der erwarteten Alliierten abgenommen worden waren. Ich kann mich auch nicht an die Namen von Orten erinnern, durch die wir gekommen sind, falls ich sie je erfahren haben sollte. Wir hatten andere Sorgen. Wenn jemand verwundet wurde, mussten wir einen Kameraden mit ihm zurücklassen. Das passierte nicht nur einmal, die Gegend war ziemlich gefährlich. Am Straßenrand lagen Stabbrandbomben herum. Wir benutzten sie zur Hasenjagd, steckten sie dafür in Erdlöcher. Einem Kameraden flog dabei ein Splitter diagonal durchs Gesicht und verletzte ihn schwer. Einmal setzte sich ein Junge auf einen der Handwagen, weil er nicht mehr laufen konnte. Auf einem hügeligen Abstieg explodierte dabei eine Panzerfaust und riss ihm das Bein weg; wir mussten es ihm abschnüren. Zwei Kameraden blieben bei ihm und wollten versuchen, Hilfe zu holen. Es nützte nichts, wir marschierten weiter. An einem Ortseingang versperrte uns eine Art Bürgerwehr den Weg. Plötzlich schoss sogar jemand von ihnen, und unsere Jungen legten ihre Gewehre an. Ich erwartete eine wilde Schießerei. Ein alter Mann löste sich aber rechtzeitig aus der Gruppe und erklärte, dass US-Truppen in der Nähe seien und die Dorfbewohner Angst hätten, sie würden alles zusammenschießen, wenn sich deutsche Soldaten im Ort befänden. Er zeigte uns, wie wir über einen Waldweg die amerikanischen Einheiten umgehen konnten. Es wurde immer ungemütlicher. Wir machten in einer kleinen Stadt halt, wollten uns alle wieder sammeln und in einer Schule übernachten, als die Ortschaft von Jagdbombern angegriffen wurde. Es folgte ein fürchterliches Gemetzel. Häuser und Straßen brannten, die MGs feuerten von oben, Granaten explodierten. Die Kameraden suchten Deckung, schossen aus Verzweiflung mit Handfeuerwaffen auf die Flugzeuge, wurden durch die Luft geschleudert und vor meinen Augen zerfetzt. Reste von ihnen blieben in den Bäumen hängen. Das sind Bilder, die man sich nicht vorstellen kann, wenn man sie nicht selbst gesehen hat. Es wirkt völlig surreal. Ich war von oben bis unten mit Blut besudelt. In dem ganzen Wirrwarr sah ich damals einen Mann im zweiten Stockwerk eines Hauses am Fenster stehen. Die Fassade hatte Phosphor gefangen und brannte lichterloh, der Mann sprang. Später erkannte ich ihn als Leiche wieder, in einer Turnhalle liegend, zusammen mit Dutzenden weiteren toten Zivilisten. Den Geruch von Blut und Dynamit bin ich seit dem Beschuss an diesem Ort nie losgeworden, er kriecht mir immer wieder mal ins Bewusstsein. Bei dem Angriff verloren wir mehr als die Hälfte unserer Kompanie. Viele wurde getötet, andere verletzt oder versprengt. Nachdem wir bis zu einem Versorgungslager weitermarschiert waren, wo wir neue Wäsche und Verbandsmaterial erhielten, stellte ich fest, dass wir keine hundert

Mann mehr hatten. Es war warm, und der Kompanieführer gönnte uns eine kleine Auszeit. Wir konnten in einem See baden und uns etwas erholen. Später, als wir wieder aufgebrochen waren, entdeckten wir in einem Wald einen Halbketten-Lkw der Wehrmacht. Der Zündschlüssel steckte. Es sprangen so viele Jungs rein, wie dort Platz fanden, es wollte wirklich niemand mehr laufen. Wir beschlossen, uns mit dem Fahrzeug abzuwechseln, aber die erste Truppe, zu der ich auch gehörte, musste bereits nach wenigen Kilometern stehen bleiben, weil uns die Militärpolizei stoppte und den Laster konfiszierte. Ich wunderte mich sehr, denn ich hatte es nicht für möglich gehalten, dass die Polizei noch patrouilliert. Ich hatte eine gefühlte Ewigkeit keinen erwachsenen deutschen Soldaten außer unseren Anführern mehr gesehen. Uns blieb nichts übrig, wir marschierten weiter wie gehabt in Kleingruppen, maximal zu zehnt. Bald sahen wir immer öfter amerikanische Jeeps, die auf den größeren Straßen, die wir mieden, unterwegs waren. Hin und wieder entdeckten sie uns und schossen mit MGs, die auf ihren Wagen montiert waren, in das Unterholz. Der Feind war zum Greifen nahe. An einem Morgen stand ich mit einem Kameraden Wache hinter einem Heuhaufen, als in 50 Meter Entfernung einer dieser Jeeps hielt. Die beiden Amerikaner stiegen aus und liefen in unsere Richtung. Wir standen mit rasendem Herzen und angelegtem Karabiner hinter dem Heu und nahmen sie ins Visier. Ich wollte schon abdrücken, als die Amis plötzlich stehen blieben und sich eine Zigarette anzündeten. Ich zog meinen Kameraden langsam nach hinten, und wir warteten. Nachdem ihre Zigarettenpause beendet war, fuhren sie wieder los, und wir atmeten auf. Weiter ging es durch die Wälder. An einem Tag schickten wir Spähtrupps los und planten Angriffe auf amerikanische Soldaten. Bald hatten wir ein Tanklager ausgekundschaftet und wollten es mit Panzerfäusten angreifen. Ich gehörte dem Kommando an, das ein Hauptgefreiter anführte. Mit sieben Jungen rückten wir nachts aus, alle bewaffnet mit Gewehr, Panzerfaust und Handgranaten. Wir pirschten uns an die feindliche Stellung heran, die hinter einer Brücke lag, und brachten uns in Schussposition. Ich nahm das Gewehr des Kameraden neben mir, der die Panzerfaust abfeuern wollte. Plötzlich schrie jemand auf Englisch nach dem Losungswort. Als wir still blieben, begannen die Amerikaner, mit Maschinenpistolen zu schießen. Die Kugeln zischten an mir vorbei. Wir stürmten in alle Richtungen davon, jeder, wie er konnte. Ich rannte auf den Mühlenbach zu, beide Gewehre auf dem Rücken geschultert, die Kugeln rasselten und schlugen links und rechts von mir ein. Mit Anlauf sprang ich ins Wasser und wurde von einer überraschend starken Strömung, die mir sofort die Beine wegriss, weggespült. Ich ließ mich eine Weile treiben und fand später irgendwie zu unserem Lager im Wald zurück; ich war sogar der Erste, der zurückkam. Wir waren heilfroh, dass es keinen von uns erwischt hatte. Der letzte Kamerad traf zwei Stunden nach mir ein. Am Tag darauf hatten wir uns viel zu erzählen. Unser Stoßtrupp-Führer war in einen Brunnen geklettert und hatte sich da von innen runterhängen lassen. Das war abenteuerlich. Die Amerikaner hatten überall gesucht, sich direkt am Brunnen unterhalten und ihn nicht entdeckt. Der Kompanieführer zeichnete alle Teilnehmer des Stoßtrupps feierlich mit einem Eisernen Kreuz zweiter Klasse aus. Ich war stolz. Der Marsch ging weiter. In Pilsen erfuhren wir, dass Hitler gefallen war. Damit war nun eigentlich jedem klar, dass der Krieg für uns verloren gehen würde. Gerüchte wurden gestreut, dass es dann wohl bald gemeinsam mit den Amerikanern gegen die Russen gehen sollte. Wir machten kehrt und marschierten zurück in Richtung Westen. Vor Plauen im Vogtland erreichte uns die Kunde der Kapitulation, es war der 9. Mai 1945. Wir haben darauf die Schlagbolzen von den Gewehren abgebrochen und sie zusammen mit der Munition vergraben. Mit Händen über den Köpfen liefen wir so lange die Hauptstraße entlang, bis wir auf eine Streife trafen. Die Amerikaner waren schon im Siegestaumel, als sie uns gefangen nahmen. Es war ein bedrückendes Gefühl, und das in mehrfacher Hinsicht. Einmal war ich gekränkt, dass wir den Krieg verloren hatten; dann waren da die Angst und die Schmach, den Amerikanern völlig hilflos ausgeliefert zu sein. Wir wurden zum Gefangenenlager geführt, das sich am Stadtrand von Plauen befand, und dort gab es auch erst mal Prügel. Mit Riemen und Stöcken standen die Soldaten vor dem Zugang zum Lager und droschen auf jeden Einzelnen ein. Spießrutenlaufen.«

Im Sammellager Plauen kommen zeitweilig 30 000 deutsche Soldaten unter. Begrenzt wird das weitläufige Areal auf der einen Seite durch einen Bahndamm, auf dem amerikanische Wachtposten MG-Stellungen aufgebaut haben, und auf der anderen durch einen etwa vier Meter breiten Bachlauf. Die Gefangenen schlafen in Vier-Mann-Zelten. Ein Teil der Wiese ist durch einen Zaun abgetrennt. Hier werden Soldaten untergebracht und gesondert bewacht, bei denen bei der Leibesvisitation eine Blutgruppentätowierung der SS unter der Achsel gefunden worden ist. Sanitäre Einrichtungen und medizinische Versorgung existieren nicht. Um ihre Notdurft zu verrichten, dient den Männern eine Fäkaliengrube. Trinkwasser schöpfen sie mit Eimern aus dem Bach. Nach Armins Erinnerung erhält er in den ersten zwei Wochen gar nichts zu essen. Er sieht halb verhungerte Männer, die alles Essbare von der Wiese rupfen und darauf herumkauen, um nur irgendwie das Hungergefühl einzudämmen. Amerikanische Soldaten erschießen schließlich ein Pferd; Armin und seine Kameraden versuchen, das Fleisch über dem Feuer zu garen und zu essen. Als dann Verpflegung durchkommt, gibt es zunächst drei Hartkekse pro Kopf, später bis zu sieben davon. Nach Bestimmungen der Konferenz von Jalta wird das Gebiet, auf dem sich das Sammellager befindet, ab dem 1. Juli 1945 unter Verwaltung der Sowjetunion gestellt. Gefangene, die eine Wohnadresse angeben können, werden entlassen. Ein Kamerad bietet Armin, der kein Zuhause mehr hat, an, sich als sein Bruder auszugeben und seine Adresse, die in der französischen Zone liegt, zu melden. So erhält er Papiere und kann zusammen mit Joseph in Viehwagen durch das zerstörte Deutschland bis nach Leustetten reisen. Dort findet er Arbeit als Landwirtschaftshelfer. Ein Dreivierteljahr später schreibt er einen Brief an eine verbliebene Tante, die im schleswig-holsteinischen Schönberg wohnt. In ihrer Antwort erfährt er, dass sein geliebter Vater den Krieg nicht überlebt hat. Nach zwei verschiedenen Auskünften soll er entweder in Königsberg von sowjetischen Soldaten erschlagen worden oder bei einem Taucheinsatz in Pillau ums Leben gekommen sein. Armin trifft der Verlust desjenigen Menschen, zu dem er den innigsten Kontakt hatte, schwer. Stolz ist er aber darauf, dass der Vater es zuvor noch geschafft hat, seine Mutter und die Geschwister im Februar auf einem Flüchtlingsschiff unterzubringen. Die Familie wartet in Schönberg auf Armin, wo er bald darauf selbst sesshaft wird und später als selbstständiger Maurermeister arbeitet. Mitte der 1990er-Jahre lässt er einen persönlichen Traum wahr werden, baut sich ein eigenes kleines Segelschiff zusammen und bereist mit seiner Frau acht Jahre lang die Ostsee. Armin hat zweimal geheiratet und zählt vier Kinder, elf Enkel und inzwischen sechs Urenkel zu seiner Familie.

Armin über die Lehren des Krieges

Der Krieg bringt zum einen die schlechtesten Eigenschaften im Menschen zum Vorschein, zum anderen aber auch die besten. Ich erinnere mich an die anstrengende und lange Zugfahrt mit meinem Freund Joseph von Plauen nach Leustetten. Der Hunger war unerträglich. An einem Tag hielt der Zug neben einer Wiese, auf der eine Gulaschkanone aufgestellt worden war, aus der Helfer eine Milchsuppe ausschenkten. Wie alle bin ich mit meinem Kochgeschirr hin. Das, was mir dort begegnete, waren keine Menschen mehr. Alle schlugen einander und schubsten sich wie die Wilden vom Topf weg. Der kippte daraufhin um, und die Suppe verteilte sich auf dem Rasen. Kaum jemand hat etwas bekommen, obwohl für alle etwas da gewesen wäre. Später in Ulm machte der Zug einen weiteren Halt. Ich stieg aus, um mit Lebensmittelmarken, die ich noch hatte, bei einem Kaufmannsladen etwas Brot zu erwerben. Eine lange Schlange stand dort an. In der gebotenen Eile ließ ich alle Hemmungen fallen und erzählte den Leuten, wo ich herkam und warum ich dringend etwas zu essen brauchte. Daraufhin sind die Menschen zur Seite gesprungen und haben mich durchgelassen. Der Bäcker wollte weder Marken noch Geld. Die Leute haben mir so viel Brot, Wurst und Obst zugesteckt, wie ich tragen konnte. Ich werde das nie vergessen. Das war das Menschlichste, das ich je erlebt habe.

Armin über zeitgenössisches Holocaustwissen

Dass Juden unser Unglück sind, habe ich damals geglaubt, ohne vor 1945 je einen gekannt zu haben. Das Wort Jude war wie eine Redensart, eine Metapher oder eine Allgemeingültigkeit, auch unter Luftwaffenhelfern, über die gar nicht gesprochen werden musste. Wir dachten, wenn der Krieg gewonnen und das Böse besiegt ist, was auch immer das sein sollte, dann wird schon alles gut. Konzentrationslager kannte ich als Arbeitslager. Wir nahmen wohl an, dass Juden zu faul zum Arbeiten sind und deswegen zu Recht dort sein müssten. Nicht in den kühnsten Träumen hätte ich an Vergasungen und Morde gedacht. Ich habe auch nie erlebt, dass das während des Krieges jemals irgendjemand behauptet hätte. Wer heute meint, wir hätten das mit dem Holocaust und

Auschwitz doch alle wissen müssen oder können, der hat die Menschen meiner Generation und die Zeit, in der wir lebten, nicht verstanden. Der kennt sich nicht aus. Komisch ist außerdem, dass sich heute die ganze Erinnerungsarbeit auf die Figur Hitler bezieht. Immer ist er im Gespräch geblieben. Alles Mögliche wird auch im Jahr 2021 noch nach seinen Vorstellungen bemessen. Womit hat dieser Verbrecher das verdient? Manche suchen heute regelrecht besessen nach seinen Spuren. Ich verstehe die Überhöhung dieses Mannes nicht. Hitler hat für mich so gut wie gar keine Rolle gespielt, weder seine Person noch das, was er von sich gegeben hat. Er war nur abstrakt vorhanden. Im Krieg denkt kein Soldat mehr an Politiker, ganz bestimmt nicht! Ich habe nie für Hitler gekämpft, sondern weil ich davon überzeugt war, dass ich meine Heimat vor drohendem Unheil beschützen musste.

HUBERTUS: IN DER TODESZELLE

Hubertus hat seine Ehefrau Rita, mit der er im eigenen Familienhaus in Schweinfurt lebt, vor über 60 Jahren geheiratet. Diesen Tag vergessen beide niemals. Doch das Thema Gedächtnis spielt im Alltag des lange pensionierten Elektrotechnikers und seiner Gattin eine permanente Rolle. Sie vergisst, obwohl sie es nicht will. Ihre medizinische Diagnose ist so eindeutig wie aussichtslos: Altersdemenz. Er kann nicht vergessen, obwohl er es gerne täte. Seine medizinische Diagnose erhält er nach einem Totalzusammenbruch im Jahr 1989, der ihn beinahe in den Suizid getrieben hat. *Erlebnisbedingter Persönlichkeitswandel* und *KZ-Syndrom* lauten die psychiatrischen Klassifikationen, die Hubertus kein Stück weitergeholfen haben. Allerdings noch viel weniger die so oft gehörten Ratschläge, er solle einfach abschließen. Das ist nie sein Weg gewesen. Der Schlesier hat nicht aufgehört zu kämpfen. Seine Frau, die Kinder und die Enkel, seine Hobbys Garten und Modellbau, Yoga und das Aufschreiben seines Dramas haben ihm geholfen, die psychischen und körperlichen Leiden zu lindern, die er durch Folter, Vergewaltigung und Demütigung während zehnjähriger Haft in polnischen Gefängnissen erlitten hat. Hubertus wird 1946 unschuldig zum Tode verurteilt. Zwar wird er später begnadigt, doch das Urteil ist bis heute nicht revidiert worden. Auf dem juristischen Weg scheitert er vor dem Bezirksgericht in Breslau, dem obersten Gericht in Warschau und dem polnischen Generalstaatsanwalt. Selbst die Anrufung des Europäischen Gerichtshofs in Straßburg bringt keine Wende. So abzuschließen fällt schwer. Mit seinen 93 Jahren hat Hubertus den juristischen Kampf heute längst hinter sich gelassen. Jetzt möchte er nur noch, dass seine Geschichte bekannt wird, auch um der Gesellschaft den Anstoß zu geben, sich endlich vorurteilsfrei mit den Gräueln zu beschäftigen, die sich durch die Vertreibung der Deutschen aus Polen am Ende des Zweiten Weltkriegs ergeben haben.

Das Unrecht beginnt für Hubertus 1944, als er mit 16 Jahren als Einziger seiner Klasse minderjährig in den Krieg gegen die Sowjetunion geschickt wird. 1928 wird er in Niederschlesien geboren und wächst mit zwei älteren Schwestern und einem Bruder in dem kleinen Dorf Läskau *(Laskowa)* an der Oder auf. Die nächste Stadt ist Köben *(Chobienia),* wo er ab 1934 die Volksschule besucht. Hubertus' Vater leitet ein Familienunternehmen in der Waldwirtschaft, rodet Holz, arbeitet es auf, kümmert sich um die Verladung auf die Oderkähne und die Wiederaufforstung. Er verdient gutes Geld, besitzt ein Grundstück von 18 Morgen Land, ein Auto mit Klappverdeck, ein Motorrad und einen Kahn. »Mein Vater hat sich sehr um mich gekümmert«, erzählt Hubertus. »Er hat mich überallhin mitgenommen, mein Interesse für Wald, Natur und Tiere geweckt, mir Jagen und Angeln beigebracht. Ich bewunderte ihn. Er besaß ein Bienenhaus und über 50 Bienenstöcke, die wir bewirtschafteten. Für uns Kinder war Läskau der beste und friedlichste Ort, um aufzuwachsen. Honig und Milch flossen bei uns nicht nur sprichwörtlich. Mit Nazis hatten wir gar nichts am Hut. Ich bin trotz längst bestehender Verpflichtung auch nicht dem Jungvolk beigetreten. Das wurde damals bei uns in Köben einfach nicht so streng kontrolliert. Vor allem mein Vater wollte nicht, dass ich hingehe. Nur einmal bin ich von anderen Jungen auf dem Schulweg verprügelt worden, weil ich mich verweigerte. Mein Vater hat die Eltern der Beteiligten und den Lehrer informiert und mit Anzeige bei der Polizei gedroht. Danach haben sie mich in Ruhe gelassen. Vater war ein Nazigegner und hat daraus in der Familie keinen Hehl gemacht. Regelmäßig habe ich ihn abends beobachtet, wie er BBC London und Beromünster Schweiz im Radio gehört hat. Er machte uns Kindern klar, dass wir ihn nicht verraten dürften, weil er sonst im KZ landen würde. Bis 1935 hatten wir die schwarz-weiß-rote Flagge am Haus hängen, danach keine mehr. Die Hakenkreuzfahne war für meinen Vater ein absolutes Tabu. Er wurde immer wieder aufgefordert, in die Partei einzutreten, aber er weigerte sich standhaft.«

Hubertus mit seiner Familie 1935

Die Grenze zu Polen liegt nur 17 Kilometer von Hubertus' Wohnort entfernt. Schon Wochen vor Kriegsausbruch bekommt der Junge die aufgepeitschte politische Situation zu spüren. »Ich habe mehrfach polnische Offiziere hoch zu Pferde bei uns einreiten und dann die deutschen Bauern schlagen sehen«, erzählt er. »Sie haben ihre Scheunen und Felder abgefackelt. Mein Vater kriegte zunehmend Probleme und hat regelrecht getobt, weil die Polen seine Holzarbeiter bestahlen, ihnen Äxte, Sägen und wichtige Werkzeuge wegnahmen, die er als Chef dann wieder neu anschaffen musste. Wir haben uns alle keinen Krieg gewünscht, aber direkt mit dem Ausbruch hörten diese brutalen Belästigungen auf, und das war zunächst mal positiv, dass wir davor Ruhe hatten!«

Ab 1942 besucht Hubertus ein Gymnasium in Breslau, wohnt während dieser Zeit bei Verwandten. Die Schule stellt zur Bedingung, dass er am Dienst in der Hitlerjugend teilnimmt. »Dem habe ich mich gebeugt, und das hat auch mein Vater eingesehen«, sagt Hubertus. »Ein Freund hatte mir geraten, zur Flieger-HJ zu gehen, weil man da weniger mit Politik zu tun hätte. Das habe ich gemacht und dann wirklich Spaß am Dienst gefunden. Wir haben Modellflugzeuge gebastelt und sie auf den Oderwiesen steigen lassen. Bei regelmäßigen Aufmärschen haben wir präsentiert, was wir Tolles gebaut hatten.« Außerdem wird die Breslauer HJ zur Luftschutzwache und zu Aufräumdiensten nach Bombenangriffen eingeteilt. In den Ferien muss Hubertus zudem regelmäßig als Erntehelfer arbeiten. 1943 wird er zu einem vierwöchigen HJ-Wehrertüchtigungslager einberufen und 1944 zu Schanzarbeiten nach Festenberg *(Twardogóra)* beordert, wo er Panzer- und Schützengräben aushebt. Im November 1944, mit gerade mal 16 Jahren, wird Hubertus dann zum Reichsarbeitsdienst eingezogen. »Als Einziger aus meiner Klasse«, erinnert er sich. »Der Grund war, dass mein Vater nicht in die Partei eintreten wollte. Es war eine reine Strafmaßnahme. Das RAD-Lager in Janowitz *(Janowiec Wielkopolski)* bei Gnesen *(Gniezno)* war extra für Jungen konzipiert, deren Väter nicht Parteimitglieder waren. Wir machten gar keinen klassischen Arbeitsdienst mehr, sondern erhielten gleich die Ausbildung an den Waffen. Wir schossen mit französischen Gewehren, die, wenn man die Bajonette aufgepflanzt hatte, größer waren als wir selbst.«

Ende 1944 rückt die Rote Armee immer näher an deutsches Reichsgebiet heran. Hubertus' RAD-Kompanie erhält Schießbefehl für den Fall, dass sich jemand auf dem Gelände befindet, der auf Aufruf die korrekte Parole nicht geben kann. Immer mehr Flüchtlinge passieren Gnesen, und am 21. Januar 1945 wird auch das RAD-Lager aufgelöst. »Wir mussten auf dem Appellplatz anrücken und Gespanne mit Munition beladen. Dann erhielten wir Befehl zum feldmarschmäßigen Abmarsch Richtung Westen.« Auf den Straßen marschieren die RAD-Kompanien auf der linken Seite, die für Wehrmachtsfahrzeuge freigehalten ist. Die jungen Männer laufen an kilometerlangen Flüchtlingstrecks vorbei, deren Wagen entsprechend nur rechts fahren dürfen. »Es war schrecklich, bei unter 20 Grad minus saßen die armen Menschen dicht gedrängt und verängstigt in ihren nicht überdachten Wagen, auf denen schon viele Tote lagen«, erzählt Hubertus. »Erfrorene Kinder und Greise, die zwischendurch vor Ortseingängen abgelegt wurden. Zum Begraben war keine Zeit. Wir halfen den Leuten, wenn ihre Fuhrwerke von der Straße abgekommen waren, wurden dabei aber oft beschimpft und mit Fingerzeigen auf den glutroten Osthimmel darauf verwiesen, dass die Front in anderer Richtung sei. Irgendwann gaben wir es auf zu erklären, dass wir erst 16 Jahre alt und keine Soldaten waren. An einer Stelle gab es einen Stau, und ich sah die platt gedrückten Wagen, Pferde und Menschen im blutrot gefärbten Schnee liegen. Am Ende stand ein abgeschossener russischer T-34 Panzer, der einfach über die Menschenkolonnen gefahren war, bis ihn eine Panzerfaust gestoppt hatte. Die fast identische Szene sahen wir später noch zweimal. Das verfolgt mich bis heute, diese Anblicke vergisst man nicht, man kann sie auch schlecht erklären. Es ist die schier endlose Menge von völlig entstellten, zu einer Masse gequetschten Toten, die einem so unecht vorkommt.« Im Verlauf des brutalen Marsches wird der Treck dazu immer wieder von Tieffliegern beschossen. Während die Männer der RAD-Einheit sich noch in Gräben schmeißen können, werden die hilflosen Frauen und Kinder in den Wagen regelrecht abgeschlachtet. Hubertus' Kompanie überquert die Oder bei Küstrin und macht halt in Torgau, bis sie Ende Februar 1945 nach Naumburg an der Saale abkommandiert wird und die Jugendlichen als Rekruten in das Grenadier-Ersatz-Bataillon 53 eingegliedert werden. »Wir gehörten ab da offiziell der Wehrmacht an und absolvierten unsere Grundausbildung«, sagt Hubertus. »Am Tag der Vereidigung lag ich mit einer Grippe auf der Krankenstation und habe mir die vom Krankenbett angeschaut. Direkt vor dem Fenster wurden meine Kameraden in die Pflicht genommen. Hinterher hat niemand mehr daran gedacht, mich zu vereidigen, und ich machte auf den Umstand nicht aufmerksam.«

Mitte März 1945 werden die jungen Soldaten geimpft und können Zusatzverpflegung gegen Blutspenden erhalten, dann wird Feldausrüstung ausgegeben. Ein Zug verlegt die Grenadier-Ersatzabteilung ins überflutete oberlausitzische Quitzdorf. Am Stausee bei Niesky sollen Panzersperren geschlossen und verteidigt werden. »Wir wurden bald auf die Jungfernberge vor Weißkeißel am Brückenkopf Muskau zum Stellungsbau geschickt«, erzählt Hubertus. »Dabei schossen deutsche Tieflieger auf uns. Ja, zuerst staunten wir nicht schlecht darüber, bemerkten dann aber anhand der aufgemalten Sowjetsterne, dass es sich um Beuteflugzeuge handelte. Eins davon schossen wir ab.« Einige Tage später wird die Abteilung in ein Waldgebiet zwischen den Orten Sprey und Weißkollm verlegt, wo sie sich eingräbt.

Die etwa 50 000 deutschen Soldaten, die ab Mitte April in der Oberlausitz kämpfen, versuchen, den begonnenen Ansturm auf Berlin durch eine Übermacht der Armeen der 1. Ukrainischen Front nur mehr punktuell zu verzögern, damit die amerikanischen Einheiten so weit in den Osten wie möglich gelangen können. Dass der Krieg verloren ist, weiß hier jeder. Aber es geht nun vornehmlich auch darum, Zivilisten vor der sowjetischen Soldateska zu schützen. Und die deutschen Truppen wehren sich energisch. Dem Panzerkorps Großdeutschland gelingt gemeinsam mit der 17. und 72. Infanterie-Division sowie der erfahrenen Fallschirm-Panzer-Division 1 Hermann Göring ab dem 21. April 1945 die letzte erfolgreiche deutsche Panzeroffensive des Zweiten Weltkriegs, die in blutige Stellungs- und Häuserkämpfe mündet. »Die Kämpfe waren erbittert«, sagt Hubertus. »So viele Soldaten auf beiden Seiten sind noch mal sinnlos draufgegangen. Die Russen hatten an der Front schon lange keine Gefangenen mehr gemacht, ein Ergeben kam gar nicht infrage, weil wir sofort erschossen worden wären. Auch wir hatten jetzt Befehl, die Feinde nur noch zu töten. In den Wäldern der Lausitz kam es zu regelrechten Gemetzeln. Gruppenweise haben wir durchmarschierende Russen auf falsche Fährten und in Fallen gelockt, sie dann irgendwo zentriert und zusammengeschossen. Die Panzerfaust kam dabei oft zum Einsatz. Parolen wurden hin und her gerufen, alles lief durcheinander, oft wusste man nicht mehr, ob Freund oder Feind vor einem stand. Wir überquerten die Spree und kamen über Spreefurt *(Uhyst)* nach Grünhain *(Drehna),* wo wir uns teilten. Meine Gruppe marschierte in Richtung Lippen, einem Stadtteil von Lohsa, weiter. In einem Waldstück vor dem Ort bekamen wir

Feuer von vorn aus etwa 50 bis 80 Metern Entfernung. Sofort lagen wir flach. Ich konnte mich hinter einer Kiefer in Deckung bringen. Mein Kamerad Walter schaffte es nicht. Ich hörte etwa drei Meter neben mir einen heftigen Schlag. Als ich mich nach Walter umschaute, der sich ohne Schutz auf den Boden geworfen hatte, sah ich eine 20 Zentimeter hohe Blutfontäne über seinen Kopf sprudeln, die langsam versiegte. Ich beobachtete die Szene starr vor Entsetzen. Die Kugel war von vorne durch den zersprengten Helm in seine Stirn eingeschlagen und hinten wieder ausgetreten. Er hatte keine Chance.«

Hubertus kennt Walter seit dem RAD-Lager und hat ihn gemocht. Er denkt nach. Walters Mutter würde ihn nie wiedersehen. Er wusste es schon, sie nicht. Bei einbrechender Dunkelheit erteilt der Gruppenführer neue Anweisungen. Die Soldaten sollen sich in Erdlöcher eingraben und die Stahlhelme mit Moos abdecken. »Ich teilte mir ein Schützenloch mit unserem Unteroffizier«, sagt Hubertus. »Er hatte eine russische Maschinenpistole mit Trommelmagazin dabei, die er mir erklärte. Am nächsten Morgen schickte er mich damit zurück nach Grünhain, um von dort Proviant und Munition zu holen. Ich erledigte den Auftrag. Am folgenden Abend, es war der 22. April, verließ der Gruppenführer unser Schützenloch, um Verbindung mit dem rechten Flügel der Einheit aufzunehmen. Er ließ die russische MPi bei mir. Im Morgengrauen brach bei uns die Hölle los. Wir waren entdeckt worden. Granaten detonierten auf dem Waldboden und in den Baumwipfeln. Der Wald um mich herum brannte, und ich suchte Schutz vor Qualm und Hitze in meinem Loch. Als ich später nach den anderen rief, antwortete niemand. Ich kriegte Angst. Ganz in der Nähe quietschten Panzerketten. Ich war alleine und in höchster Gefahr, deswegen entschloss ich mich zum Rückzug nach Grünhain; den Weg hatte ich mir glücklicherweise genau eingeprägt. Ich hastete zum Waldrand und erblickte von dort aus in etwa 100 Meter Entfernung einen russischen Panzer. Er stand schräg auf der Straße, über die ich musste. Der Weg war abgeschnitten. Ich sah mich um, mir blieb einzig die Flucht über eine Wiese, die allerdings vom Panzer direkt einsehbar und schon mit Einschlägen übersät war. Ich wagte es. Die MPi hielt ich in der einen, mein Schnellfeuergewehr in der anderen Hand und rannte in Richtung eines Grabens, der in der Mitte der etwa 150 Meter breiten Weide lag. Kurz bevor ich dort ankam, explodierte eine Granate neben mir. Die Wucht katapultierte mich direkt in den Graben. Als ich dort lag, merkte ich, dass meine linke Gesichtshälfte brennend heiß wurde; aus dem Augenwinkel sah ich Blut über meinen Jackenärmel rinnen. Mit der Hand tastete ich mein Gesicht ab und stellte fest, dass ich in der Wange eine tiefe Wunde hatte, die bis in den Mundraum reichte. Ich spuckte viel Blut aus. Zum Glück behielt ich aber die Nerven, nahm die russische MPi und feuerte damit aus dem Graben in die feindliche Richtung, bis das Magazin leer war. Dann wagte ich mich hinten aus dem Loch und rannte, so schnell ich konnte, auf den Waldrand zu, wo ich mich gleich hinschmiss und tief in den Wald hinein robbte. Granaten krachten in das Geäst. Ich war meine Verfolger nicht losgeworden, wurde aber auch nicht getroffen. Ich krabbelte weiter zwischen den Bäumen entlang in Richtung Straße. Als ich die einsehen konnte, sah ich, dass mir der Panzer gefolgt war, und erkannte jetzt den Haufen Infanteristen, die ihn im Straßengraben begleiteten. Ich blieb in Deckung, war aber wieder abgeschnitten. In etwa 300 Meter Entfernung rollte ein zweiter Panzer in meine Richtung. Zwischen den beiden musste ich durch, sonst war ich verloren, denn ich spuckte und hustete immer mehr Blut. Robbend näherte ich mich der Straße, als plötzlich ein entsetzlicher Knall den Boden erschütterte. Hoch oben surrte etwas. Als ich aufschaute, sah ich über den Baumwipfeln die Panzerkuppel rotieren. Das war ein Volltreffer gewesen. Wo kam der Schuss her? Instinktiv nutzte ich den Moment, sprang auf und rannte über die Straße in das angrenzende Waldstück. Vor Anstrengung klappte ich beinahe zusammen. Röchelnd richtete ich mich auf und sah vor mir zwei Landser, die einen Verwundeten zwischen sich trugen. Sie schienen mir völlig planlos zu sein. Ich rief ihnen zu, dass ich den Weg zum Dorf kenne. Sie schauten zu mir herüber; genau in diesem Moment explodierte dicht hinter ihnen eine weitere Granate, und alle drei wurden nach vorne geschleudert. Ich hörte fürchterliche Schreie und rannte in Richtung der Soldaten. Schnell sah ich, dass zwei von ihnen mausetot waren, da war kaum noch etwas übrig. Der Überlebende war voller Blut und winselte. Als ich mich ihm weiter näherte, flehte er mich an, ihn zu erschießen. Das kam nicht infrage. Ich packte ihn am Kragen und zog ihn hinter mir her durch den Wald, bis ich zu einem Regenwasserabfluss kam, der unter einem Bahndamm hindurchführte. Die Stelle hatte ich mir am Vortag genau eingeprägt, und es gelang mir, ihn da durchzuziehen und weiter an der Böschung entlangzuschleifen. Ich merkte, dass mich die Kräfte verließen, sah mich um und entdeckte ein paar kleinere Gärten mit Hütten. In einer fand ich einen Handwagen, in den ich den Verletzten, der vor Schmerzen stöhnte, einladen konnte. Seine Beine rieben durch den Sand und bremsten. Erst als ich zwei Zaunlatten abriss, unter sein Gesäß klemmte und mit seiner Koppel festband, ging es einigermaßen voran. Der Bahndamm wurde flacher, und ich fürchtete, dass man meinen Kopf sehen könnte. Ich wartete einen Moment ab. Da! Auf dem Gleis standen deutsche Soldaten. *Wir haben es geschafft,* rief ich dem Verletzten zu und sprang auf. Die Landser halfen mir und stellten sich bei einem kurzen Gespräch als diejenigen vor, die den Panzer, der mich verfolgt hatte, mit einer Panzerabwehrkanone (PAK) abgeschossen hatten. Mit der wollten sie jetzt den zweiten erledigen. Es war nicht mehr weit, ich machte den Weg nach Grünhain alleine und lieferte den

Verwundeten auf dem Verbandsplatz ab. Ein Sanitäter verband endlich auch meine Wunden. Er gratulierte mir ausladend, während er mich inspizierte. Als ich später meine Sachen an der Sammelstelle abgab, wusste ich, warum. Bei meinem Schnellfeuergewehr war das Korn auf dem Lauf weggesprengt worden, mein Stahlhelm wies eine tiefe Delle auf, und die Gasmaske an meiner Koppel war mehrfach durchsiebt worden. Als ich aus dem zweiten Brotbeutel die Munition ausschüttete, sah ich, dass selbst die Eierhandgranate eine tiefe Delle hatte. Auch einige der Patronen waren beschädigt und mein Jackenärmel durchschossen. Ich wäre um ein Haar in die Luft geflogen.«

Die in Grünhain liegende Abteilung ist im Begriff, den Ort zu verlassen. Hubertus wird mit anderen Verwundeten auf einen Laster verfrachtet und bis nach Görlitz gefahren, wo in einer Schule ein Lazarett eingerichtet ist. Hier wird seine tiefe Wunde an der Wange zusammengeflickt. Er ist zwar völlig ausgehungert, kann aber nur Suppe mit einem Strohhalm zu sich nehmen. Hubertus erkundigt sich nach dem Verwundeten. Eine Schwester erklärt, man habe ihm über 30 Splitter aus Rücken, Gesäß und Beinen entfernt, einige hätten drinbleiben müssen, aber der Mann werde es überleben. »In dem Moment dachte ich gar nicht daran, dass ich ein Menschenleben gerettet hatte«, sagt Hubertus. »So was spielt in einer solchen Situation gar keine Rolle. Man handelt einfach nach Instinkt. Im Lazarett traf ich einen Kameraden, der ebenfalls meiner Einheit angehört hatte. Wir holten uns Erlaubnis ein, auf eigene Faust unsere Truppe wiederzufinden. Erst fuhren wir ein Stück mit einer Lok mit, dann ging es zu Fuß weiter. Als wir im nächsten größeren Ort ankamen, nahm uns einer dieser fiesen Kettenhunde fest und verlangte unsere Soldbücher. *Ihr seid schon zwei Tage unterwegs, ohne euch zu melden,* schnauzte der Militärpolizist uns an. *Ihr seid Deserteure und werdet hier und heute aufgehängt.* Wir waren geschockt, erklärten ihm die Situation, aber sie interessierte ihn nicht. Er brachte uns in ein Gutshaus, wo er uns einem Major meldete mit dem Hinweis, dass wir fahnenflüchtig aufgegriffen worden sind. Dem Offizier machten wir vorschriftsgemäß Meldung. Zum Glück erkannte der die Sauerei und erklärte uns, dass das Grenadier-Ersatz-Bataillon 53 zwischen Grünhain und Lippen fast komplett vernichtet worden ist, nur Verwundete und der Tross seien übrig geblieben.«

Am nächsten Tag lässt der Major die beiden Soldaten zu den Resten ihrer Einheit bringen, mit der Hubertus anschließend über Löbau, Neugersdorf, Rumburg bis nach Kamenice gelangt, wo er am 8. Mai von der Kapitulation erfährt. »Sofort zerlegten wir unsere Waffen und zerstreuten die Einzelteile in der Gegend. Die Munition warfen wir in einen Bach. Kurz darauf kamen bewaffnete Tschechen auf uns zu und nahmen uns Pferde und Wagen weg. Wir zogen zu Fuß weiter in Richtung Westen, bis wir auf immer mehr Landser stießen, die uns berichteten, von den Amerikanern zurückgewiesen worden zu sein.«

Hubertus 1945

Hubertus schließt sich ein paar Soldaten an, die versuchen wollen, sich nach Hamburg durchzuschlagen. Dort hat er einen Onkel, bei dem sich die Familie, sollte sie im Krieg auseinandergerissen werden, wieder zusammenfinden will. Mit einem Schlauchboot fahren sie die Elbe entlang, werden aber schon in Pirna von den sowjetischen Soldaten gestoppt, aus dem Wasser gefischt und gefangen genommen. Hubertus kommt in das völlig überfüllte Lager Elsterholz bei Hoyerswerda. »Die Menschen starben da wie die Fliegen«, erzählt er. »Hungersnot und Krankheiten griffen um sich. Täglich sammelten dazu abkommandierte Häftlinge Tote ein und verscharrten sie in Massengräbern. Ich fand glücklicherweise Arbeit bei einem Kartoffelkommando in der Versorgungskolonne, so blieb ich am Leben. Ein älterer Mithäftling riet mir, mein Soldbuch zu vernichten und mich ein Jahr jünger auszugeben. So kam ich am 22. August 1945 frei, als die ersten 500 ganz jungen Häftlinge entlassen wurden. Ich habe nicht geahnt, dass meine Freiheit von nur so kurzer Dauer sein würde und dass mir das wahre Grauen noch bevorstehen sollte.«

Anfang Oktober kommt Hubertus bei seinem Onkel in Hamburg an, von dem er erfährt, dass seine Familie ins bayerische Oberthulba hat flüchten können. Sofort reist er dorthin nach und trifft Mutter und Geschwister wohlauf an. Der Vater hat einen Schlaganfall erlitten und ist schwer krank. Die einst so wohlhabende schlesische Familie lebt jetzt in äußerst bescheidenen Verhältnissen, trauert dem Verlust all dessen hinterher, was sie besessen hat. Die Hoffnung auf eine Rückkehr in die Heimat treibt alle um. Als die Mutter aus der Zeitung erfährt, dass Flüchtlinge, die nicht auf ihrem Anwesen in Schlesien anzutreffen sind, durch die polnische Gerichtsbarkeit enteignet werden sollen, gerät sie in Panik und will mit einer ihrer Töchter zurück nach Läskau, um Haus und Grundstück zu retten. Hubertus ist sich der Gefahren bewusst,

Das Haus von Hubertus' Familie in Läskau

denen Frauen immer noch ausgesetzt sind. Da er einen Entlassungsschein aus der russischen Gefangenschaft besitzt, beschließt er, stattdessen zurück in die Heimat zu fahren und sich dort um das Haus zu kümmern, bis die Familie irgendwann nachziehen kann.

»Es war ein regelrechter Schock, als ich zum ersten Mal nach so langer Zeit wieder da war«, sagt Hubertus. »Mein Zuhause sah aus wie ein Stall. Stroh, Unrat, Kot, tote Tiere, kaputtes Geschirr, alles durcheinander und auf den Böden verteilt. Aus dem Keller stanken die verfaulten Kartoffeln von 1944. Natürlich war alles, was einen Wert gehabt hatte, gestohlen, sämtliche Möbelstücke, Einrichtungsgegenstände, Vaters Jagdausrüstung, das Klavier. Der einzige Trost für mich überhaupt war, dass das Haus noch stand. Ich nahm mir vor, es so schön wie möglich wieder herzurichten, auch wenn das Monate dauern sollte. Im oberen Stockwerk war inzwischen eine Nachbarin mit ihren drei Kindern eingezogen. Ihr Hof war komplett ausgebrannt. Ich ließ sie bei uns wohnen und bezog ein freies Zimmer, das ich erst mal tagelang reinigte; die Möbel baute ich mir selbst zusammen. Nun musste ich versuchen zu überleben wie die anderen Deutschen, die in die niederschlesischen Dörfer zurückgekommen waren. Das wenige, was wir anbauen konnten, wurde oft wieder gestohlen. Plündernde polnische Gruppen zogen durch die Ortschaften und nahmen sich, was sie brauchten. Es gab kein Recht. Russen kamen und suchten sich Frauen aus, vergewaltigten sie vor den Kindern und alten Leuten. Manche wurden gewaltsam mitgenommen. Ich hörte oft davon, dass irgendwo wieder eine gefesselte, misshandelte oder erstochene Frau aufgefunden wurde.«

Hubertus versucht, sich selbst zu schützen. Wertvolle Gegenstände, die er findet oder eintauscht, vergräbt er neben der Plattform eines überdachten Hühnerstalls. In dem Versteck sammelt er seine Habseligkeiten an: ein Fischnetz, eine Lichtmaschine, Besteck, Geschirr, Werkzeug und eine Scheibe Bienenwachs mit einem Durchmesser von 30 und einer Stärke von 3–4 Zentimetern. »Das Wachs hatte ich im Bienenstand zusammengelesen. Russischen Soldaten hatten alle Bienenstöcke im Winter aufgerissen und die Waben mit dem Honig herausgeholt. Einschließlich der Brut haben sie davon Schnaps gebrannt. Ich wollte mir daraus Kerzen gießen.«

Im Frühjahr 1946 gründen Polen in Köben ein Oderkommando, das Schäden an den Ufern und Buhnen ausbessern soll. Hubertus meldet sich, die Zwangsarbeit hält ihn erneut am Leben. »Im August kam ein Pole zu mir ins Haus und forderte mich auf, das Grundstück sofort zu verlassen, da es jetzt ihm gehöre. Auch meine Mitbewohnerin sollte weg. Er stammte aus der Posener Gegend und sprach einigermaßen Deutsch. Ich machte ihm laut und deutlich klar, dass das Haus immer noch im Besitz meines Vaters sei und wir bleiben würden. Er schrie mich an, warum ich mich so anstellen würde, es sei doch längst beschlossene Sache, dass die Deutschen alle ausgewiesen würden. Ich wusste davon nichts, auch niemand anderes im Ort. Wir hatten weder Strom für ein Radio, noch erhielten wir Zeitungen, sodass wir uns hätten informieren können. Ich bot dann aus lauter Hilflosigkeit dem unfreundlichen Polen an, einen Bereich des Hauses zu bewohnen und das Grundstück zu teilen. Pawel, so hieß er, zog ein, und er sollte recht behalten. Am 20. Oktober 1946 bekamen alle Deutschen die schriftliche Anweisung, sich am 22. Oktober mit den Sachen, die sie tragen konnten, um 7 Uhr im Nachbarort Nährschütz *(Naroczyce)* einzufinden, von wo wir ausgewiesen werden sollten. Am letzten Abend kam Pawel rüber und fragte, ob ich die vergrabenen Sachen denn gar nicht mitnehmen wolle. Er kannte also mein Versteck. Ich stellte mich dumm, antwortete, ich wisse nicht, was er meine. Er zeigte mir die Stelle am Hühnerauslauf, und ich gab es zu. Pawel sagte, die Sachen stünden ihm zu, doch er wolle sie nicht selbst ausgraben, weil Minen mit verbuddelt seien. Ich lachte, denn ich wusste ganz genau, dass das nicht stimmte. Er bestand darauf und reichte mir einen Spaten. Ich stach damit an der Stelle herum, um ihm zu zeigen, dass es nicht gefährlich war. Dann gab ich ihm zu verstehen, dass er *seine* Sachen *selbst* herausholen könne. Außerdem beglückwünschte ich ihn zu *seinem* neuen Haus. Ich war gekränkt genug, sah nicht ein, ihm am letzten Tag meine Wertsachen auf dem Silbertablett zu servieren, und ging.«

Nach den Beschlüssen der Potsdamer Konferenz vom 17. Juli bis 2. August 1945 wird die sogenannte Oder-Neiße-Linie bestimmt. Königsberg und das nördliche Ostpreußen werden direkt unter die Verwaltung der Sowjetunion gestellt, Polen wird als Verwaltungsmacht für das südliche Ostpreußen, Ostbrandenburg und Schlesien eingesetzt. Die Volksdeutschen, die nicht vor der Roten Armee geflüchtet sind, werden von polnischen Behörden erfasst, unter Repressionen gestellt und schließlich schrittweise und häufig begleitet von schweren Gewaltakten deportiert. Die deutschen Läskauer reihen sich in eine Kolonne weiterer Vertriebener aus anderen Dörfern der Gegend ein und marschieren unter Bewachung etwa 40 Kilometer bis nach Wohlau *(Wołów)*. Am späten Nachmittag kommen sie dort am Bahnhof an und warten auf die Verladung in einen Zug. »Plötzlich rief jemand meinen Namen«, erzählt Hubertus. »Ich sah einen polnischen Polizisten, gab mich zu erkennen, und er verhaftete mich, ohne einen Grund zu nennen. Man wolle das auf dem Revier klären. Ich ging mit, denn ich hatte mir ja nichts zuschulden kommen lassen und dachte, das würde sich schon aufklären. Als wir ankamen, wurde ich direkt in einem Keller eingesperrt. Sechs doppelstöckige Pritschen gab es in dem schäbigen Loch, auf jeder lag ein Mann; ein kleiner Tisch stand an der Außenwand, in der Ecke ein Kübel für die Notdurft. Die anderen Gefangenen waren allesamt Polen. Zwei Tage verbrachte ich hier, ohne dass mir irgendjemand sagte, was mir vorgeworfen würde. Am Nachmittag des 24. Oktober 1946 wurde ich dann aus der Zelle geholt, in einen verdunkelten Raum im oberen Stockwerk geführt und da an einen Tisch gesetzt. Eine starke Lichtquelle, die direkt auf mich gerichtet war, blendete meine Augen. Nach einer Weile erkannte ich, dass an den Wänden im Raum überall Eimer mit Wasser standen, auch Uniformierte waren anwesend. Das irritierte mich. Dann sah ich auf dem Schreibtisch eine Bienenwachsplatte liegen. Es war meine, diejenige, die ich vergraben hatte. *Ist das von dir?,* fragte der polnische Geheimpolizist der U. B.[41], der sich mir gegenüber hingesetzt hatte. *Was hattest du damit vor?*

Ich antwortete, dass es mir gehöre und dass ich davon Kerzen gießen wollte. *Und was wolltest du damit sprengen?,* fragte er weiter. Das brachte mich zum Lachen. *Sprengen? Das ist doch Bienenwachs,* antwortete ich, aber mein Gegenüber blieb bei seiner

Meinung, dass es Sprengstoff sei, worauf ich ein Stückchen Wachs von der Platte abbrach, es knetete und dem Milizianten hinhielt. Ich sagte, er solle selbst riechen. Doch dazu kam es nicht. Er gab auf Polnisch ein Kommando, und von allen Seiten prasselten plötzlich Schläge auf mich ein. Die anwesenden Polizisten prügelten mich mit ihren Hunde- und Reitpeitschen. Es schmerzte fürchterlich, und ich flehte die Männer an, mir zu glauben, bat darum, dass sie es sich selbst in Ruhe angucken sollen. Nach langer Diskussion ließ der Miliziant einen freiwilligen Polizisten probieren. Der knetete und roch, wie ich es vorgemacht hatte, und bestätigte, dass es Bienenwachs war. Mit langen Gesichtern standen sie da. Einer brachte mich kurz darauf zurück in den Keller. Unten erzählte ich meinen Mitgefangenen von der Szene, und alle lachten über so viel Dummheit der Polizei. Ich erwartete also endlich die Entlassung. Doch es dauerte drei Tage. Dann erst wurde ich wieder hochgeholt und in denselben Raum geführt. Alles so wie beim vorherigen Mal, nur jetzt lag statt meiner Bienenwachsplatte eine echte deutsche Tellermine auf dem Tisch, ohne Zünder, nur der Sprengsatz. Ich erschrak. *Das ist deine Mine!,* schrie Jara, so hieß der Polizist, wie ich inzwischen von Mithäftlingen erfahren hatte. *Die war bei deinen Sachen!*«

Als Hubertus verneint, wird er mit Peitschen und Gummikabeln bewusstlos geschlagen. Mit furchtbaren Schmerzen wacht er auf seiner Pritsche im Keller auf. Er ist von oben bis unten durchnässt, weil die Wachen versucht haben, ihn mit Wasser wieder zu Bewusstsein zu bringen. Mit Schrecken betrachtet er die vielen Striemen und Wunden an seinem Körper. Es hört nicht auf. Schon in der Nacht wird Hubertus erneut hochgeholt. Er gesteht nicht, dass ihm die Mine gehört, wird wieder bis zur Bewusstlosigkeit zusammengeschlagen und wacht ein zweites Mal klatschnass und voller Schmerzen auf der Pritsche auf. Sein Gesicht ist zerschnitten und zerschlagen.

»Das ging jetzt jeden Tag so, immer nachts«, erzählt Hubertus. »Damit ich mich nicht mehr mit den Händen schützen konnte, fesselten sie sie mir auf den Rücken. Wenn ich in sitzender Position war, zogen sie hinten hoch, sodass ich mit dem Kopf auf den Tisch oder den Fußboden schlug. Sie sagten, sie würden mich so lange schlagen, bis ich zugeben würde, dass es meine Mine ist. Ich tat das nicht, sie konnten mich nicht brechen. Auch ihre neue brutale Methode vermochte das nicht.[42] Ich musste Schuhe und Strümpfe ausziehen, meine Hände wurden vorne gefesselt. Ein Wachmann steckte ein Rohr zwischen meine Ellenbogen und die Kniekehlen hindurch. So hängten sie mich an zwei Holzböcken auf, mein Kopf hing dabei nach unten. Sie droschen mit Stöcken und Peitschen auf meine nackten Fußsohlen ein. Die Schmerzen waren unerträglich. Sie taten es immer wieder. Meine Füße waren nach ein paar Tagen zu geschwollenen schwarzen Klumpen geschlagen, die in keine Schuhe mehr passten. Laufen konnte ich nicht mehr, sie trugen mich in die Folterkammer. Wenn sie fertig waren, schmissen sie mich einfach wieder in den Keller; meistens war ich inzwischen bewusstlos geworden. Ich wurde hier innerhalb von vier Wochen an 20 Tagen gefoltert, immer dachten sie sich was anderes aus. Sie versuchten es auch mit Scheinhinrichtungen. Als mir Jara mal wieder seine Pistole an die Schläfe drückte, forderte ich ihn auf, mich jetzt endlich zu erschießen. Aber er war zu feige und schlug mir mit der Waffe doch nur einen Schneidezahn aus. Eines Tages holte mich ein höherer U. B.-Mann aus dem Keller, er war anders als Jara, richtig freundlich. In seinem Büro bot er mir etwas zu trinken an und entschuldigte sich. Man habe festgestellt, dass man sich geirrt habe und ich keine Mine besessen hätte. Ich solle umgehend nach Deutschland abgeschoben werden, müsse dafür nur ein Dokument unterzeichnen, das er mir vorlegte. Es war auf Polnisch verfasst, und ich verstand davon nichts. Ich traute dem Ganzen nicht mehr und wollte nicht unterschreiben. Ich wurde wieder in den Keller geführt, am nächsten Tag saß ich im Büro von Jara. Er erzählte mir das Gleiche wie sein Vorgesetzter am Tag zuvor und dann ließ er noch einen Mann ins Zimmer, der sich als Dolmetscher vorstellte. Er sprach perfektes Deutsch. Er sagte, dass ich ihm vertrauen solle, er habe das Dokument sorgfältig geprüft und dort würde nur stehen, dass ich in Deutschland darauf verzichten werde, Forderungen oder Klagen gegen die polnische Polizei wegen meines Aufenthaltes zu erheben.«

Hubertus ist mit den Nerven am Ende, die Aussicht, raus aus der Hölle zu kommen und keine Schmerzen mehr ertragen zu müssen, lässt ihn das Dokument unterzeichnen. Ein Fehler. Er tut es, und sofort danach nimmt Jara eine Pistole aus der Schreibtischschublade und hält sie Hubertus vor. »Er sagte, während er dreckig lachte: *So jetzt haben wir dich. Du hast endlich unterschrieben, dass dir die Mine gehört. Eure Gestapo war gut, aber unsere ist besser!*«

Einige Tage später wird Hubertus abgeholt und mit einem Lkw ins Gefängnis Kletschkau in Breslau transportiert, wo er auf seinen Prozess wartet, von dem er weiterhin erwartet, dass er endlich freigesprochen wird und sich alles aufklärt. Am 2. Dezember 1946 ist es so weit. Hubertus steht vor dem Militärgericht. Er erhält keine Anklage und kann auch seinen Pflichtverteidiger nicht ausmachen, weil der nie Kontakt zu ihm aufgenommen hat. Dem Richter trägt er alles so vor wie auch den Polizisten der U.B. Die Verhandlung wird auf Polnisch abgehalten und dauert keine Dreiviertelstunde. Das gesprochene Urteil versteht Hubertus nicht. Ein Dolmetscher kommt auf ihn zu und erklärt: »Sie haben für immer Ihre bürgerlichen Ehrenrechte in diesem Land verloren, Ihr Eigentum wird eingezogen, und Sie sind zum Tode durch Erschießen verurteilt worden!«

Hubertus fertigt eine Zeichnung seiner Todeszelle im Breslauer Gefängnis an.

Hubertus wird abgeführt und im Breslauer Gefängnis in der Todesabteilung 2 A interniert. Ein Jahr sitzt er in seiner schmutzigen, vier Meter langen und einen Meter breiten Todeszelle und wartet auf seine Hinrichtung. Er leidet unter unerträglichem Hunger und Kälte und ist der Willkür sadistischer Schließer ausgesetzt, die ihn regelmäßig foltern, misshandeln und auch vergewaltigen. Im Herbst 1947 wird er begnadigt und seine Todesstrafe in eine 15-jährige Haftstrafe umgewandelt. Er wird nach Naugard *(Nowogard)* bei Stettin *(Szczecin),* verlegt. Seine Sechs-Quadratmeter-Zelle teilt er sich mit zwölf anderen Gefangenen. Pro Tag erhält jeder 250 Gramm trockenes Brot und eine Wassersuppe. Inzwischen spricht Hubertus fast fließend polnisch und kann einer Kommission seine Situation vortragen. Die Haftstrafe wird auf zehn Jahre verkürzt. Bis 1953 leistet Hubertus weiter inhaftierte Zwangsarbeit in einer Baukolonne, danach kriegt er Zwangsarbeit auf Bewährung als Elektriker auf Kolchosen im pommerschen Wussow *(Osowo)*. 1956 hat er seine Strafe abgesessen und darf in die BRD ausreisen. Nach zehn Jahren hält Hubertus seine Mutter, die inzwischen im Kreis Hammelburg in Franken lebt, im Arm. Auch die Geschwister sieht er wieder. Sein Vater ist verstorben.

Hubertus über Unrecht an Deutschen

Nur wenige Menschen können überhaupt begreifen, was sich im und nach dem Zweiten Weltkrieg abgespielt hat. Jeder, der ein Gewissen hatte, verstand erst nach längerer Zeit, was sich da um einen herum zugetragen hatte. Viele, die in ähnlicher Situation wie ich waren, haben Haft und Folter nicht überlebt. Gleich in der Untersuchungshaft wurde einer meiner Zellengenossen tot in den Keller zurückgeschmissen. Von den 20 deutschen Männern, die mit mir auf meinem Todestrakt vegetierten, hat die Hälfte die Hinrichtung gar nicht mehr erlebt, weil sie von den Schließern totgefoltert wurden. Man konnte bereits erschlagen werden, wenn ein Wärter Staub in der Zelle fand. Das wurde jeden Mittag kontrolliert. Staubwischen musste man dabei mit den bloßen Händen. Lappen oder Toilettenpapier gab es nicht. Ein Schließer kam nur zu mir, um auf mir herumzutrampeln. Ich musste breitbeinig auf dem Boden liegen, und er stieg langsam und genüsslich mit seinen schweren Stiefeln über meine Beine, den Rücken und den Kopf, quetschte mir dabei die Finger und Zehen kaputt und lachte hämisch. Und wenn man alleine war, kamen die Gedanken hoch an die Feiglinge, die mir die Falle gestellt hatten. Pawel hatte einen Meineid geleistet und angegeben, ich hätte Minen vergraben. Er tat das, weil er mich weghaben und das Haus behalten wollte. Jara gierte nach einer Beförderung, die er nur erhielt, wenn er schuldige Deutsche zur Strecke brachte. Ich dachte in meiner winzigen dunklen Zelle oft daran, mir das Leben zu nehmen. Ich hörte deutlich die Hinrichtungen anderer Gefangener im Hof und ihre Schreie und wünschte mir manchmal, dass ich auch endlich dran wäre. Man klammert sich dann aber an Strohhalme. Meiner war eine Kohlmeise. Als ich einmal wieder halb totgeschlagen weinend auf dem Boden kauerte und darüber nachdachte, wie ich mir das Leben nehmen könnte, saß sie da auf dem Querstab des Gitters und schaute durch das kaputte Fenster zu mir herein, als wolle sie mir etwas sagen. Ich guckte ihr lange zu und wurde ganz ruhig. Sie hat über eine halbe Stunde nonverbal mit mir kommuniziert und mir das Gefühl gegeben, dass mir geholfen wird. Und kurz nachdem sie weg war, passierte ein kleines Wunder. Ein Schließer – wir nannten ihn D-Zug, weil er der langsamste auf dem Gang war – zeigte Mitleid und brachte einen polnischen Häftling zu mir, der Rechtsanwalt war. Der half mir dann, ein Gnadengesuch zu schreiben. Das war meine allerletzte Hoffnung. Ich habe sie der Meise zu verdanken.

Hubertus über zeitgenössisches Holocaustwissen

Lange nach dem Krieg habe ich vom Holocaust erfahren. Im Grunde erst 1956, als ich freikam, aber da hatte ich auch mehr mit mir selbst zu tun, um wieder ins Leben zu finden. Mir mangelte es an allem, auch an Bildung. In der Gefangenschaft wurden wir als Verbrecher behandelt. Der Hunger und die Enge im Gefängnis waren erdrückend genug. Wir hatten überhaupt keinen Zugang zu irgendetwas, das nicht direkt mit dem Alltag im Knast zu tun hatte. Es gab weder Bücher noch Zeitungen, Radio oder sonst etwas. Berichte über Gräueltaten in Auschwitz oder in anderen Vernichtungslagern drangen so erst gar nicht an uns heran. Damit hat uns auch kein Schließer konfrontiert, die hatten ganz andere Foltermethoden. Aber ich war lange Zeit unter Polen. Und natürlich, auch da gab es nach dem Krieg Antisemitismus. Im Gefängnis in Breslau Kletschkau kriegte ich mit, dass ein älterer Mann von den polnischen Mithäftlingen besonders verächtlich behandelt wurde. Ich hörte dann, dass er Jude war. Er hieß Ehrlich mit Nachnamen und war wegen Waffenbesitz – einer Pistole – angeklagt. Er sagte, dass er sie zum Schutz gegen Deutsche bei sich getragen hätte. Das interessierte aber keinen Polen, weder einen Polizisten noch einen Richter, noch einen Gefangenen. Ehrlich wurde von polnischen Mitgefangenen wesentlich schlechter behandelt als wir Deutschen. Wo man ihn nur schikanieren konnte, da wurde es getan. Darüber war ich verwundert. Später erfuhr ich erst, dass Juden auch in Polen nicht gern gesehen wurden; viele hatten sie sogar bereitwillig an die Deutschen verraten.

ARNOLD: IN DER SCHEISSE

Arnold spricht in einer heute ziemlich seltenen und mit Sicherheit aussterbenden Mundartmischung. Es ist eine Mixtur aus Schlesisch, Ruhrpott-Slang und Friesisch. Seit 20 Jahren wohnt der 91-Jährige in Laboe, unweit des berühmten Marine-Denkmals. Arnold ist immer ein Lebemann und gerne unter Menschen gewesen. So kennt ihn jeder in dem Ostseeküstenkurort unweit der dänischen Grenze. Vielen erzählt er Geschichten aus seinem abenteuerlichen Leben auf Achse. Wenn er im Sommer am Strand liegt, wird er von Bekannten auch schon mal auf seine etwa 40 Zentimeter lange Narbe angesprochen, die sich quer über seinen Unterbauch zieht. Dann kommen die Erinnerungen an den Zweiten Weltkrieg hoch, und manchmal erzählt er auf diese Weise Episoden aus seiner dramatischen Kindheit in Masuren.

Geboren wird Arnold 1930 im ostpreußischen Pulfnick *(Pelnik),* ein etwa 600-Einwohner-Dörfchen im Kreis Osterode *(Ostróda)* nahe der Stadt Allenstein *(Olsztyn).* Als er zur Welt kommt, hat er bereits einen zehn Jahre älteren Bruder namens Ewald. Sein Vater stammt aus Dortmund, hat dort seine Mutter kennengelernt und ist mit ihr, nachdem Arnolds Großvater kurz nach der Machtergreifung als ehemaliges städtisches SPD-Vorstandsmitglied enteignet und in ein KZ gesperrt worden ist, in ihre Heimat ausgewandert. In Pulfnick heiraten sie und leben in einem vererbten Bauernhaus der Eltern mütterlicherseits. »Mein Vater war gelernter Schlosser und hatte lange in der Zeche gearbeitet«, erzählt Arnold. »Da gab es in Pulfnick natürlich keinen Bedarf. Er hat sich dort den Teil eines Sees gepachtet und angefangen zu angeln. Die gefangenen Fische fuhr er zusammen mit Milch und Käse, die wir von unseren Kühen bekamen, mit einem motorisierten Dreirad auf die Marktplätze in der ganzen Gegend und verkaufte sie dort. Meine Mutter war immer dabei. Von dem Geschäft konnten sie gut leben und uns Kinder ernähren. Ich hatte eine schöne Kindheit in einer bezaubernden Gegend mit netten Nachbarn und vielen Spielgefährten.

Im Sommer 1936 wurde ich in die Volksschule von Pulfnick eingeschult, und alles hätte einen anderen Weg nehmen können, wäre mein Vater nicht angefeindet worden. Er war nämlich überzeugter Kommunist und hatte sich in Osterode ein Netzwerk aufgebaut mit Männern, die ähnlich tickten wie er. Meine Mutter hat mir das alles erst nach dem Krieg erzählt. Jedenfalls muss es für ihn ziemlich brenzlig geworden sein. Die heimlichen Treffen der Männer fanden in einem abgelegenen Forsthaus statt. Eines Tages haben Nazis aus der Gegend den besten Freund meines Vaters, der ebenfalls bei den Kommunisten war, vor diesem Haus erhängt und dort einen Zettel als Warnung hinterlassen, auf dem der Name meines Vaters stand und die Nachricht, dass er der Nächste auf der Todesliste sei. So kam es, dass meine Mutter mir im Herbst 1936 offenbarte, dass wir zurück nach Dortmund ziehen würden, ohne mir einen konkreten Grund zu nennen. Ich war sauer. Meine Mutter wanderte mit uns Kindern zuerst aus, wir

Arnold mit seinen Eltern und seinem zehn Jahre älteren Bruder in Pulfnick

zogen zu meinem inzwischen aus dem KZ entlassenen Opa nach Scharnhorst. Mein Vater blieb noch einige Tage in Pulfnick, um unser Haus und sämtliche Besitztümer zu verkaufen. So konnten wir einen Neustart im Ruhrgebiet wagen. Mein Vater kaufte dann eine kleine Wohnung im Stadtteil Derne, wo wir zu viert einzogen. Er kriegte eine Stelle als Lokomotivführer, und ich wurde am 1. April 1937 zum zweiten Mal in die erste Klasse eingeschult. Wie ich später erfuhr, hatte es mein Vater trotz der Gefahr nicht lassen können, wieder Kontakt zu den Kommunisten aufzunehmen. Er traf sich mit ihnen regelmäßig in Gelsenkirchen, war abends oft weg. Ich bekam das mit und wunderte mich darüber, dass er sich in der Berlitzschule für Dolmetscher angemeldet hatte, um Russisch zu lernen. Ich dachte mir aber noch nichts dabei. An Weihnachten 1940 kam meine kleine Schwester Christel zur

Arnold (2. v. r.) 1941 mit Eltern, Schwester Christel und Bruder Ewald, der kurz darauf eingezogen wurde

Welt, wieder lagen genau zehn Jahre zwischen den Geschwistern. Ewald wurde im Frühjahr 1941 eingezogen und kam nach dem Einmarsch an die Ostfront. Ich erinnere mich, dass wir am Tag vor seinem Weggang ein hübsches Familienfoto aufnahmen.

Danach war nicht nur mein Bruder weg, mein Vater kam auch nicht wieder. Ich war unendlich traurig. Auf mein Nachfragen sagte mir Mutter nur, dass sie ihn wohl abgeholt hätten. Das konnte ich mir nicht erklären, aber ich erfuhr weiter nichts, sodass ich noch eine ganze Weile alleine bedrückt sein musste. Mein Vater hatte sich zu Hause nie politisch geäußert, auch Mutter gegenüber nicht, und ich beschäftigte mich mit so was noch nicht. Zwei Wochen nach dem Verschwinden meines Vaters erfuhr ich immerhin, wer *die* sind. Eines Nachts wurde ich von quietschenden Reifen wach und sah aus dem Fenster. An der Straße vor unserer Wohnung hielten drei Autos, aus denen Männer in braunen

Uniformen und mit Pistolen ausstiegen. Es ging so schnell, ich konnte gar nicht nachdenken. Sie traten unten die Tür ein und stampften mit ihren schweren Stiefeln die Treppe zu uns hoch. Mein Herz klopfte fürchterlich. Mutter musste sie reinlassen. Sofort kam einer der Männer in mein Zimmer, schmiss mich aus dem Bett und zerrte mich auf einen Stuhl in der Wohnstube. Wir mussten da still sitzen, während die Männer unsere ganze Wohnung auf den Kopf stellten. Sie schrien und schimpften, rissen Schränke und Regale auf und schmissen alles auf den Boden, was darin war. Meine Mutter fragte immer wieder: *Was wollt ihr denn eigentlich? Ihr habt den doch schon abgeholt!*

So wurde mir erst klar, dass es um meinen Vater ging. Sie fanden ihn natürlich nicht mehr in der Wohnung, und einer von den Typen drängte meine Mutter immer wieder dazu, ihm zu wiederholen, was sie wusste. Ich erinnere mich, dass sie sagte, Vater sei nachts von Männern abgeholt worden, die das Gleiche getan hätten wie die Herren jetzt, allerdings hätten sie keine braunen, sondern schwarze Uniformen getragen. Ich war schlau und alt genug, dass ich alles bestätigte, was meine Mutter sagte, obwohl mir klar war, dass das nicht stimmte. Jedenfalls zog die SA wieder ab, und Mutter redete nicht mehr über den Vorfall. Ich machte aber sowieso schon alles mit mir selbst aus. Heute glaube ich, dass mein Vater rechtzeitig gewarnt worden ist und sich auch von seiner Frau verabschiedet hat, nur mir hatte er nichts sagen wollen.«

Kurz nach dem Vorfall kauft Arnolds Mutter ihrem Jungen eine eigene braune Uniform. Er ist zehn Jahre alt und muss dem Jungvolk beitreten, das gerade in den Vorbereitungen für die KLV ist. Ab Anfang August 1941 verbringt Arnold fast ein Dreivierteljahr mit Hunderten von anderen Dortmunder Kindern in Ungarn. Dort lebt er nicht in einem Heim, sondern wird bei Volksdeutschen in einem Dorf in der Nähe des Plattensees einquartiert.

»Das war eine richtig tolle Zeit«, sagt er. »Meine Gastfamilie war unglaublich herzlich, sie brachten mir das Reiten bei. Schule und Dienst hatten wir auch. Ich erinnere mich an unendlich lange Märsche mit den Pimpfen, über Land und durch Dörfer, fast immer singend. Geländespiele haben wir auch gemacht und wir lernten das Kämpfen: Mann gegen Mann.«

Das Wiedersehen mit der Mutter nach der KLV fällt erstaunlich herzlich aus. Es ist der 20 Mai 1942. Sie überrascht Arnold mit seinem Leibgericht: Bohnen. »Danach erklärte sie mir in Ruhe, dass sie vorhabe, mit uns wieder nach Pulfnick zu ziehen. Sie könne und wolle sich nicht an die Luftangriffe gewöhnen und uns der Gefahr auch nicht weiter aussetzen. Sie hatte wohl gedacht, dass ich sauer werde, und begeistert war ich auch nicht, denn ich hatte mich natürlich während der Zeit in Ungarn mit anderen Jungen aus meiner neuen Klasse angefreundet. Aber ich war nicht mehr so klein, als dass ich die Umstände nicht verstanden hätte. Außerdem freute ich mich darauf, meine Großeltern wiederzusehen.«

Arnolds Mutter macht Nägel mit Köpfen, sie hat schon alles vorbereitet und nur auf die Rückkehr ihres Jungen gewartet. Sie hat zwei Waggons für den Zug gebucht, die eine Umzugsfirma mit Möbeln vollstellt. »Ende August 1942 kam ich so wieder nach Pulfnick«, sagt Arnold. »Dort hatte sich rein gar nichts verändert, und vom Krieg hatte niemand etwas mitbekommen.«

Arnold lebt sich schnell in der neuen alten Heimat ein, zieht mit seiner Mutter und der kleinen Schwester in einen freien Teil des Hauses eines Onkels. Es liegt direkt am über 400 Hektar großen See Eissing *(Isąg),* auf dem sich auch das kleine Pulfnicker Werder erhebt. Er besucht erneut die örtliche Volksschule und widmet sich in seiner Freizeit besonders dem Angeln. Den Sommer 1943 über muss Arnold zum Ernteeinsatz nach Schlesien. Er kommt bei einer Familie im Glatzer Land unter. Dort beeindruckt er die Einheimischen so sehr mit seinen Fischereikenntnissen, dass er bald mehr an den Gewässern der Gegend gesehen wird als auf den Feldern. »Mein Glück war, dass ich den Einfluss einer Molkerei fand und bemerkte, dass sich zu bestimmten Zeiten am frühen Morgen, wenn dort Molke in den Fluss abgelassen wurde, viele Fische tummelten. Die fing ich mit einem Sandsieb ein und brachte sie eimerweise nach Hause. Zur Freude des ganzen Dorfes. Zu der Zeit stand mein Berufsziel dann auch fest.«

Nachdem Arnold Ende April 1944 die Volksschule in Pulfnick beendet hat, geht er beim einheimischen Dorffischer Masur in die Lehre; kurz vorher muss er auch in die HJ Pulfnick eintreten. »Alles lief gut, es war ein friedliches Leben«, sagt Arnold. »Mir fehlte nichts außer mein Vater. Und, was soll ich sagen, ich war noch kein halbes Jahr in Ausbildung, da stand er plötzlich im Sommer 1944 vor mir am See. Aber wie! In Uniform der deutschen Luftwaffe und mit Eisernem Kreuz an der Brust. Das hatte ich nicht erwartet. Er hatte ja nie geschrieben, sodass ich ihn für tot gehalten habe. Später dann, als ich wusste, dass er Kommunist gewesen ist, war die Geschichte, die er mir damals erzählte, umso kurioser. Er wurde von der Dortmunder Asphalt-Firma Klasberg & Franzen angestellt, und weil er Russisch sprach, nahmen die ihn zuerst nach Orell und dann nach Minsk mit, wo die Firma Schäden ausbesserte, die durch Bombentreffer in der Rollbahn entstanden waren. Er war für die Belegschaft als Dolmetscher tätig, betreute sowjetische Zwangsarbeiter und übersetzte dort auch für die Luftwaffe. Als die Sowjetarmee bei Minsk durchbrach, habe er geistesgegenwärtig reagiert und einigen russischen Gefangenen offenbart, dass er als Agent für die Rote Armee tätig sei, erzählte er mir. Mit den Häftlingen zusammen habe er einen Lkw mit wichtigen Akten der dort registrierten Zwangsarbeiter vollgeladen, die Russen dann aber gelinkt und das Fahrzeug hinter die deutschen

Linien gefahren. Die Unterlagen müssen hoch brisant gewesen sein, denn die Luftwaffe hat ihn daraufhin eingestellt und ausgezeichnet. In Pulfnick sei er jetzt, weil er für seine Einsätze Sonderurlaub bekommen habe. In was für einer Mission er jedoch genau involviert war, habe ich nie erfahren. Vielleicht war er ein Doppelagent. Bis heute überlege ich manchmal, wen er wirklich gelinkt hat. So wie ich meinen Vater kennengelernt habe, kann ich mir am ehesten vorstellen, dass er die günstigste Gelegenheit, das alles zu überleben, ergriffen und deswegen letztendlich doch seine politische Überzeugung an den Haken gehängt hat.«

Arnolds Vater hält sich am Flughafen in Minsk auf, als dieser im Rahmen der sowjetischen *Operation Bagration* rückerobert wird. Stalins große Sommeroffensive überrollt ab dem 22. Juni 1944 die vor Minsk stehende Heeresgruppe Mitte und vernichtet sie innerhalb von nur drei Wochen beinahe vollständig. Fast 30 000 deutsche Soldaten fallen, über 10 000 werden verwundet, über 260 000 geraten in Gefangenschaft. Mit der 2. Armee schafft Arnolds Vater es, sich zurückzuziehen.

»Wie und warum er damals in Dortmund verschwunden war, hat er mir leider nicht verraten«, sagt Arnold. »Ich hätte noch so viele Fragen an ihn gehabt. Zwei Wochen später kam ein Auto der Marine Berlin nach Pulfnick. Alle staunten. Ich ahnte, dass sie zu meinem Vater wollten, und hatte Angst, dass sie ihn nun doch noch erwischt hätten. Aber die beiden Offiziere, die zu uns kamen, hatten nicht den Auftrag, meinen Vater zu verhaften, sondern ihn abzuholen. Später hat er mir erzählt, dass er tatsächlich Marinesoldat geworden ist und dafür gebraucht wurde, russische Funksprüche zu übersetzen.«

Für Arnolds Mutter ist es besonders schwer, dass ihr Mann abermals weg ist, auch weil sie zu der Zeit schon ihren ältesten Sohn vermisst. »Wir haben von Ewald leider nie wieder etwas

Die sowjetische Operation Bagration im Sommer 1944 vernichtet innerhalb weniger Wochen fast die gesamte Heeresgruppe Mitte.

gehört«, sagt Arnold. »Meine Mutter hat noch Jahre später geweint. Man konnte ihn aber über keinen Suchdienst finden.«

Noch ahnt Arnold nicht, wie sehr sich sein eigenes Leben in den nächsten Monaten verändern wird. »Alles fing damit an, dass ich in ein Wehrertüchtigungslager der Hitlerjugend beordert wurde. Am 5. Oktober musste ich dafür nach Allenstein. Mit etwa einem Dutzend anderer 14- und 15-Jähriger aus Ostpreußen kam ich in einer Kaserne unter. Wir erhielten theoretischen Unterricht in Waffenkunde und kriegten Schießunterricht. Das ging von morgens bis abends. Wir übten an Karabinern, mit Handgranaten und Panzerfaust. Der körperliche Drill war äußerst hart. Der ausbildende Unteroffizier schikanierte uns aufs Übelste. Im Lager habe ich mich mit einem gleichaltrigen Jungen angefreundet, mit dem Hans. Wir motivierten uns gegenseitig, durchzuhalten. Wir ahnten auch bereits, dass man uns sehr bald an die Front schicken würde. Der Krieg rückte immer näher an Allenstein heran. Wir hörten jede Nacht die Artillerie krachen. Und wir waren auch gerade erst eine Woche in der Ausbildung, als es hieß, wir Jungs sollten zum Panzergrabenausheben abkommandiert werden und voll bewaffnet abrücken. Mir war schon etwas mulmig zumute. Aber für mich sollte es noch nicht so weit sein. Mir kam zum ersten Mal ein wenig Kriegsglück entgegen, wenn man das so nennen mag. Bevor es für uns losging, fuhr mein Chef, der Fischermeister Masur, mit dem Auto in die Kaserne. Er legte unserem Ausbilder einen Schein auf den Schreibtisch, der mich vom militärischen Dienst befreite, denn Masur hatte nachweisen können, dass er die Fischerei nicht alleine weiterführen konnte, da bereits alle Gesellen eingezogen worden waren. Ich erhielt Erlaubnis, mit ihm zurück nach Pulfnick zu fahren. Normalerweise hätte sich die Hitlerjugend sicherlich nicht für das Wohlergehen eines ostpreußischen Fischers interessiert. Es stellte sich aber heraus, dass die NS-Führung auf die Weiterführung der Fischerei im kleinen Pulfnick bestand, denn die Hotelvereinigung in Berlin erhielt Fische und Krebse von uns. Da waren also ein paar Nazibonzen, die auch in den schlimmsten Kriegswirren nicht auf ihren frischen Fisch verzichten wollten. So aber konnte mein Ausbilder auch nichts einwenden. Ich arbeitete eben in einem kriegswichtigen Beruf.

Allerdings dauert es nicht mehr lange, da war der Krieg bei uns. Am 15. Januar 1945 beobachtete ich, wie die ersten Ratas über Pulfnick flogen. Sie feuerten mit ihren Bordkanonen auf die Zivilisten im Ort, warfen Bomben und Granaten ab, eine Scheune nach der anderen brannte aus. Man kann sich das nicht vorstellen: Wenn Sprengkörper auf einem vereisten See explodieren, dann gibt das einen höllischen Krach. Ich hatte das Gefühl, die Piloten warfen ganz willkürlich und unkoordiniert alles über den Dörfern ab, was sie hatten. Vielleicht waren sie betrunken, vielleicht sollte es uns einschüchtern, vielleicht hatten sie einfach

Lust, zu töten und zu zerstören. Ich hatte mir Krieg ehrenhafter vorgestellt. Das, was ich nun sah, wirkte unwirklich. Zum Arbeiten kam ich kaum noch, die gesamte Pulfnicker HJ wurde als Feuerwehrstaffel eingesetzt. Wenn ich einen Flieger aus der Ferne hörte, war das gleichzeitig unser Alarm, weil wir wussten, dass gleich wieder etwas in Brand gesteckt wird. Ich war also fast täglich mit Löscharbeiten beschäftigt. Unsere BDM-Mädels halfen unterdessen, die vielen Flüchtlinge zu versorgen, die ab Mitte Januar durch die Dörfer strömten. Wir selbst durften nicht flüchten, unser Bürgermeister und Ortsgruppenleiter Hermann Rose hatte es strengstens verboten.«

Schon am 19. Januar 1945 dringt die Rote Armee in den Kreis Osterode ein, doch noch immer untersagen NSDAP-Leiter der Bevölkerung die Flucht. Am Nachmittag des 20. Januar schließlich marschiert die Wehrmacht in Pulfnick ein, in der Ortsmitte hält ein Halbkettenfahrzeug. Dem Fahrer, einem Feldwebel, fällt Arnold in seinem dicken Wehrmachtsmantel auf, den er sich gegen die Kälte aus den Sachen seines Bruders genommen hatte. Er befiehlt ihm, auf das Fahrzeug zu springen, er müsse mit ihm in den Wald fahren, um Holz zu fällen für seine Weiterfahrt. »Er hatte einen Holzvergaser auf seinem Kettenkrad«, erzählt Arnold. »Es war schweinekalt und total verschneit. Als wir abends genug Holz aufgeladen hatten, nahm er uns mit zurück. Von den Feldjägern am Ortseingang erfuhren wir, dass die Pulfnicker schon evakuiert worden waren. Ich bat den Feldwebel, zu fragen, wo sie hingekommen seien. *Preußisch Oldendorf, Elbing, so weit weg wie möglich,* sagte der Feldjäger, und der Feldwebel erklärte sich auf mein Bitten bereit, mich bis nach Mohrungen mitzunehmen, solange ich ihm weiter Hilfesdienste leistete.

Der 1200 Quadratkilometer große Kreis Mohrungen liegt im westlichen Ostpreußen nahe der Grenze zu Westpreußen. Nördlich davon befindet sich die Industriestadt Elbing, und dahinter erstreckt sich das Frische Haff. Allenstein liegt südöstlich der Kreisstadt Mohrungen, die etwa 7000 Einwohner hat.

»Welchem Auftrag der Mann nachging, wusste ich natürlich nicht«, sagt Arnold. »Ich wollte einfach so weit wie möglich mitkommen, weil ich darin die einzige Chance sah, meine Familie wiederzusehen. Wir preschten eine Weile über die verschneite und vereiste Straße und kamen bis zum Halsberger Dreieck, wo heftig geschossen wurde. Der ganze Ort war voller Soldaten, und es knallte von allen Seiten. Hier ging es für uns nicht weiter. Der Feldwebel hielt vor einem Bauernhaus, sagte, er sei so müde, dass er nun erst mal schlafen müsse. Ich machte uns also ein Lager im Wohnzimmer des Hauses. Da lag viel Stroh herum, wir fanden außerdem Decken und Kissen und legten uns auf den Boden. Trotz des Gefechtslärms schlief ich schnell und fest ein, bis ich von einem ungeheuer lauten Knall geweckt wurde. Ich schreckte hoch, es schepperte. Ich sah winzige Funken in der Dunkelheit und erkannte, dass das Fenster eingeschlagen war. Darauf merkte ich einen heftigen Schmerz in meinem Bauch. Der Feldwebel, der aufgesprungen war, um sich den Schaden anzusehen, fragte, ob ich etwas abbekommen hätte. Ich sagte, ich wisse es nicht. Er zog meine Decke zur Seite und entzündete sein Feuerzeug. Ich sah seinem Gesicht an, dass etwas ganz und gar nicht stimmte. Er befahl mir, mich nicht zu bewegen, sagte, er wolle Hilfe holen. Ich hörte ihn draußen schreien. Kurz darauf kam er mit einem Sanitäter wieder. Der beugte sich über mich. Er hatte eine Lampe an seinem Helm, sodass auch ich an mir herunterschauen konnte. Ich lag in einer Lache voller Blut. Der Sani sprach etwas von einem scharfen Granatsplitter, öffnete mein Koppelschloss, und im gleichen Moment sah ich, wie meine Därme einfach aus dem Bauch fielen. Er packte sie und sortierte sie. Mir wurde schwarz vor Augen, ich zitterte am ganzen Körper und bereitete mich darauf vor, jeden Augenblick zu sterben. Aber ich ging nicht. *Mensch, hast du ein Glück gehabt,* hörte ich den Sani sagen. *Unglaublich, deine Schläuche sind alle heile geblieben. Ich habe sie wieder reingestopft und den Bauch zugemacht.*

Ich sterbe nicht?, fragte ich ihn. *Vermutlich nicht, Junge. Ich gebe dir jetzt eine Spritze gegen die Schmerzen. In Mohrungen musst du ganz dringend in ein Lazarett.*«

»Ich sah, wie er meinen Bauch mit Jod einrieb und einen Verband aus seiner Tasche nahm«, erzählt Arnold. »Im Hintergrund schob der Feldwebel einen Schrank vor das kaputte Fenster. Dann wirkte das Morphium, und ich trat weg. Als ich aufwachte, war es mitten am Tag, ich befand mich aber alleine im Haus. Der Feldwebel hatte gepackt und war weg. Als Helfer war ich ja nicht mehr zu gebrauchen. Mein Unterbauch schmerzte, ich sah das viele Blut auf dem Boden und tastete meinen Bauch ab. Immerhin saß der Druckverband fest. Doch was sollte ich jetzt tun? Ich beschloss, aus dem freien Fenster zu schauen, und zuckte dabei sofort vor Schreck zusammen. Sekunden später sprang die Tür auf, und zwei russische Soldaten guckten verdutzt auf meine Uniform. Sofort hoben sie ihre Maschinenpistolen. Der erste wollte direkt schießen, der zweite hielt ihn zurück und nickte zum Boden. Beide schauten angewidert auf das blutige Stroh und dann auf meinen Bauch. Einer rief: *Hitler kaputt!* Der andere: *Uri, Uri.* Ich gab ihm meine Uhr. Dann zogen sie mich aus dem Haus, traten mir in den Hintern. *Dawei!* Ich machte mir Sorgen, dass meine Därme wieder rausplatzen könnten.«

Im Verlaufe des 21. Januar 1945 dringen sowjetische Truppen in den Kreis Mohrungen ein, am Abend des 22. Januar liegt die Stadt unter heftigem Artilleriebeschuss. Um etwa 20:30 Uhr rollen erste T-34 Panzer in die Stadt. Die ganze Nacht kommt es zu

Straßenkämpfen, Mohrungen wird eingeschlossen. Etwa 70 Soldaten der Wehrmacht und ein paar Dutzend Flüchtlingen gelingt noch der Ausbruch. Am frühen Morgen des 23. Januar 1945 ist die Stadt eingenommen und sämtliche Orte des Kreises besetzt.

»Draußen stand ein Dutzend Wehrmachtssoldaten auf dem Hof«, erzählt Arnold weiter von seiner Gefangennahme. »Alle hielten die Hände über dem Kopf. Hier erntete ich sofort mitleidige Blicke. Einer der Russen trieb uns an. Vor dem Haus standen Panjewagen und noch mehr russische Soldaten. Ein Kommissar kam auf uns Gefangene zu und zeigte auf eine Karte. *Abmarsch, Mohrungen Stadt,* sagte er in gebrochenem Deutsch. *Keine falsche Bewegung, ihr nicht sprechen!*

Wir liefen los. Es war schweinekalt, und der Schnee lag meterhoch. Auf der Hauptstraße standen links und rechts überall kaputte Kutschen und Leiterwagen, teils noch mit Säcken und Klamotten beladen. Ich versuchte, wenigstens an den plattgefahrenen Menschen vorbeizugehen, die auf der Straße im Eis festgefroren waren, aber das schaffte ich nicht immer. Es waren zu viele. Überall lugten unter den Schneemassen leblose Gesichter und Haare hervor. Vermutlich waren in der Nacht einfach Panzer drübergefahren. Hier hatte man die Menschen kalt erwischt. Nach einer Weile zischte mir ein Mitgefangener von hinten zu: *Psst, Jung, ... hast du Papiere?*

Hitlerjugend, flüsterte ich zurück, und der Mann mahnte mich eindringlich, alles wegzuschmeißen. Zum Glück habe ich seinen Rat befolgt, meinen Ausweis während des Marsches in der Tasche zerpflückt und in Teilen entsorgt. Abends kamen wir in der zerschossenen Stadt an, liefen dort auch am Krankenhaus vorbei, in das ich dringend gemusst hätte. Aber in Betrieb war das eh nicht mehr. Vor dem Eingang türmten sich gefrorene Leichen in gestreiften Schlafanzügen. In einem großen Gebäude mussten wir uns dann alle flach auf den Boden hinlegen. Da lagen schon Dutzende andere Gefangene. Nicht nur Wehrmacht, ich erkannte auch Leute vom Volkssturm und von der HJ. Insgesamt waren wir jetzt wohl so um die 100 Mann. Die Neuen wurden einzeln zum Verhör aufgerufen. Hinter einem Schreibtisch saßen zwei Kommissare, an der Seite ein Dolmetscher. Er übersetzte.«

»Wie viele Polen hast du getötet?«, lässt der Kommissar fragen.

»Keinen«, antwortet Arnold.

»Wie viele geschlagen?«

»Niemanden«

»Du Soldat!«

»Nein!«

»Wie alt?«

»Ich erklärte in Ruhe, dass ich Schüler und 14 Jahre alt sei und nie jemandem etwas getan hätte. Ich versuchte, schlüssig darzulegen, dass ich eine Uniform der Hitlerjugend trug und dass jedes deutsche Kind ab zehn Jahren da eintritt. Ich erklärte, warum meine Klamotten angekokelt und warum sie blutig waren. Ich wurde in den Saal zurückgeführt, wo ich auf dem Boden einschlief. Am nächsten Morgen rückten wir aus und marschierten weiter. Ich zählte 80 Soldaten, vier Hitlerjungen und zwei deutsche Frauen im Gefangenentreck. Wir liefen bis Locken *(Łukta),* wo zwei Panzer vor einem Lager standen. Drei bis vier Häuser waren eingezäunt worden. Darin wimmelte es von Gefangenen, Soldaten und auch vielen Zivilisten. Ich erkannte drei Frauen aus Pulfnick wieder. Es gab weder zu essen noch zu trinken. Wir hatten nur Schnee gegen den Durst. Zu meiner Überraschung traf ich in dem Lager Hans, meinen Stubenkameraden aus dem Wehrertüchtigungslager. Ich war froh, denn er kümmerte sich um mich. Ein paar Männer fingen eine Ziege ein und schlachteten sie, Hans besorgte uns was von dem Fleisch. Er glaubte, dass die meisten von den Jungen aus dem Lager während der Kämpfe draufgegangen waren. Er hatte sich den Russen ergeben, ohne seine Panzerfaust abgefeuert zu haben. Schon am nächsten Morgen ging es für uns weiter. 100 Soldaten und zehn Frauen wurden aus dem Lager sortiert. Etwa 15 Sowjetsoldaten auf Panjepferden begleiteten den Treck. Wir hofften alle auf ein Lager mit Versorgung und Betten in Allenstein, aber wir erfuhren, dass es nach Moritten *(Sibirskoje)* gehen sollte. Das waren über 160 Kilometer. Ich wusste, das würde ich nicht durchstehen. Trotz der Eiseskälte und des Hungers wurden die Schmerzen in meinem Unterbauch schlimmer. Unterwegs haben die Russen diejenigen, die zurückfielen, weil sie krank oder verletzt waren, mit Pferdepeitschen geschlagen. Wirkte das nicht, haben sie sie beim nächsten Mal eiskalt erschossen. Das haben wir sechs oder sieben Mal mitbekommen. Die Männer mussten sich hinknien, wurden dann in den Hinterkopf geschossen und liegen gelassen. Hans versuchte, mich zu stützen und zum Durchhalten zu bewegen. Ich flüsterte ihm zu, dass es nicht mehr ginge und ich bei der nächsten Gelegenheit versuchen würde zu flüchten. Er versprach mir, mich nicht alleine zu lassen und mich zu begleiten. Die Möglichkeit zur Flucht ergab sich für uns in einem Zwischenlager bei Langgut *(Leguty)*. Dort wurden wir in einer Schule einquartiert und auf die Klassenzimmer verteilt. Wir lagen eng zusammengedrängt auf dem Boden. Am zweiten Tag kamen wir ein paar Mal zum Zählappell raus und wurden die Straße rauf und runter getrieben; so bekamen wir die Möglichkeit, uns einen groben Überblick über das Schulgelände zu verschaffen. Schräg gegenüber erkannte ich Toilettenhäuschen und wies Hans vorsichtig darauf hin. Wenn wir da nur hinkämen! Wir wollten es in der Nacht versuchen, legten uns in zwei verschiedene Klassenräume, die über Eck lagen, in den Türbereich. Wir wollten die Russen beobachten, mussten natürlich die ganze Zeit so tun, als ob wir wie die anderen Gefangenen schlafen würden. Die Russen hatten draußen ein Feuer angemacht und feierten. Einer von ihnen hielt jeweils Wache vor dem Schulgebäude. Hans und ich kommunizierten vorsichtig über Handzeichen. Wir hatten es auf eine Tür abgesehen, die im Rücken der Russen in den Keller der Schule führte. Wir hatten eine Chance, wenn sie offen war und wir unbeobachtet dorthin gelangten. Bei einem Wachwechsel am frühen Morgen war es so weit. Die beiden offensichtlich total betrunkenen Wachposten konnten für einen Augenblick den Gang nicht einsehen, und wir liefen geduckt zu der Kellertür. Sie war nicht verschlossen. Wir machten sie so leise auf wie möglich und zogen sie hinter uns wieder zu. Dann schlichen wir die Treppe hinunter, legten uns unten flach auf den Boden und robbten zu einem Kellerfenster. Die einzige Chance erkannten wir darin, durch das Fenster zu entkommen und zu den Toilettenhäuschen zu rennen, die gegenüber der Schule lagen. Ein paar Meter freie Bahn hatten wir. Es war noch düster genug, und wir beschlossen, ganz tief durch den Schnee zu robben. Wir schafften es zu den Klos, zogen uns an einem Sitzkasten hoch, öffneten die Entnahmeplatte und sprangen in die Scheiße, die zum Glück festgefroren war. Den Deckel haben wir von innen wieder zugemacht. Zwischen den Lücken im Holzgebälk konnte Hans den Platz beobachten, wo die Russen feierten. Ich hatte den Eingang zur Schule im Blick. Wir mussten abwarten und hoffen. Unsere Flucht war nicht aufgefallen. Dummerweise benutzten die Russen auch die Toiletten, und einer machte am Morgen sein Geschäft direkt über uns. Wir wagten es nicht, einen Mucks von uns zu geben, und ließen uns quasi vollscheißen. Ich hielt mir dabei den schmerzenden Bauch. Ob er sich schon entzündet hatte? Ein wenig später gab es Geschrei in der Schule. Die Gefangenen wurden rausgeholt, ausgepeitscht und angeschrien. Immer wieder wurde durchgezählt und geflucht. Offenbar waren wir aufgeflogen. Ich schnappte auf, dass die Russen sich darum stritten, ob die beiden, die fehlten, nicht vielleicht unterwegs erschossen worden seien, sie hätten ja viele abgeknallt. Sie suchten das Gelände ab, schauten auch in die Toilettenhäuschen, hoben aber den Deckel zur Grube nicht an. Irgendwann hörten wir die Kommandos für den Abmarsch und atmeten durch. Wir warteten noch eine halbe Stunde und gluckstеn dann vor Erleichterung. Wir hatten es geschafft. Doch was jetzt? Zuerst machten wir uns sauber, suchten danach etwas zu essen und überlegten. Aber wo sollten wir schon hin? Die einzige Möglichkeit, die uns einfiel, war, nach Hause zu laufen. Es war ja glücklicherweise nicht allzu weit. Wir liefen nachts los, die Straßen und Wege benutzten wir nicht, sondern nur den dunklen Wald. Es war schwer, sich zu orientieren, und meine Schmerzen waren mittlerweile unerträglich. Ich konnte nur noch auf einen Stock gestützt laufen und mich wie ein alter Mann fortbewegen. Hans half mir, wo er konnte. Wir kamen durch. Kurz vor seinem Heimatdorf verabschiedete ich mich von meinem Kumpel. Ich wünschte Hans viel Glück. Wir versprachen gegenseitig, uns wiederzusehen. Ich musste mich nun alleine bis nach Pulfnick durchschlagen, das noch fünf Kilometer entfernt lag. Als ich ankam, war ich erstaunt und überrascht, denn die Russen hatten auch hier schon geräumt, und einige Bewohner waren bereits in den Ort zurückgekehrt. Ich fragte jeden, den ich traf, nach meiner Mutter und meiner Schwester. Eine Nachbarin verriet mir, sie seien in einem Gefangenenlager in Blasebruch, einem Nachbarort. Da musste ich hin, machte mich auch gleich auf den Weg. Das Dorf war auf den ersten Blick menschenleer. An zwei nebeneinanderliegenden Bauernhöfen erkannte ich überall weiße Schilder mit kyrillischer Schrift. Sie waren per Hand aufgemalt worden und wiesen Namen mit Krankheiten aus; das bemerkte ich daran, dass auf manchen Schildern die jeweilige Seuche auf Deutsch darunter geschrieben stand. Schlau, da versuchte jemand, sich vor Übergriffen der Russen, von denen bekannt war, dass sie sich besonders vor Ansteckung fürchteten, zu schützen. War das die Idee meiner Mutter gewesen? Ich schlich mich an und vernahm dabei, dass in einem der Häuser Frauen auf Deutsch sprachen. Ich ging hinein und hörte dann sofort jemanden nach mir rufen. Ich kannte die Stimme.«

»Arnold!«

»Ich sah meine Mutter an, wollte zu ihr laufen, als sie sich den Zeigefinger auf die Lippen legte. Es war zu spät. Aus einem Nebenraum kam ein Russe in den Saal, bemerkte mich und zog seine Pistole. Ich sah, dass ein Mädchen hinter ihm in den Raum rannte. Ich kannte auch sie. Es war Paula, eine Bekannte aus Pulfnick; sie war knapp zwei Jahre älter als ich und Metzgereigesellin. Sie zog an dem Mann und sagte zu ihm: *Nein, nicht, das ist mein Bruder, tu ihm nichts!* Der Mann nickte, und das Mädchen lief zu mir, um mich zu umarmen. Sie knöpfte sich dabei die Bluse zu. *Denk nichts Falsches,* flüsterte sie. *Ich tue das alles, damit wir überleben.* Paula bemerkte meine Verletzung und verriet mir, dass der Russe, dem sie sich hingab, Arzt war. Sie wollte ihn bitten, sich die Wunde anzuschauen. Das tat er kurze Zeit später, dazu ging ich in das Nebenzimmer, legte mich dort auf das Bett. Der Sanitätsoffizier holte seinen Verbandskoffer, nahm mir den Verband ab, inspizierte die Verletzung, säuberte sie und verband mich erneut. Er hat mir vielleicht damit schon das Leben gerettet. Meine Wunde hatte bereits unerträglich gestunken.

Ich blieb in dem Lager bei meiner Mutter und meiner Schwester. Der russische Arzt kam jeden Tag, schob sein Nümmerchen mit Paula und schaute dann nach mir. Dafür, dass sie ihm regelmäßig zu Diensten stand, stellte er alle, die in dem Lager ausharrten, unter seinen Schutz. Hier waren vier Frauen und etwa 20 Kinder untergebracht, dann noch zwei ältere Männer und schließlich ich. Es gab Tiere auf dem Hof, und wir hatten zu essen. Ich schlachtete eine Kuh und half Paula, sie auszunehmen. Ich erholte mich schon nach einigen Tagen. Das bemerkte auch der Arzt. Letztlich befahl er mir, zusammen mit den anderen, die mit anpacken konnten, die toten Deutschen, die am Ortsrand lagen, einzusammeln, damit nicht tatsächlich eine Seuche ausbricht. Die Frühlingssonne kam raus, und die Leichen begannen so zu stinken, dass wir es längst riechen konnten. Sie lagen auf einem Hügel etwa 500 Meter von uns entfernt. Das waren erschossene deutsche Soldaten, alles ganz junge, soweit ich das noch erkennen konnte. Teilweise waren sie schon verwest. Sie waren jedenfalls nicht im Kampf gefallen und nicht bewaffnet. Es waren hingerichtete Gefangene. Die Arbeit war ekelerregend, einmal zog ich an einem Arm und riss ihn versehentlich dabei aus. Paula hat die Marken abgezogen, und ich habe eine Grube gegraben, wo wir die Soldaten notdürftig verscharrt haben. Die beiden älteren Männer und meine Mutter machten das Gleiche. Das ging über mehrere Tage, mindestens 20 Tote haben wir gefunden. Anfang April meinte Mutter, dass wir nun in unser Haus zurückkehren sollten. Wir verabschiedeten uns von Paula und den anderen und gingen. Außer mir und meiner Familie waren in Pulfnick noch 30 Frauen, zehn ältere Männer und etwa 50 Kinder. Wir wussten, dass die Russen früher oder später wieder ins Dorf kommen würden. Der Vater eines Freundes wollte sich vorbereiten und überredete die Hälfte der Männer, sich zu bewaffnen und die Russen zu überraschen, wenn sie kommen sollten. Ich erinnere mich daran, dass sie davon redeten, Werwölfe spielen zu wollen. Mit dem Begriff konnte ich nichts anfangen; aufgrund der Verletzung, von der alle wussten, musste ich nicht mitspielen. Am Tag, als die Russen kamen, haben sie die Männer sofort aus dem Feld gezogen und abgeführt. Ich glaube nicht, dass man sie leben gelassen hat. Ich hatte inzwischen gelernt und trug nur noch zivil. In den Ort fuhren Panzer und Panjewagen. Die Russen begannen, alle Häuser zu untersuchen; wir mussten uns davor aufstellen. Einige der Männer schauten mich böse an, andere interessierten sich gar nicht für mich. Sie nahmen alles aus den Häusern, was sie haben wollten, und packten es auf ihre Wagen. Schließlich bedrohte mich einer mit seinem Gewehr und fragte, wo die Nazis die wertvollen Sachen versteckt hätten. Ich zuckte mit den Schultern. Der Mann sagte, er würde mich laufen lassen, wenn ich es ihm nur verriete. Ich wusste, wo unser Obernazi seine Wertsachen vergraben hatte, und zeigte ihm Haus und Versteck. Er freute sich diebisch über Nähmaschine, Stiefel, Schifferklavier, Pelze und Skier. Er hat alles auf seinen Wagen geladen und Wort gehalten. Er hat mir kein Haar gekrümmt. Auch den Frauen ist nichts passiert. Bevor er mit den anderen wieder aus Pulfnick abzog, riet er mir, mich zu verstecken; es kämen nämlich bald ganz böse Russen, sagte er todernst. Ich lief nach Hause und erzählte Mutter von seiner Warnung. Die jungen Frauen wurden auf den Dachböden versteckt. Ich bin auch mit rauf, verkroch mich mit Else, der Tochter unserer Nachbarin, auf dem Heuschober. Wir gelangten mithilfe einer Leiter hoch, die dann von unten weggenommen und in ein freies Haus gestellt wurde. Die Russen kamen ein ums andere Mal und durchsuchten die Häuser. Eine Woche war ich mit Else oben. Die Mütter reichten uns zwischendurch Körbe mit Lebensmitteln an, die sie beiseitelegen konnten. Wertsachen haben die Russen sämtlich mitgenommen und auch die Frauen im Dorf geschändet. Sie haben keine getötet, aber ein paar entführt. Meine Mutter erzählte mir später, obwohl ich sie nicht gefragt hatte, dass sie nicht vergewaltigt worden war. Ob das stimmte, weiß ich nicht. Aber es war ihr wichtig, dass ich das glaube. Als nach einigen Tagen keine Soldaten mehr kamen, traute ich mich runter. Das Verhalten der Russen hatte mich schockiert und gekränkt. Als einziger Mann im Dorf sollte ich die Frauen doch von nun an beschützen. Das war mein fester Wille. In den nächsten Tagen steigerte ich mich fast in einen Wahn hinein, der mir auftrug, unser Dorf auf keinen Fall kampflos herzuschenken. Ich wollte vorbereitet sein. In einer Mühle hatte ich eine Waffenkammer entdeckt. Dort lagerten Gewehre, Granaten, Maschinengewehre. Im Wald stand ein Anhänger mit Werkzeugen. Ich schnappte mir einen Karren, sammelte Waffen und Geräte ein, hob rund um das Dorf Gräben aus und baute mir kleine Geschützstellungen. Die freie Zeit nutzte ich, um zu trainieren. Im Wald schoss ich mit dem Maschinengewehr und erlegte damit Rehe. Ich war wirklich total entschlossen zu kämpfen. In der ersten Maiwoche entdeckte ich auf einem meiner Patrouillengänge im Haus unseres ehemaligen Ortsgruppenleiters ein Schwein, das dort Kartoffeln gefunden hatte und fraß, und das wohl schon eine Weile, denn es war verhältnismäßig fett. Ich habe es eingefangen und mit nach Hause genommen. Mutter hat sich gefreut. Wir haben es geschlachtet, in die Zinkwanne gelegt, kochendes Wasser reingekippt und anschließend ausgenommen. Zum Essen kamen wir leider nicht mehr. Mutter nahm gerade die Innereien aus, als die Tür aufschlug und zwei Russen hereinstürmten. Ich hatte nicht aufgepasst, war nicht in meinen Stellungen gewesen. Was für ein mieser Soldat ich doch war. In dem Moment bin ich richtig sauer auf mich selbst gewesen; heute denke ich eher, dass mir das Schwein das Leben gerettet hat. Die Russen befahlen mir, das Tier draußen auf ihren Panjewagen zu legen, was ich natürlich tat. Das war also mein Kampf gewesen, bevor er richtig angefangen hatte. Immerhin ließen sie mich leben. Sie blieben in Pulfnick, bis der Krieg aus war, und verkündeten uns auch, dass Hitler tot war. Sie gingen durch den Ort und nahmen auf, wie viele Leute bei uns wohnten. Eine Dorfbewohnerin konnte Russisch, die machte gemeinsame Sache mit ihnen. Ich kriegte mit, dass sie auch ihre weiblichen Dienste zur Verfügung stellte. Zum Dank erkoren sie sie zur Ortsvorsteherin. Sie fühlte sich daraufhin als etwas Besseres und kommandierte die anderen herum. Jede einzelne Frau und jedes größere Kind, das noch im Dorf war, wurden vernommen und dazu befragt, was man machen und leisten könne. Ich stellte mich selbstverständlich als Fischer bereit und wurde eingestellt. Heinz und Herbert waren elf Jahre alt, mit ihnen bildete ich das Fischereikommando und nahm sie sozusagen bei mir in die Lehre. In der Fischerei war noch alles vorhanden, und ich kannte mich schließlich aus. Wir arbeiteten jetzt also für die Russen, hatten zwei Boote, mit denen wir abends rausgefahren sind und Netze ausgeworfen haben. Es gab Reusen im Schilf, die immer proppenvoll waren. Die Russen bekamen genug: Hechte, Brassen, Schleien. Sie waren zufrieden. Jeden Morgen kam ein Panjewagen aus Locken, auf den wir die Fische luden, mit Ausnahme der vielen Aale, die aßen sie nicht. Warum, habe ich nie gefragt, vielleicht hielten sie sie nicht für Fische. Umso besser, wir wurden davon alle satt. Mutter hat sie jeden Tag ausgekocht. Selbst fischen wollten die Russen nicht, aber sie haben sich ab und an ein Boot geliehen, sind damit total besoffen auf den See rausgefahren und haben Granaten reingeworfen, um so an Fische zu kommen. Die Dicken kriegten sie so aber nicht. Ich war besser. Eines Morgens kam eine Kommissarin mit einem Auto direkt vor unser Haus gefahren. Es hatte sich also herumgesprochen, wo der Fischer wohnte. Das machte mich ein wenig stolz. Sie hatte eine Schrotflinte dabei und sagte auf Deutsch, sie wolle zur Entenjagd. Ich musste sie auf den See rausfahren, und sie hatte ihren Spaß. Die russischen Männer haben vor ihr gekuscht und strammgestanden; das hat mich mächtig beeindruckt.«

Arnold würde gerne in Pulfnick bleiben, aber nicht um jeden Preis. Ein Sklave will er nicht sein. Es gibt zwar keine körperlichen Übergriffe der Russen mehr, dafür kommen aber immer öfter Polen in das Dorf, um die Einwohner zu belästigen. Werden diese anfangs von den Sowjetsoldaten noch verjagt, ist es denen irgendwann egal. Arnolds Mutter wird es zu gefährlich. Sie fährt mit dem Fahrrad nach Allenstein und erkundigt sich, wann die Deutschen in den Westen ausreisen können. Mitte Oktober ist es so weit. Arnold sitzt mit Mutter und Schwester in einem mit 50 Menschen vollgestopften Viehwagen. Jede halbe Stunde hält der Zug, Polen kontrollieren und nehmen den Vertriebenen alles weg, was sie dabeihaben. Erst die Koffer, dann die Jacken, die Hosen, das letzte Hemd. Nach acht Tagen Fahrt kommt Arnold völlig erschöpft in Unterhose am Berliner Hauptbahnhof an. Dort werden die geschwächten Menschen zum Glück schnell von der Bahnhofsmission in Empfang genommen und versorgt. Die Familie kommt zunächst in einem kaputten Möbelwagen in Berlin unter, wartet auf eine Ausreisegenehmigung in den westlichen Sektor. Ende 1945 dann landet sie in einer Behelfsunterkunft in Siegen, wo Arnold ein weiteres Mal völlig unerwartet auf seinen Vater trifft, der ihn vor Freude kaum mehr loslässt und ihm überwältigt offenbart, dass er geglaubt habe, seine Familie sei tot. »Er war früh aus der englischen Gefangenschaft in Dänemark, wo er sich als Sanitäter engagiert hat, entlassen worden«, erzählt Arnold. »Leider gab es schon eine neue Frau in seinem Leben. Trotzdem wollten meine Eltern es noch einmal versuchen.«

Doch die Liebe flammt nicht mehr auf. Arnolds Vater kann den Gedanken nicht ertragen, dass seine Frau von einem russischen Soldaten vergewaltigt worden sein könnte. Trotzdem unterstützt er seine Familie weiter. Findig, wie er immer gewesen ist, mietet er ein Grundstück auf dem alten Reichsbahngelände in Dortmund an und baut dort einen Metallhandel auf. Seine Kinder und ihre Mutter können ebenfalls hier wohnen. Arnold steigt bei seinem Vater ins Geschäft ein, absolviert später eine Ausbildung zum Großhandelskaufmann und arbeitet für einen Tabakgroßhändler. Er macht den Lkw-Führerschein, reist als Angestellter einer Spedition durch ganz Europa und lernt viele Menschen kennen. Er absolviert einen Abschluss im Studium Milchwirtschaft, arbeitet dann lange als Vertriebsleiter für eine Molkerei, bevor er in Dortmund sein eigenes Großhandelsunternehmen aufbauen kann. Arnold heiratet zweimal, bekommt zwei Kinder und vier Enkel. Aus gesundheitlichen Gründen zieht er Anfang des Jahrtausends nach Laboe. Seine Frau lebt nicht mehr, aber Arnold ist nie alleine. Zurzeit führt er eine glückliche Fernbeziehung, wie er bekannt gibt. Seine Freundin aus Kiel besucht ihn, sooft sie kann.

Arnold über Selbstverteidigung

Natürlich war ich als Kind total naiv, als ich dachte, ich könnte gegen eine ganze Armee von Russen kämpfen. Aber, was damals schon so war: Ich habe nie aufgegeben und immer daran geglaubt, dass ich mit meinen Fähigkeiten etwas ausrichten kann. Ich wollte nie etwas dem Zufall überlassen, sondern immer auf alles vorbereitet sein. Ich möchte kein Opfer sein und habe gelernt, mich zu wehren, wenn es sein muss. Auch in meinem Alter würde ich noch für das Leben meiner Lieben kämpfen. Damals hatte ich eben die Waffen, die da waren, zur Notwehr. Ich habe heute, egal, wohin ich gehe, immer eine Dose Pfefferspray im Mantel. Vor zwei Jahren hat mich ein junger Mann in Kiel umgerannt, und zwar mit voller Absicht. Ich habe gerade meine Freundin verabschiedet. Das war demütigend, wie ich da so auf dem Boden lag. Meine Hand hatte ich an dem Spray. Der Mann trat auf mich zu und fragte, was ich Opa denn machen wolle. Das hätte ich ihm gezeigt, wenn er noch einen Schritt weitergegangen wäre; zum Glück hat ihn meine Freundin dann beschwichtigt, und er ist abgehauen. Ich kenne viele nette junge Menschen, aber mir ist in den letzten Jahrzehnten aufgefallen, dass der Respekt gegenüber den Älteren immer mehr schwindet. Dass ein Jugendlicher einen alten Mann mitten am Tag einfach so körperlich angeht, das hätte es zu meiner Zeit sicher nicht gegeben. Überhaupt ist alles viel aggressiver geworden, und ich kann mir nicht erklären, warum die Menschen nicht einfach den Frieden genießen, den sie haben könnten.

Arnold über zeitgenössisches Holocaustwissen

In Derne habe ich 1938 die Reichskristallnacht miterlebt. Ich konnte die SA-Leute in ihren braunen Uniformen beobachten, wie sie die Schaufenster einschlugen und die Auslegeware nach draußen warfen. Da ist niemand eingeschritten. Natürlich wusste jeder, dass das jüdische Geschäfte waren. Es sah scheußlich aus, aber das waren für mich als achtjähriger Junge Dinge, die ich nicht hinterfragte. Mehr habe ich auch nicht erfahren. In Pulfnick gab es keine Juden. In Dortmund kamen die natürlich überall nicht gut weg. Genau wie die Russen übrigens. Ich habe geglaubt, dass sie eine Art Untermenschen sind. Sehr geprägt hat mich da eine Ausstellung, die ich mit meiner Schulklasse besuchen musste und die in der Westfalenhalle stattfand; dort hat man dargestellt, wie die Untermenschen in Russland wohnten. Das war beeindruckend inszeniert. Da standen dreckige Hütten, in die man reingehen konnte; darin lagen schmutzige Puppen in Pelzmänteln auf Lehmöfen, und unsere Lehrerin erklärte, dass Russen so schlafen – wie die Tiere. In anderen Hütten sah ich Puppen, deren Zungen mit Nägeln auf einem Tisch festgeschlagen worden waren, dahinter hässlich grinsende Fratzen in russischer Uniform. So sollten wir uns die Russen vorstellen. Mein Bild von ihnen als Untermenschen hat sich erst im und gerade durch den Krieg korrigiert, durch das, was der sowjetische Arzt in Blasebruch für mich getan hat.

MAX UND JOACHIM: FLAKFEUER OHNE ENDE

Max lebt mit seiner Frau in Osnabrück. Ein kleines Zubrot zur Rente verdient sich der ehemalige Prokurist einer Baustofffirma mit der Transkription von Sütterlinschrift ins Hochdeutsche. Aus der ganzen Welt erhält er Aufträge dafür, Briefe, Tagebücher oder offizielle Dokumente zu übersetzen. Von großem Nutzen ist ihm seine Fähigkeit auch für die private Ahnenforschung. Über 46 Jahre hat er nicht gewusst, wie sein geliebter, sieben Jahre älterer Bruder Walter, der seit dem Sommer 1943 als Soldat der Panzerwaffe in der Sowjetunion vermisst wird, gestorben ist. Erst nach Öffnung der sowjetischen Archive erhält Max am 8. Oktober 1998 die Nachricht, dass Walter im Alter von 22 Jahren im Gefangenenlager Tambow-Rada verstorben ist. Das Schicksal seines Bruders lässt ihn bis heute nicht los, und so sucht und findet er immer noch Hinweise über das brutale Lagerleben in Berichten anderer ehemaliger Kriegsgefangener.

Dabei ist auch Max' eigenes Schicksal ungewöhnlich. An Silvester 1928 wird er in Hildesheim als Sohn eines Regierungsinspekteurs und mittlerer von drei Brüdern geboren. Wäre er nur fünf Stunden später zur Welt gekommen, wäre er als Angehöriger des Jahrgangs 1929 nicht zum Luftwaffenhelferdienst eingezogen worden. Wahrscheinlich wären ihm dann viele grausame Erlebnisse erspart geblieben. So aber kann Max heute vom Alltag eines Luftwaffenhelfers berichten, und er tut das gerne, denn ihm fällt auf, dass darüber in den Medien vieles verzerrt dargestellt wird. Vor allem, wenn es um Querverbindungen zum Nationalsozialismus geht. »Allein mit der Hitlerjugend wollten wir in unserer Batterie von Anfang an nichts zu tun haben«, sagt Max. »Wir hätten rebelliert, wenn nur jemand von der HJ in die Stellung gekommen wäre. Wir haben uns zu 100 Prozent als Soldaten gefühlt, die ihre Heimat verteidigen. Hitler war nie ein Thema für uns.«

Schon als Kleinkind hat Max nicht viel vom NS-Staat mitbekommen. Der Fokus eines Kindes ist häufig speziell. So ist Max immerhin das Auto des Führers aufgefallen. In den Jahren 1935 bis 1937 beobachtet er vom Fenster der zentral gelegenen Wohnung seiner Eltern aus gespannt, wie die Nazielite durch Hildesheim fährt, um zum Erntedankfest auf den Bückeberg zu kommen. Die Bürger seiner Stadt stehen Spalier an der Goslarschen Straße und jubeln ihrem Führer frenetisch zu. »Ich habe draußen hysterische Frauen gesehen«, sagt Max. »Sie kreischten so laut, dass ich als Kind dachte, die müssten Schmerzen haben.«

Bevor Max die Volksschule in Hildesheim beenden kann, zieht seine Familie 1938 nach Osnabrück. Der Tag des Umzuges fällt auf den Einmarsch der Wehrmacht in Österreich am 12. März. »In jeder Stadt, durch die wir mit dem Möbelwagen fuhren, trafen wir auf jubelnde Menschen und guckten über Meere aus Hakenkreuzfahnen. Auch als wir an unserem neuen Haus in Osnabrück ankamen, war alles in NS-Farben geschmückt. Meine humorvolle Mutter bemerkte lauthals, als wir ausstiegen: *Ach, ein solcher Empfang wäre doch nicht nötig gewesen.*«

In Osnabrück beendet Max die Volksschule, wechselt anschließend auf die Möser-Mittelschule und tritt dem Jungvolk bei. Wenn sie Dienst haben, bekommen die Schüler keine Hausarbeiten auf. Mit Begeisterung nimmt Max an den Geländespielen gegen andere Fähnlein teil. Nach vier Jahren wird er selbst Jungzugführer und dadurch vom eigenen Hitlerjugenddienst freigestellt. Indoktrination erlebt er beim Jungvolk kaum, bemerkt aber den scharfen militärischen Schliff. Politische Äußerungen fallen ihm dagegen eher in der Schule auf. Fast alle Lehrer sind Mitglied in der Partei, nicht wenige tragen ihre Parteiabzeichen an der Brust. Ein Lehrer leitet selbst die Matheaufgaben regelmäßig mit Hitler-Zitaten ein. »Meine Mutter war den Nazis zugewandter als mein Vater«, sagt Max. »Sie betätigte sich aktiv als Blockleiterin in der NS-Frauenschaft. Mein Vater trat erst 1942 in die Partei ein, als er Beamter wurde und das als Voraussetzung verlangt wurde.«

Am Tag des Kriegsausbruchs sitzt Max' Familie gemeinsam mit ihrer Hauswirtsfamilie im heimischen Garten. Der Vermieter, der am Ersten Weltkrieg teilgenommen hat, kommentiert die Bekanntgabe des Feldzuges gegen Polen im Radio mit den Worten: »Wenn das mal gut geht!«

»Damals dachte ich, der wäre feige«, sagt Max. »Was sollte da denn schiefgehen?, habe ich mich gefragt. Niemand sonst zweifelte an einem schnellen Sieg in Polen.«

Selbst als Luftangriffe Osnabrück heimsuchen, glaubt er lange nicht an eine Niederlage Deutschlands. Zum Schutz vor den zunehmenden Fliegerangriffen verbringt Max das Jahr 1942 in einem KLV-Lager in Bad Karlsbrunn im Ostsudetenland. Im folgenden Jahr erhält er seine Einberufung zum Luftwaffenhelferdienst. Am Morgen des 5. Januar 1944 wird Max von seinen Eltern bis zur nächsten Straßenbahnhaltestelle begleitet. Max fährt nicht wie sonst zur Schule. Noch trägt er zivil. Seine Mutter hat ihm geholfen, den Koffer nach Vorgaben der Einberufungsunterlagen zu packen: ein Paar Schuhe, zwei Paar Hemden möglichst in Braun, drei Paar Strümpfe, Zahnbürste, Sporthose, Fahrtenmesser und Nähzeug ...

Die Mutter macht sich große Sorgen und herzt ihren Jungen, für den sie gerade erst den 15. Geburtstag ausgerichtet hat. Max ist der jüngste Luftwaffenhelfer des Jahrgangs 1928. Bevor sein Spross in die Bahn steigt, umarmt ihn auch der Vater und sagt: »Du bist jetzt jüngster Soldat des Führers. Sei ein anständiger Soldat!«

1944 wird Max als jüngster Luftwaffenhelfer seines Jahrgangs eingezogen.

Das hat sich Max fest vorgenommen, ein guter Soldat zu werden und die Heimat zu verteidigen. 35 einberufene Luftwaffenhelfer versammeln sich an diesem Morgen auf dem Schulhof des Gymnasiums Carolinum in der Osnabrücker Altstadt. Es sind Schüler des Jahrgangs 1928, die aus zwei Klassen der Mittelschule rekrutiert worden sind. Der Batteriechef der 2. Batterie der 743. Flakabteilung, unterstellt der 8. Flakbrigade, nimmt sie in Empfang. Der Oberleutnant der Luftwaffe hält eine kleine Ansprache. Auch der Spieß, ein Hauptwachtmeister, stellt sich vor. Danach werden die Luftwaffenhelfer in zwei Lkws verladen und auf den Holzhauser Berg in die benachbarte Gemeinde Georgsmarienhütte gefahren. Hier liegt ihr neuer Arbeitsplatz: eine mittlere Flakbatterie, deren drei Geschütze auf Anhöhen rund um ein Stahlwerk der Klöckner Werke A.G. aufgebaut sind, um dieses vor Angriffen aus der Luft zu schützen. Die Jungen werden in die Batterie-Befehlsstelle gefahren, wo Büros, Küche, Sanitätsräume und Vermittlung untergebracht sind, und dort in Züge aufgeteilt, die die Geschütze vom Kaliber 3,7-cm bedienen. Danach werden sie in Holzbaracken einquartiert, die direkt neben den Kanonen liegen. »Sechs Luftwaffenhelfer waren an einer Flak«, erzählt Max. »Ein Schütze und vier Kanoniere. Einer bediente das Entfernungsmessgerät und rief uns die Koordinaten zu, die wir einzustellen hatten, um ein angreifendes Flugzeug möglichst genau zu treffen. Eine eigene Messstaffel mit hochtechnischen Geräten wie bei der schweren Flak gab es für die mittlere nicht. Die Positionen wechselten wir, meist war ich als Ladekanonier eingeteilt. Unser Vorgesetzter, der Geschützführer, war ein ausgebildeter Soldat, der aufgrund von Verletzung oder Krankheit nicht an der Front kämpfen konnte. Die wurden regelmäßig ausgetauscht, es waren meist junge Männer Anfang 20. Das Oberkommando der Stellung hatte der Zugführer inne, in unserem Fall ein Wachtmeister der Luftwaffe, der seine eigene Zugführer-Baracke bewohnte, die erheblich besser eingerichtet war als unsere Unterkunft. Außerdem gab es noch eine Zugbefehlsstelle, in der ein Telefonist Dienst tat. Für alle drei Stellungen arbeiteten sechs russische Kriegsgefangene, die wieder in ihrer eigenen Baracke lebten und sich tagsüber frei bewegen konnten. Ihre Aufgabe war es zum Beispiel, uns

Trinkwasserkannen zu bringen, weil wir in den Stellungen keinen Wasseranschluss hatten. Oder sie brachten Holz für die Öfen und machten das Feuer an, reparierten irgendwas, räumten auf. Sie beeindruckten uns, konnten handwerklich alles erledigen, schnitzten uns auch mal Geschenke aus Holz. Feine Kerle, ich kenne noch ihre Namen: der große Iwan, der kleine Iwan, Wassillj, Alexej, Sergej und Dimitrij. Sie wurden anständig behandelt und kriegten dasselbe Mittagessen wie wir, wenn der Pferdewagen von der Küche mittags den Berg hochkam. Wir haben uns oft mit ihnen unterhalten; das klappte besonders gut, da der kleine Iwan in Moskau Germanistik und Philosophie studiert hatte.«

Nach der sechswöchigen Ausbildung beginnt für die Georgsmarienhütter Luftwaffenhelfer die Schule wieder. »Wir wurden geteilt. Die eine Hälfte von uns fuhr morgens in Ausgehuniform mit dem Zug nach Osnabrück zu unserer Schule, die andere Hälfte tat Dienst. Am Tag darauf wurde getauscht. So hatte jeder an drei Tagen in der Woche regulären Unterricht. Der Vorteil, mal raus zu sein aus der Batterie, liegt auf der Hand. Wir nutzten das aus, fuhren von der Schule schnell mit einem bereitgestellten Fahrrad nach Hause und ließen uns von Muttern was Leckeres einpacken. Wir freuten uns sogar, wenn es Fliegeralarm gab und wir in einen städtischen Bunker konnten, wo auch die Mädchen hingingen. Wir waren ziemlich stolz auf unsere Uniform und präsentierten uns darin als Erwachsene. Die HJ-Binde nahmen wir selbstverständlich ab, wenn wir Ausgang oder Urlaub hatten. Hitlerjungen betrachteten wir als naive Kinder. Wir fühlten uns stark, kriegten mit, dass wir an die Front gerufen wurden, und waren bereit dafür. Im Gegensatz zu meinen späteren Einsätzen verlief es in Georgsmarienhütte ruhig, zumal es nie zu dem Ernstfall kam, dass das Werk, ein reiner Rüstungsbetrieb, von einem Bombenteppich erwischt wurde. Bei Fliegeralarm auf Osnabrück waren wir natürlich immer in

Max (Zweiter v. r.) und seine Kameraden machen Schularbeiten in der Unterkunft.

Stellung, aber an die großen Bombengeschwader konnten wir mit unserer 3,7-cm-Flak, unter Luftwaffenhelfern auch Kartoffelschmeißmaschine genannt, allein schon von der Entfernung nicht rankommen. Die mittlere Flak kam nur 4000 Meter hoch oder 6000 Meter weit. Da wir keine Scheinwerfer hatten, waren wir quasi für Nachtangriffe blind. Unsere Aufgabe war es, auf Tiefflieger am Tage zu achten und diese vom Werk, von den Schienen und den Straßen fernzuhalten. Das gelang einige Male. Bei schweren Angriffen auf Osnabrück fieberte man mit. Wir sahen die riesigen Bombenteppiche auf uns zukommen und waren am Anfang immer drauf und dran, uns in die Einmannlöcher zu schmeißen, die wir für den Notfall angelegt hatten, um uns vor Splittern zu schützen. Doch der erfahrene Wachtmeister hielt uns dann zurück und erklärte, er wisse genau, bis wohin die Bomben fielen, wir würden von unseren Sinnen getäuscht. Das beruhigte. Mit dem Flakfernrohr suchten wir am Morgen danach die Schäden ab. Mein

Schwenk ging immer als Erstes zum Wohnzimmerfenster der elterlichen Wohnung, das ich damit gut einsehen konnte. Auch das besänftigte. Den für mich schlimmsten Tieffliegerangriff erlebte ich gar nicht in der Stellung. Ich kam gerade mit dem Zug von der Schule in Georgsmarienhütte an, wir fuhren durch eine Schlucht auf den Bahnhof zu. Mir gegenüber saß eine junge Frau mit einem Baby auf dem Arm. Plötzlich knallte es unglaublich laut, der Wagen hinter uns war getroffen worden. Dann hörte ich meine Kameraden an den Geschützen feuern. Ich schaute aus dem Fenster und sah, dass ein weiterer Bomber direkt auf uns zuflog. Blitzschnell schnappte ich mir das Baby, warf mich mit ihm auf den Boden und schaffte es noch, die Mutter runterzuziehen. Die Kugeln schlugen in den Waggon ein und zerstörten die Fenster genau auf der Höhe, auf der wir gesessen hatten. Das

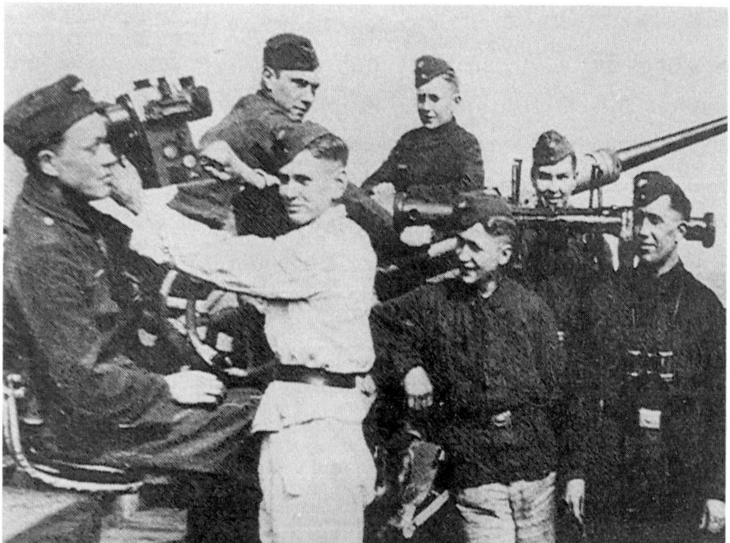

Max am Geschütz auf dem Holzhauser Berg bei Georgsmarienhütte

Glas flog durch den ganzen Wagen, die Menschen schrien. Die Jagdbomber mussten von der Seite angreifen, weil am Ende des Zuges eine 20-mm-Oerlikon-Flak angebracht war.«

Am 8. Februar 1945 ist Max' Zeit in Georgsmarienhütte beendet. Die 2. Batterie der 743. Flakabteilung wird in eine motorisierte Einheit umgewandelt und samt Geschützen und Personal nach Handorf bei Münster verlegt, um dort einen wichtigen Militärflughafen, einen Nachtjagd-Einsatzhafen der Luftwaffe, zu schützen, auf dem deutsche Bomber und Jäger stationiert sind. »Eigentlich haben wir den Flughafen nicht direkt geschützt«, sagt Max. »Unsere 3,7-cm-Flak verteidigte wiederum eine schwere 10,5-cm-Flakbatterie, die hauptsächlich für die Flughafensicherung verantwortlich war. Wir standen unter Dauerbeschuss und feuerten selbst fast rund um die Uhr. Die ganze Luft roch bald nur noch nach Eisen.«

Nachdem Max' Batterie vier Wochen in Handorf stationiert ist, erfolgt ein Stellungswechsel. Es geht nach Everswinkel, das direkt an der Reichsstraße 64 liegt. Als sogenannter schneller Straßenjagdzug sollen die jungen Soldaten Straße und anliegende Bahnverbindung, die von Warendorf nach Münster führt, vor amerikanischen Jagdbombern schützen, die zunehmend im Tiefflug auf Lkws und Züge schießen. Auf einem Acker am Bahnhof wird die Plattform mit dem Geschütz aufgestellt, das nicht lange stehen bleibt. »Wir haben ordentlich rumgeballert, womit wir die Verkehrswege natürlich erfolgreich verteidigt haben; allerdings konnten die Amerikaner so auch schnell erkennen, wo unsere Geschütze lagen. An dem Tag, den ich als meinen zweiten Geburtstag bezeichne, am 25. März 1945, war ich nicht auf der Plattform. Ich hatte mich an dem Mittag freiwillig mit zwei Kameraden bei dem Bauern, auf dessen Grundstück wir zelteten und der uns versorgte, zum Kartoffelschälen gemeldet. Wir hatten uns gerade an das Gemüse gemacht, als wir den Lightning-Jäger hörten und sahen. Eine Rakete traf punktgenau unsere Stellung, wir beobachteten die gewaltige Explosion. Sofort schnappten wir uns Verbandszeug und eine Tragbahre, die immer an der Unterkunft bereitstand, und rannten damit fluchend zur Plattform, die mit Blut besudelt war. Einem Kameraden fehlte der Kopf, er war sofort tot gewesen, der andere lag schreiend und um Hilfe flehend mit aufgerissenem Bauch auf dem Boden. Unser Richtschütze und der Leitschütze, die von einer Panzerplatte geschützt wurden und nichts abbekommen hatten, standen unter Schock. Meine Kameraden kümmerten sich um den Verletzten, ich rief über das Feldtelefon sofort den Sanitäter, der ziemlich schnell kam und den Schwerverletzten in einen Sanka einlud. Wir waren mit den Nerven fertig; meinen Stahlhelm, den ich vorher abgelegt hatte, fand ich von Splittern durchsiebt. Noch am Nachmittag erhielten wir die traurige Nachricht darüber, dass auch unser zweiter Kamerad im Lazarett verstorben ist. Es war der Ladeschütze, der meinen Platz eingenommen hatte, als ich mich zum Kartoffelschälen abgemeldet hatte.«

Am nächsten Tag wird Max' Flakzug abgezogen, die Stellung ist verraten, die zwei anderen Geschütze müssen gerettet werden. Es geht zurück nach Handorf in die alte Stellung zum Flughafenschutz, wo die Batterie bereits panzerbrechende Munition erhalten hat, weil man vorsieht, die Luftwaffenhelfer mit ihrer Flak im Erdkampf gegen amerikanische Panzer einzusetzen. »Aber am 3. April, zwei Tage bevor die Amerikaner das Flughafengelände erreichten, wurde uns befohlen, die Geschütze zu sprengen und abzumarschieren«, erzählt Max. »Auch der Rest des Flughafens wurde zerstört. Unser Batteriechef führte die verbliebenen 50 Mann bis nach Westbevern. Dort hielt er einen kleinen Appell ab, in dem er uns mitteilte, dass er eigenmächtig die Batterie auflöse, da wir zu wenig Infanteriemunition hätten, um uns zur Wehr setzen zu können. Offenbar hatte er die Sinnlosigkeit erkannt, uns Halbwüchsige weiterkämpfen zu lassen. Entlassungspapiere konnte er uns so natürlich nicht ausstellen – was gefährlich war. Wären wir von der Feldgendarmerie oder einem SS-Kommando aufgegriffen worden, hätten die uns sofort erschossen. Als letzten Ratschlag gab uns der Oberleutnant mit, dass wir nur nachts marschieren sollten. Daran hielten wir uns. Gleich in der nächsten Nacht liefen wir einen langen, nicht ungefährlichen und furchtbar ermüdenden Weg in Zivilkleidung und in immer kleiner werdenden Grüppchen zurück ins zerstörte Osnabrück. Aber alle von uns, die noch lebten, kamen heil an, und das haben wir der Einsicht unseres Oberleutnants zu verdanken.«

Zur selben Zeit, als Max zu Hause eintrifft, wird die Flakbatterie eines anderen Luftwaffenhelfers des gleichen Jahrgangs in Süddeutschland überrollt. Die Überlebenden werden von ihrem Kommandanten aber nicht nach Hause geschickt, sondern sollen die vor ihnen stehenden Panzer mit bloßen Gewehren stoppen. Es ist die Geschichte des in Dresden allein lebenden, kinderlosen Joachim, der sich als Gartenbauingenieur und begeisterter Leichtathlet sein Leben lang Natur und Sport gewidmet hat. 1928 wird er als Sohn eines Bauingenieurs in Zwickau geboren, 1933 zieht er mit seinen Eltern und dem damals einjährigen Bruder nach Dresden, schließt dort seine Volksschule ab und hat fest vor, auf dem König-Georg-Gymnasium sein Abitur zu machen.

Aber zunächst kommt es anders. Am 14. Januar 1944 versammeln sich 108 Schüler der Jahrgänge 1927 und 1928 seiner Schule auf dem Dresdner Sachsenplatz. Von dort aus werden sie mit Lkws auf den Berg Heller gefahren, wo die 2. Batterie der schweren Flakabteilung 565, die zum Luftgau-Kommando III gehört,

Das einzige Foto, das Joachim aus seiner Kindheit geblieben ist: 1933 mit seinem Vater.

stationiert ist. Die Batterie verfügt über acht Geschütze vom Kaliber 8,8 cm. Mit seinen Klassenkameraden bezieht Joachim eine Baracke für Luftwaffenhelfer. »Das war schon eine Umstellung, ich hatte mir immer nur ein Zimmer mit meinem Bruder geteilt, nun waren wir zu 36 Mann untergebracht. In den ersten Wochen hatten wir bei minus 10 Grad ganz schön mit der Kälte zu kämpfen. Wer nachts aufwachte, schob sofort Holz in den Kanonenofen nach. Während der sechs Wochen Grundausbildung in Flakschießlehre fand kein Schulunterricht statt. Ich interessierte mich vor allem für die technischen Geräte und wurde schließlich fest für die Bedienung des Umwertungsgerätes Malsi 41-43 eingeteilt, mit dem ich die Ortungs- und Schießwerte entfernter Flakbatterien ablesen konnte. Täglich haben wir den Ernstfall trainiert, manchmal simulierten wir fünf Angriffe am Stück. Das war schon anstrengend, und der militärische Drill gab sein Übriges dazu, aber die Routine und das stetige Besser- und Schnellerwerden dankten es uns. Im Nu fühlten wir uns als starke Soldaten, die nur darauf warteten, endlich in den richtigen Kampf zu ziehen. Unsere Stellung betrachteten wir schon als unüberwindbares Bollwerk für die Amerikaner und Engländer. Sollten sie sich doch mal her trauen, dachten wir. Nach der Grundausbildung erhielten wir wieder Schulunterricht, die Lehrer besuchten uns dafür in den Stellungen. Da hatten wir alle keine große Lust zu.«

Im Laufe des Jahres 1944 werden sämtliche Flakbatterien aus Dresden abgezogen, weil die Verantwortlichen nicht mit einem Angriff auf das Elbflorenz rechnen. Nach einer Zwischenstellung in Rochwitz wird Joachims Batterie im Juli 1944 zur Großkampfbatterie Schortau verlegt und in diese eingegliedert. Zum Schutz des industriellen Zentrums Halle–Leipzig, insbesondere der Leunawerke der I.G.-Farben, eines der größten deutschen Produzenten von synthetischem Benzin, ist der sogenannte Leipziger

Flakgürtel stetig ausgebaut worden und verfügt bei Joachims Ankunft über 500 Flakgeschütze. Die Großkampfbatterie Schortau liegt mit insgesamt 36 Geschützen in unmittelbarer Nähe zum Mineralölwerk Lützkendorf. Zwischen dem 12. Mai 1944 und dem 4. April 1945 werfen während 22 Angriffen 6552 viermotorige Flugzeuge der RAF und der amerikanischen United States Army Air Forces (USAAF) etwa 85 000 Bomben über dem Treibstoffzentrum im Großraum Leuna ab. Die wirtschaftliche Folge der sogenannten Schlacht um Leuna ist der Ausfall von 90 Prozent der deutschen Benzinproduktion. Während der Angriffe kommen etwa 350 Beschäftigte der Treibstoffwerke um, Verlustzahlen von Flaksoldaten und -helfern oder andererseits von alliierten Flugzeugmannschaften sind nie ermittelt worden. Doch den deutschen Flakgeschützen gelingt es, 123 Bomber abzuschießen.

»Alles, was wir bis dahin nur aus Übungen kannten, wurde jetzt bitterer Ernst«, sagt Joachim. »Alle paar Tage wurden wir von mehreren Hundert viermotorigen amerikanischen Flugzeugen angegriffen. Die Alarmglocken hörten nicht auf zu schrillen, und wir feuerten ununterbrochen in den Himmel. Gleich beim ersten Einsatz holten wir fünf Bomber runter. Endlich sahen wir die Ergebnisse unseres erstklassigen Unterrichts. Ich konnte sehr gut die Einschläge an den Flugzeugen beobachten, die danach sofort ins Trudeln gerieten. Wir sahen häufig mit Erstaunen, wie aus diesen brennenden Fackeln Piloten und Besatzungen mit Fallschirmen absprangen. Einmal landete ein amerikanischer Pilot direkt in unserer Stellung. Wir waren ziemlich baff von seinem edlen Aussehen. Er trug feinste Lederkleidung, Pelzbesatz am Kragen und eine Menge Orden an der Brust. Als er an uns vorbeiging, um sich zu ergeben, sagte er in gebrochenem Deutsch und grinsend zu uns: *Deutsche Soldaten gut, aber zu wenig.* Er wollte uns wohl mitteilen, dass wir den Krieg verlieren werden. Darüber konnten wir nur lachen. Überhaupt waren wir Jungen äußerst gelassen, keiner hatte Angst. Manchmal liefen wir in den Feuerpausen zu den abgeschossenen Flugzeugen, um dort Beute zu machen. Was nicht zerstört war, wurde wenn möglich mitgenommen. Zurückgelassene Ausrüstung der Piloten oder Zigaretten. Manche montierten sogar ganze technische Apparaturen ab. Da kamen die Kinder in uns durch. Auch in Schortau wurde alles schnell zur Routine, sodass wir wieder Schulunterricht erhielten. Da es dafür keine Gebäude gab, richtete unser Betreuungslehrer in einer Schlucht ein Klassenzimmer ein, wo er uns zwischen den Bombardements Lektionen in Biologie und Chemie erteilte, zwei Fächer, die für Luftwaffenhelfer in der Not unentbehrlich sein sollten, hieß es. Auf dem Lehrplan standen Mendel'sche Regeln und Schieß- und Sprengstoffkunde. Es langweilte jeden von uns, wir waren mehr daran interessiert, die Obstbäume zu plündern, die sich in der Schlucht befanden. Dass wir nun Soldaten im Krieg waren und nicht mehr gelehrige Schüler, ließen wir den Lehrer ganz schön spüren, auch mit unseren ersten Beförderungen. In Schortau wurde die Hälfte von uns, zu der ich gehörte, zu Luftwaffenoberhelfern befördert. Wir erhielten auch Flakkampfabzeichen für mehr als vier Abschüsse. Alle waren unglaublich stolz auf ihre Leistungen.«

Die Angriffe auf die Leunawerke gehen weiter, der Flakgürtel wird noch ein weiteres Mal um 70 Geschütze aufgestockt. »Wir machten unsere Arbeit gut«, sagt Joachim. »Allerdings hatte der Batteriechef mit dem zunehmenden Terror aus der Luft Schwierigkeiten. Seine Angst verstanden wir alle nicht, sie widerte uns vielmehr an. Bei manchen Bombardements sah man ihn auf seiner Couch liegen und sich die Ohren zuhalten, bis das Inferno vorüber war. Später ist er in Torgau wegen Feigheit vor dem Feind für sein Verhalten inhaftiert worden. Das ist das Einzige, was ich nach dem Krieg über ihn in Erfahrung bringen konnte. Als Vorposten der Luftabwehr erwischte uns selbst nie ein Treffer, nur gelegentlich kam es zu Irrläufern, und einem Flaksoldaten unserer Stellung ist der Bauch aufgerissen worden durch einen Rückstoß im Kanonenrohr. Er war sofort tot und wurde weggetragen.«

An Weihnachten 1944 hat Joachims Batterie ihre Aufgabe in Schortau erledigt und wird nach Sprendlingen verlegt mit dem Ziel, den Flughafen Rhein-Main bei Frankfurt vor Angriffen zu schützen. Dort soll eine ganz neue Stellung gebaut werden. Drei Tage fahren die Luftwaffenhelfer bei eisiger Kälte in mit Stroh ausgelegten Viehwaggons zum Zielort. Joachim erleidet schmerzende Erfrierungen an den Füßen. »Nach dem Ausstieg in Kelsterbach am Main wurden wir von einem heftigen Luftangriff überrascht. Wir schmissen uns alle auf den Boden, es krachte fürchterlich, Steine und Schutt flogen durch die Luft. Wir hatten wirklich Glück, dass wir uns am Rande des Bombenteppichs befanden. Trotzdem wurde bei dem Angriff einer meiner Kameraden verletzt. Danach zogen wir unsere Geschütze bis nach Sprendlingen. Der Stellungsbau nahm ein paar Tage in Anspruch. Bis sie fertig war, wurden wir in Gastfamilien einquartiert, was zur Folge hatte, dass wir bei Alarm etwa einen Kilometer im Sprint zurücklegen mussten. Während es sich unsere Offiziere in einem Bauerngehöft gemütlich machten, bauten wir die Stellung gemeinsam mit russischen Kriegsgefangenen alleine auf. Mit denen verstanden wir uns richtig gut, sie kriegten die gleiche Verpflegung wie die Soldaten. Sie beschwerten sich auch nie, aber kurz bevor die Stellung fertig war, sind sie alle getürmt. Man konnte es ihnen nicht verdenken, es war ja nicht ihr Krieg, und sie wussten, dass die Alliierten ziemlich bald da sein würden. Auch in Sprendlingen schossen wir täglich. Man feiert kleine Erfolge. Einen feindlichen Verband konnten wir zu einer Kurskorrektur bewegen. Durch den Zusammenbruch der Westfront bekamen wir es jetzt allerdings zunehmend mit Tieffliegern zu tun, die uns gefährlich werden konnten. Aber auch da wussten wir uns zu helfen, stellten die Zünder der Granaten einfach auf eine Entfernung von 800 Meter ein und erwischten so die Flugzeuge, die es wagten, die Stellung anzugreifen. Mehr Sorgen als um uns selbst machten wir uns um unsere Familien. Am 14. Februar verfolgten wir auf einer Flakkarte den Kurs großer Bombergeschwader. Das Trapez MH 8/8 Martha, das uns der Flaksender anzeigte, ließ uns schaudern. Unsere Heimat Dresden wurde angegriffen, gleich zweimal hintereinander. Jeder wusste da bereits, dass dies ein ganz schreckliches Inferno gegeben hatte. Wir fühlten uns zum ersten Mal hilflos, konnten nicht eingreifen, denn unsere Granaten waren nicht in der Lage, diese Entfernungen zurückzulegen. Als in den nächsten Tagen durchsickerte, dass die Angriffe auf Dresden tatsächlich einer Katastrophe gleichgekommen waren, fühlten wir uns nur noch mies.

Nach den Luftangriffen auf Dresden im Februar 1945 ist das Stadtzentrum völlig zerstört.

Wessen Eltern und Geschwister das wohl überlebt hatten? Es gab für uns keine Möglichkeit, mit den Liebsten Kontakt aufzunehmen. Das waren psychische Qualen. Und wieder kamen naive Kinder in uns durch. Um die Sorgen herunterzuspülen, wie die Großen das eben machten, klauten wir aus dem Depot unserer Vorgesetzten einige Flaschen Wein und ließen uns volllaufen. Der Vorfall wurde untersucht, aber der Dieb konnte nicht ermittelt werden, deshalb gab es keine Konsequenzen. Vielleicht auch, weil sie verstehen konnten, dass uns die Lage in Dresden Sorgen bereitete; schließlich hatten sie ja selbst ihre Familien dort.«

Mit der sich zusammenziehenden Front auf Reichsgebiet gibt die Wehrmachtsführung schließlich die Verteidigung gegen Flugzeuge auf, nun soll es auch für die Luftwaffenhelfer in Sprendlingen heißen: Erdkampf gegen amerikanische Panzer direkt an der Front. Joachims Batterie erhält Marschbefehl und wird geteilt. Die Geschützstaffel besetzt eine Panzersperrbatterie in Wolfskehlen bei Groß-Gerau und baut auf, während die Messstaffel, zu der Joachim gehört, im wenige Kilometer entfernten Griesheim Quartier bezieht. Das Unternehmen geht schief. Noch in der Nacht nach der Ankunft wird Groß-Gerau von den Amerikanern überrollt und die Batterie zerstört. Der Flakzug ist vernichtet, die Messstaffel nutzlos. Die Dresdner Batterie existiert damit nicht mehr. »Wir übrig gebliebenen Luftwaffenhelfer wurden jetzt mit französischen Beutegewehren ausgestattet und kleinen Sturmeinheiten zugeteilt«, erzählt Joachim. »Ich fand mich bald wieder innerhalb eines nicht enden wollenden Beschusses durch Granaten und Maschinengewehrsalven. Wir hatten nicht den Hauch einer Chance, drei meiner ehemaligen Klassenkameraden starben durch Artillerie- und Tieffliegerbeschuss.« Damit sind nur noch drei von einst 30 Schülern übrig, die 15 Monate zuvor mit Joachim in der Baracke auf dem Dresdner Heller einquartiert worden sind. »Bei der ersten Feuerpause leitete der Zugführer, ein erfahrener Feldwebel, selbstständig den Rückzug ein. Es gab jetzt keine Abstimmung mit anderen Zügen mehr. Alles löste sich auf. Ehemalige Schulkameraden, die in anderen Kampfeinheiten gekämpft oder alternative Rückzugsmöglichkeiten gewählt hatten, sind gefallen, in französische Gefangenschaft geraten oder von der SS gestoppt, mit Panzerfäusten ausgestattet und wieder zurück an die Front geschickt worden. Joachims versprengte Gruppe gelangt über das zerstörte Nürnberg, das ihm bereits einen Eindruck davon vermittelt, wie es in Dresden aussehen könnte, bis nach Regensburg, wo er erneut in heftige Bombardements schlittert. Joachim und seinen zwei letzten Kameraden werden Papiere ausgestellt, nach denen sie sich beim Wehrkreiskommando Dresden zu melden haben. Sie setzen über die Donau und gelangen schließlich mit einem Zug an den Ort, den sie einst als Dresden kannten. »Es war ein elender Marsch durch eine Trümmerwüste«, erzählt Joachim. »Abgekämpfte Menschen hausten in Ruinen oder suchten da nach Dingen, die sie irgendwie zum Überleben gebrauchen konnten. Ich lief natürlich, wie meine beiden Kameraden das auch taten, als Erstes zu meinen Eltern, wollte nur noch wissen, ob sie noch lebten. Und ich war überglücklich, als ich sie und meinen 13-jährigen Bruder in unserem Haus vorfand. Da machte es mir nichts aus, dass wir kein Dach mehr darüber und keine Veranda mehr davor hatten. Eine Luftmine hatte das zu verantworten gehabt, aber meine Lieben hatten wie ich überlebt. Was für ein Glück! Doch der Krieg war immer noch nicht aus, und ich hatte ja einen Befehl in der Tasche. Eine Woche vor Kriegsende lief ich zum Wehrkreiskommando Dresden Nord. Dort standen versprengte Soldaten aller möglichen Gattungen in Schlange an, junge und alte, die noch mal antreten sollten. Ich reihte mich ein und schnappte auf, dass es zu den Kämpfen ins Protektorat Böhmen und Mähren gehen würde. Da verließen mich von einem Moment auf den anderen Kraft und Wille. Nach allem, was ich gesehen und verloren hatte, verweigerte ich mich, drehte um und ging nach Hause, was natürlich hochgefährlich war, denn damit war ich offiziell desertiert. Die SS hätte mich, ohne zu zögern, am nächsten Baum aufgehängt. Sie kamen nicht. Einer der beiden Kameraden, mit denen ich zurück nach Dresden marschiert war, hatte das Glück nicht. Er ist nicht umgedreht und vermutlich in Böhmen gefallen. Meine Klasse war auf zwei Schüler geschrumpft.«

Joachim über die Bombardements auf Dresden

Ich kann nicht begreifen, dass viele Ereignisse des Zweiten Weltkriegs, durch die Menschen unsagbares Leid erfahren haben, so heruntergespielt und ignoriert werden. Man kann sich heute nicht vorstellen, wie Dresden aussah, als ich dort ankam. Ich habe von Freunden und Verwandten so viele schreckliche Dinge über die Bombardierung erfahren. Es muss auch öffentlich klar gesagt werden, dass da ein furchtbares Verbrechen begangen wurde, an das man auch vernünftig erinnern muss. Jede Familie hatte Opfer zu beklagen. Als ich vor über zehn Jahren mal einen Artikel in der Zeitung las, in dem es hieß, es habe in Dresden keine Tieffliegerangriffe gegeben, habe ich mich wahnsinnig aufgeregt. Von so vielen Bekannten und Verwandten kannte ich doch genau diese Schilderungen. Ich habe mich per Brief an die Kommission gewandt und mich beschwert. Eine befriedigende Antwort habe ich allerdings nicht erhalten.

Max über zeitgenössisches Holocaustwissen

Dass in der Reichskristallnacht die Synagoge gebrannt hat, hat sich natürlich rasend schnell herumgesprochen. Wir waren neugierig, wussten ja, wo die steht. Ich wollte auch sehen, was passiert war, also verlängerte ich nach der Schule meinen Nachhauseweg und ging an dem zerstörten Gebäude vorbei, aus dem immer noch Flammen schlugen. Überall standen SA-Leute rum und sicherten ab. Feuerwehrleuten, die sich am Rande aufgebaut hatten, wurde untersagt, den Brand zu löschen. Das kam mir schon merkwürdig vor. Als Neunjähriger begriff ich natürlich gar nicht die Zusammenhänge. An der Stelle hatte ich aber ein ganz einschneidendes Erlebnis, das mich geprägt hat und das ich damals noch gar nicht richtig einsortieren konnte. Ich sah in dem Moment, als ich an der Synagoge vorbeiging, diesen Mann mit dem flachen Hut, der mir schon einige Male aufgefallen war, weil er ganz in der Nähe wohnte und eben besonders auffällig war. Meine Mutter hatte mir erst ein paar Wochen vorher, als wir ihn zusammen gesehen hatten, erzählt, dass das ein ganz berühmter Dichter sei. Dieser hochgelobte Mann blieb nun entsetzt vor der Synagoge stehen und schüttelte immer wieder mit dem Kopf. Vor diesem Menschen hatte ich großen Respekt, und die Szene zeigte mir, dass da etwas nicht mit rechten Dingen zugegangen war. Der Mann hieß Ludwig Bäte, später auf der Mittelschule wurde er auch mein Lehrer. Ich habe natürlich gewusst, dass Nazis Juden hassten, sie diskriminierten und sie in Konzentrationslager zwangen. Was da wirklich geschah, wussten wir alle nicht. Wir verstanden sie als Arbeitslager. Natürlich war mir klar, dass es da brutal zur Sache ging. Allen wurde ja immerzu Angst gemacht, mal in ein solches Lager zu kommen. Auch in dem Stahlwerk, das wir mit der Flak beschützten, arbeiteten Häftlinge des sogenannten Arbeitserziehungslagers Ohrbeck. Wir sahen morgens immer einen Güterzug bei uns vorbeifahren, von dem wir wussten, dass da die Gefangenen aus dem Lager drinsaßen, die zur Arbeit gebracht wurden. Eines Morgens kam mein Kamerad Günther völlig aufgelöst in die Stellung und berichtete, er hätte einen Tumult an dem Zug beobachtet, während dessen Wachen in einen offenen

Güterwagen geschossen hätten. Wir vergaßen das schnell wieder. Gedanken über die Zustände in Konzentrationslagern habe ich mir erst nach dem Krieg gemacht, eben dann, als bekannt wurde, was da alles für Verbrechen geschehen sind.

WERNER: DAS KINDERBATAILLON

»Ich habe ein Wahnsinnsgedächtnis«, sagt Werner von sich selbst. »Ich kann da nichts für. Aber wenn ich das nicht hätte, wäre ich mehrfach vor die Hunde gegangen.« Seine Suche nach Gerechtigkeit und Wahrheit hat den Lehrer im Ruhestand, der mit seiner Frau im Kurort Waldbronn bei Karlsruhe lebt, dazu angetrieben, seine Geschichte im Zweiten Weltkrieg penibel nachzuzeichnen. Die Zeit, in der er als Kindersoldat mit viel zu großem Stahlhelm und schwerer Maschinenpistole alleine an der Ostfront steht und auf sowjetische Soldaten wartet, lässt ihn nicht los. Mit 15 Jahren meldet er sich freiwillig zum Kriegsdienst in einem HJ-Kampfverband. Unbedingt und um jeden Preis will er kämpfen, seine Familie und sein Vaterland verteidigen, koste es, was es wolle. Seine Erlebnisse hat Werner lange verdrängt, aber immer wieder unter Angst- und Albträumen gelitten. 1998 reift sein Entschluss, sich selbst die Naivität, die er als Junge an den Tag gelegt hat, erklären zu wollen. Dafür ist es notwendig, seine Geschichte gründlich aufzuarbeiten. Werner wirft sein Gedächtnis an und spult das ab, was ihn unterbewusst immer schon begleitet hat. Er studiert und besucht die Orte, an denen er im Einsatz gewesen ist, sammelt sämtliche Akten, die über sein Kinderbataillon existieren, und kann viele noch lebende ehemalige Mitstreiter aufspüren, um sein Wissen mit ihnen abzugleichen.

Eines von Werners Schlüsseldokumenten sind Aufzeichnungen, die sein einstiger Kompanieführer Karl-Walther Rossdeutscher angelegt hat. Werner ist wie seine Kameraden von damals davon überzeugt gewesen, dass sie ihr Leben dem erfahrenen Leutnant zu verdanken haben, der sich mörderischen Befehlen von Partei und SS widersetzt hat, um die Kinder, die er zu führen hatte, zu schützen. Laut seiner Witwe habe er sich bis zu seinem Tod gewünscht, dass ihn mal ein Junge seiner Kompanie aufsucht. Das geschieht nicht. Auch Werner stößt ein paar Jahre zu spät auf ihn. Die Witwe Rossdeutscher überlässt ihm aber die detaillierten Berichte ihres verstorbenen Mannes.[43] Damit kann Werner den kompletten Weg seiner Kompanie auf Karten nachzeichnen. Mittlerweile hat er die Arbeit auch für drei andere existierende Kompanien seines Bataillons übernommen und ordnet sie in den Kontext damals laufender Operationen von Wehrmacht und Sowjetarmee ein.[44] Aus dem promovierten Germanisten ist im hohen Alter ein *Hobbyhistoriker* geworden, wie Werner sich selbst bezeichnet; dabei arbeitet er wie ein Profi und verfügt mittlerweile über ein beachtliches Privatarchiv. »Leider hat sich nie ein Historiker oder Journalist dafür interessiert«, sagt er. »Was ich bis heute nicht begreife. Ich habe die wichtigsten Medien und Hochschulen informiert. Dazu kommt, dass mir so gut wie alle Gesprächspartner weggestorben sind. Meiner Frau habe ich versprochen, sie nicht mehr mit dem Thema zu konfrontieren, denn für sie ist das alles zu belastend geworden.«

Werner wird 1929 im heute erloschenen hinterpommerschen Gutsdorf Kolkau *(Kolkowo)* im Kreis Lauenburg als Erster von drei Söhnen eines Volksschullehrers geboren, der ab 1934 eine

Stelle in Armenheide *(Grzepnica)* im Kreis Randow annimmt. »Ein winziges Nest«, sagt Werner. »Völlig unspektakulär und fernab von allem. Der Gutsherr in Armenheide war selbst verarmt, unser Dorf bestand nur aus vier Kleinbauernhöfen und Landarbeitern. Dann gab es einen staatlich angestellten Förster und eben einen Lehrer, meinen Vater, der in seiner einzigen Klasse auch die eigenen Söhne unterrichtete. Nach drei Jahren brach mein Vater dort wieder ab, weil seine Kinder einmal was werden sollten. Dazu mussten sie ein Gymnasium besuchen. Er bat also um seine Versetzung nach Stettin, wo wir 1938 erst eine Mietwohnung, ein paar Monate später ein Reihenhaus bezogen haben. Dort machte ich das vierte Schuljahr zu Ende und trat auch dem Jungvolk bei. Als ich 1939 aufs Gymnasium kam, war mein Vater richtig stolz, aber er hatte nicht mehr lange etwas davon. Es ist wirklich tragisch, er war nie krank, das hat auch meine Mutter bestätigt. Ausgerechnet am 1. September 1939, als der Krieg begann, kam er nach der zweiten Unterrichtsstunde nach Hause und fühlte sich richtig schlapp. Er hatte unglaubliche Bauchschmerzen, und der Hausarzt konnte ihm nicht helfen. Er musste dringend in ein Krankenhaus und geröntgt werden, aber eine strenge Verordnung sah vor, dass alle Geräte und Plätze für Soldaten, die von der Front kamen, reserviert bleiben müssten. Erst als nach 18 Tagen der Krieg gegen Polen zu Ende ging, konnte mein Vater als Zivilist untersucht werden. Aber da war es eben zu spät. Man stellte fest, dass aus einer Entzündung des Zwerchfells eine Vereiterung entstanden war. Er ist dann sehr schnell gestorben. Man kann wohl sagen, er ist ein frühes Opfer des Krieges geworden. Meine Mutter war völlig am Ende und stand mit den Kindern alleine da. Ich musste sie mit meinen gerade mal zehn Jahren ständig trösten und dann noch für meine jüngeren Brüder da sein.«

1943 tritt Werner in die Flieger-HJ ein.

Im August 1944 wird die Stettiner Altstadt bei schweren Luftangriffen der RAF größtenteils zerstört.

Der kleine Werner will schnell erwachsen werden und vor allem bald mithelfen, als Soldat die Heimat zu beschützen. 1943 entscheidet er sich, statt in die Stamm-HJ in die Flieger-HJ einzutreten. »Das war nicht gut überlegt«, sagt er. »Ich war immer viel zu klein und zierlich, das machte mein Schicksal aus. Nach einem Jahr wurde mir noch nicht mal erlaubt, mit dem Schulgleiter zu fliegen, weil ich eben zu klein war. Richtig frustriert darüber begann ich, den Dienst zu schwänzen, und deswegen wurde ich dann doch in die reguläre HJ strafversetzt.«

Der Krieg aus der Luft erwischt Stettin in den letzten Kriegsjahren immer heftiger. Bei schweren Angriffen der RAF im August 1944 verlieren 3200 Zivilisten ihr Leben, die Altstadt wird zu über 90 Prozent zerstört. »Bei dem Angriff flogen zwei Bomben auch direkt auf unser Haus«, sagt Werner. »Das konnten wir an dem Pfeifen über uns schon hören. Meine Mutter hat die Axt und

die Trennwand zum Nachbarhaus durchgebrochen. Zum Glück sind die beiden Phosphorbomben aber nicht hochgegangen. Einen der Blindgänger fand ich nach dem Angriff in unserem Gemüsegarten. Das hätte leicht schiefgehen können. Ich war unglaublich wütend auf die Engländer. Beinahe wären wir alle draufgegangen. Und noch immer konnte ich nichts gegen dieses Unrecht unternehmen.«

Nach dem schweren Bombardement handelt die Partei, 40 000 Stettiner werden evakuiert, vor allem Kinder sollen in Sicherheit gebracht werden. Werners Bruder Lothar wird in die KLV nach Rügen verschickt, seine Mutter reist mit dem jüngsten Sohn Manfred zurück nach Hinterpommern und zieht dort zu ihrem Schwager. Werner soll die nächstmögliche Aufbauschule besuchen, die in Bütow *(Bytów)* liegt, und muss dafür in einem sogenannten Schülerquartier unterkommen. »Da herrschte ein strenger militärischer Drill. Ich hatte Glück, denn ich traf einen ehemaligen

Klassenkameraden aus Stettin, der zum Kartoffeleinsatz in Bütow war. Klaus schlug mir vor, seine Mutter in Stettin zu fragen, ob ich nicht dort wohnen könne. Das Zimmer seines Bruders Hans, der in der KLV verweilte, war frei. Das klappte, und so konnte ich schon nach vier Wochen nach Stettin zurückkehren und kam in einer sehr liebevollen Pflegefamilie unter, die eine Wohnung in der Pionierkaserne hatte, weil sie dem Vater, einem verbeamteten ehemaligen Stolper Husaren auf Pension zustand. Meine Pflegemutter arbeitete dort als Kantinenwirtin. Zu ihr entwickelte ich ein inniges Verhältnis. Bis 1943 hatte unsere Schulklasse noch aus den Jahrgängen 27, 28 und 29 bestanden. Dann wurden die 28er als Luftwaffenhelfer eingezogen und später die 27er zur Wehrmacht. Es blieb ein kleines Häufchen 29er übrig, zu denen ich und mein Gastbruder Klaus gehörten. Auf die, die kämpfen durften, waren wir neidisch. Anfang 1945, als schon immer mehr Flüchtlinge aus dem Osten durch die Stadt zogen, hielten wir es beide kaum noch aus. Wir hatten uns bereits als Offiziersanwärter bei der Kriegsmarine beworben, waren aber noch 15 Jahre alt und damit zu jung. Jeden Tag ging ich an Litfaßsäulen vorbei, auf denen zum Tode verurteilte Deserteure aufgelistet waren. Das waren miese Feiglinge für mich.

Am 5. März 1945 dann sollte endlich unsere Chance kommen. Wir waren in der Schule, als sich wie ein Lauffeuer die Nachricht verbreitete, dass an der Bann-Dienststelle ein Hitlerjugend-Bataillon aufgestellt werden sollte. Sofort ließen Klaus und ich alles stehen und liegen und rannten dorthin. Wir waren nicht die Einzigen, die die Idee hatten. Vor dem Gebäude hatte sich schon eine ganze Schlange von freiwilligen Hitlerjungen gebildet, die es wie wir nicht mehr aushalten konnten, endlich das Vaterland mit verteidigen zu dürfen.«

Werner wird schwer enttäuscht. Während sein Freund Klaus bei der eilig einberufenen Musterung genommen wird, wird er selbst mit seinen etwas über 1,50 Meter als zu klein abgewiesen. »Schon wieder die verdammte Größe«, sagt Werner. »Ich war zutiefst gekränkt, dass man mich nicht wollte, lief bedröppelt nach Hause zu meiner Pflegemutter und erzählte ihr alles. Sie hatte kein Mitleid mit mir, sondern war voller Sorge um ihren Sohn Klaus, den ich nicht mehr mitgebracht hatte. Ich verstand das nicht, wäre ich doch so gerne an seiner Stelle gewesen. Ich versprach ihr, auf Klaus aufzupassen, entweder wir kämen beide zurück oder keiner von uns. Danach zog ich mir meine HJ-Uniform an und verabschiedete mich. Ich wollte den Kompanieführer von Klaus finden und mich direkt bei ihm als Kriegsfreiwilliger melden. Vielleicht ging es so einfacher. Es war meine letzte Hoffnung, kämpfen zu dürfen.«

Werner fährt mit dem Rad durch die Stadt, fragt sich durch, macht schließlich in der Tat die Kompanie seines Freundes im südöstlich gelegenen Stadtteil Altdamm aus und stellt sich dem Kompanieführer Leutnant Karl-Walther Rossdeutscher vor, der sofort wissen will, was Werners Eltern zu seinem Gesuch sagen würden. »Ich antwortete wahrheitsgetreu, mein Vater sei verstorben, meine Mutter mit meinem kleinen Bruder evakuiert. Ein bisschen musste ich flunkern und erklärte, ich hätte keine Ahnung, wohin meine Mutter gekommen war. Das reichte ihm. Er fragte mich nicht mal mehr nach meinem Alter, sondern nahm mich in seine Kompanie auf. Endlich, mein Eifer hatte sich ausgezahlt, ich war Soldat geworden!«

Werner erhält einen für ihn viel zu großen Stahlhelm und eine modifizierte Luftwaffenhelferuniform mit Dienstgradabzeichen der Hitlerjugend als offizielle Uniform des neu gegründeten Stettiner HJ Alarm-Bataillons Murswiek, bestehend aus vier Kompanien mit insgesamt 600 Hitlerjungen. Jeder Kompanie gehören außerdem je vier BDM-Mädchen an, die sich um die Versorgung kümmern. Aufgestellt ist das Bataillon pro forma als Volkssturmkompanie und wird als Verfügungstruppe für Wehrmacht oder Waffen-SS der Weisung des Gauleiters und Reichsverteidigungskommissars von Pommern Franz Schwede-Coburg unterstellt, der wiederum seine Order von Reichsleiter Martin Bormann erhält. Seit Anfang März steht Stettin unter Artilleriebeschuss der Roten Armee. Pläne, die Stadt zur Festung zu erklären, werden aufgegeben, als die Russen Stettin im Süden umgehen, die Oder überqueren und schon auf Berlin vorrücken. Um nicht eingeschlossen zu werden, wollen die Nazis so schnell wie möglich das Stadtgebiet verlassen. Um ihren Abzug abzusichern, sind ihnen neben den verteidigenden Wehrmachtseinheiten auch Volkssturm und HJ-Kämpfer, die den Vormarsch des Feindes noch ein paar Tage hinhalten können, gerade recht. Benannt ist der Kindersoldaten-Kampfverband nach dem HJ-Oberbannführer Major Murswiek, der beim Kampf um Stettin militärisch der Divisionsgruppe Voigt untersteht. Die kämpfenden Hitlerjungen sollen aber auf Weisung Himmlers weder in Kontakt mit Wehrmachtssoldaten noch mit alten Männern des Volkssturms geraten, um ihre jugendliche Kampfmoral nicht zu gefährden, denn der Reichsführer SS weiß nur zu gut, dass zu diesem Zeitpunkt die erfahrenen Soldaten kaum Siegeswillen ausstrahlen.

Am südlichsten Zipfel in Altdamm sind die 150 Jungen der 3. Kompanie des Alarm-Bataillons passend stationiert. Werner wird hier mit seinen Kameraden als Rottenführer und Zugmelder der 4. Gruppe des 3. Zuges am Karabiner und Maschinengewehr ausgebildet. Dass die Sowjetarmee unmittelbar auf sie zurückt, hören die jungen Soldaten am sich nähernden Artilleriefeuer. In letzter Minute kann Kompanieführer Rossdeutscher seine völlig unerfahrenen Schützlinge davor bewahren, an dieser Stelle sofort geopfert zu werden. Er erwirkt bei Schwede-Coburg eine Verlegung, wahrscheinlich weil der sowieso schon an einem anderen

Die Hitlerjungen um Werner werden in das neu gegründete Stettiner HJ Alarm-Bataillon Murswiek eingezogen.

tückischen Plan arbeitet. In der Nacht vom 6. auf den 7. März wird die Kompanie auf die Westseite der Oder an den sicheren nördlichen Rand Stettins bei Pölitz verlegt. Gerade noch rechtzeitig, denn Altdamm wird während schwerer Kämpfe bis zum 21. März von den Sowjets vollständig eingenommen. Die am dortigen Brückenkopf verteidigende 3. Panzerarmee unter dem Oberbefehl von General Hasso von Manteuffel verliert 12 000 Soldaten, 126 Panzer und 354 Geschütze. Manteuffel kann bei Hitler immerhin einen Abzug seiner restlichen Truppen auf die Westseite der Oder bewirken.

Die Soldaten in Rossdeutschers Kompanie werden in Pölitz unterdessen an der Panzerfaust und im Partisanenkampf ausgebildet. Schwede-Coburg hat angeordnet, die Jungen als Werwölfe hinter der Front einzusetzen. Werner erinnert sich an einen Besuch des Gauleiters in seinem Ausbildungslager: »Wir spielten ihm einen Überfall auf eine Nachschubkolonne hinter den feindlichen Linien vor. Ein Teil unserer Kompanie übernahm die Rolle der Feinde. Ich gehörte zu den getarnten Angreifern, die über die Kolonne herfielen. Ich erinnere mich noch bildlich an die Begeisterung des Gauleiters. Er sagte zu uns: *Das habt ihr sehr gut gemacht. Euch traue ich zu, einen russischen General im Hinterland des Feindes in seinem Befehlsstand auszuschalten.*«

Am 3. April wird Werners Kompanie im Dorf Ziegenort *(Trzebież)* zu einer Musterungskommission der Waffen-SS berufen. »Ich kam mir ja bereits wie ein Mann vor, aber bei der Begutachtung in der Turnhalle erschrak ich doch ziemlich, als ich bemerkte, dass ich als Einziger außer auf dem Kopf nirgendwo ein Haar am Körper hatte. Wieder machte mir meine physische Unterentwicklung einen Strich durch die Rechnung: Ich wurde ausgemustert. Ein paar der stärksten unserer Jungs erhielten Eignungspapiere für die Waffen-SS. Offenbar war man sich zu diesem Zeitpunkt nicht mehr im Klaren darüber, was man mit uns anstellen könnte. Selbst über unsere Zugehörigkeit herrschte Uneinigkeit. Der Kompanieführer erhielt Befehle von SS und NSDAP gleichzeitig. Und auch die Wehrmacht schaltete sich ein. Als Melder überbrachte ich eines Tages Rossdeutscher den Befehl einer Heeresdivision, in dem angekündigt wurde, dass man unsere Waffen einziehen müsse. So geschah es. Im Austausch erhielten wir russische Beutegewehre, für die die Wehrmacht keine Verwendung mehr hatte. Ich durfte mir an der Ausgabestelle eine italienische Maschinenpistole aussuchen. Wie man das Ding bedient, musste ich mir anschließend selbst beibringen; man hatte mir nur eingeschärft, darauf zu achten, dass immer ein leeres Magazin in der MPi steckte, da sich beim Marsch sehr leicht Schüsse lösen würden. Das war schon der beste Hinweis, denn einem anderen Jungen unserer Kompanie war das nicht gesagt worden, oder er hatte sich nicht daran gehalten. Er fuchtelte mit seiner MPi herum, worauf sich mehrere Schüsse lösten. Dadurch wurde einer unserer Kameraden, der vor ihm ging, sofort getötet. So elendig und unsinnig konnte man sterben.«

Am 14. April liegt Werners Kompanie im vorpommerschen Dorf Sommersdorf, und ihm fällt ein, dass der Ort Penkun, in den seine Mutter evakuiert worden ist, nur vier Kilometer entfernt ist. Er teilt das seinem Kompanieführer mit und bittet darum, einen Tag Urlaub zu bekommen, um sie zu sehen. Werner hat nicht daran gedacht, dass auf diese Weise seine Lüge auffliegt. Die getätigte Behauptung, dass er nicht wisse, wo seine Mutter sei, ist damit hinfällig. Doch der Kompaniechef, der innerlich längst verzagt, weist ihn zwar darauf hin, nimmt es ihm aber nicht mehr krumm. »Er bot mir sogar an, mich sofort zu entlassen, und erklärte erneut, dass ich immer noch nicht 16 Jahre alt und somit nicht wehrpflichtig war. Aber das Angebot lehnte ich entschieden ab. Meiner Mutter, die sich wahnsinnig über mein Erscheinen freute, teilte ich vorsichtshalber gar nichts mit von dem Entlassungsangebot, sodass ich am Abend wieder zurückkonnte, ohne bei ihr falsche Hoffnung zu wecken. Denn noch immer glaubte ich, eine wichtige Aufgabe im Kampf zu haben.«

Was sich indes für wirre Pläne um den Einsatz des Kinderbataillons spinnen, davon bekommt Werner als Kind nichts mit. Er erfährt es viel später aus den Aufzeichnungen von Rossdeutscher, der berichtet, am 19. April gemeinsam mit dem Führer der Nachbarkompanie Werner Stüwe zu einer Befehlsausgabe des Werwolf-Chefs und stellvertretenden Gauleiters Simon bestellt worden zu sein. Er schreibt:

Auf dieser Zusammenkunft gab ein Oberstleutnant die Anweisungen und drückte sich dabei so brutal aus, wie ich es bis dahin noch nicht einmal von der Waffen-SS gehört hatte: Der russische Angriff über die Oder sei zu erwarten. Wir hätten uns von der Front überrollen zu lassen und hinter den feindlichen Linien den Werwolf zu gründen sowie Verbindung mit anderen entsprechenden Gruppen aufzunehmen. Wir hätten Sabotageakte durchzuführen und uns aus den Beständen der von uns zu vernichtenden gegnerischen Nachschubeinheiten zu versorgen. Aus Tarnungsgründen dürften keine Gefangenen gemacht, also kein Gegner am Leben gelassen werden. Auch eigene Verwundete und Kranke, die wir nicht wegschaffen könnten, seien von uns, den Kompaniechefs, eigenhändig zu erschießen. Als ich fragte, was denn in solchem Falle mit den Mädchen geschehen solle, schrie er ekstatisch, für die gelte natürlich das Gleiche. Nach Schluss dieser widerlichen Veranstaltung gaben Werner Stüwe und ich uns draußen zum Abschied kopfschüttelnd die Hände und sagten, wir wüssten ja nun Bescheid. Er meinte das Gleiche wie ich: Spätestens von jetzt an hassten wir alles, was nur nach Goldfasan roch. Wir kannten nur noch ein Ziel: unsere Mädchen und Jungen möglichst unversehrt heimzubringen. […] Auf der geschilderten Befehlsausgabe und Lagebesprechung hatte man uns Ausweise übergeben, die besagten, dass wir berechtigt seien, zurückgehende Truppen, einschließlich Generäle, mit Waffengewalt zur Wiederaufnahme des Kampfes zu zwingen. Handschriftlich unterzeichnet von SS-Obergruppen-führer Berger und faksimile von Heinrich Himmler, Reichsführer der SS, Chef der deutschen Polizei.

Rossdeutschers Kompanie soll nach der Befehlsausgabe autark agieren und untersteht nicht mehr der Verantwortung Martin Bormanns oder Schwede-Coburgs, sondern nur noch der Himmlers. Rossdeutscher beschließt, sich dem mörderischen Befehl zu widersetzen, und entsagt sich der SS. Er unterstellt in Eigenverantwortung seine Kompanie dem Kommando eines Wehrmacht-Divisionsstabes der 3. Panzerarmee und erhält den Auftrag, am Ostrand des Randowbruches, 40 Kilometer westlich des bereits aufgegebenen und von der Roten Armee eingenommenen Stettins, eine Auffangstellung für zurückflutende Truppen einzurichten.

»Wir Jungen betrachteten uns alle als Angehörige der 3. Panzerarmee«, sagt Werner. »Obwohl wir nie reguläre Wehrmachtssoldaten geworden waren. Mit der Hitlerjugend aber wollten und konnten wir nichts mehr anfangen. Wir fühlten uns als richtige Soldaten, deren Befehl es war, zurückflutende Kameraden anderer Einheiten in unserer Kompanie aufzunehmen und mit ihnen eine Nachschublinie oder eine zweite Verteidigungslinie zu bilden. So lautete der Auftrag, und wir alle waren bereit zu kämpfen. Solange der Russe noch nicht zu sehen war, hielten wir uns in unserem Waldlager auf. In der Nähe des Dorfes Karlsberg hatten wir Zelte aufgestellt und uns eingerichtet. An einem Tag übten wir auf einer Wiese gerade den Wurf mit Eierhandgranaten, als plötzlich der Kompaniechef mit seinem Krad angefahren kam und rief: *Sofort aufhören und Stellung beziehen. Dabei möglichst keinen Lärm machen. Die Russen sind bereits im Wald!*«

Als Melder beordert Rossdeutscher Werner auf den Beifahrersitz seines Krads und fährt mit ihm etwa zwei Kilometer weit bis in den Ort Karlsberg, wo die vier BDM-Mädchen der Kompanie untergebracht sind. Werner erhält den Auftrag, sie zum Waldlager zu überführen; Rossdeutscher selbst fährt voraus, um die Kompanie in Stellung zu bringen. »Als er weg war, gerieten die Mädchen in Panik«, erzählt Werner. »Anscheinend vertrauten sie mir nicht trotz meiner Maschinenpistole und der Eierhandgranaten, die ich dabeihatte. Während des Marsches durch den Wald fragten sie mich immer wieder, ob ich wirklich sicher sei, den richtigen Weg eingeschlagen zu haben. Wir brauchten nicht lange, ich brachte alle unbeschadet in die Auffangstellung. Unsere 150 Soldaten hatten sich hier im Schutz von Bäumen in Gräben gelegt und beobachteten die Kämpfe um das Dorf Wartin.«

Werner und eine Handvoll Kameraden bieten an, sich als vorgeschobene Beobachter auf dem Gelände zwischen Auffangstellung und Front zu positionieren, um die Truppenbewegungen des Feindes auszukundschaften. Werner versteckt sich mit seinem Feldstecher auf einem Baum. »Von da oben sah ich gleich einen Soldaten auf uns zukommen. Ich beobachtete ihn genau, während ich ihn rankommen ließ. Ein Russe war es nicht, da kam ein Deutscher. Ich konnte die Uniform erkennen, SS, der Kragenspiegel, Untersturmbannführer, er war nicht bewaffnet, hatte aber eine Pistole in der Tasche der Koppel. Ich inspizierte die Uniform genau, ob alles da saß, wo es hingehörte. Wir waren gewarnt worden, dass russische Aufklärer als Deutsche getarnt in die Stellungen kommen könnten. Wenn wir einen solchen Agenten ausfindig machen sollten, hätten wir ihn sofort zu erschießen, hieß es. Ich war nervös, sprang vom Baum, als er noch ein paar Hundert Meter weg war, und richtete meine MPi auf ihn. *Halt! Stehen bleiben,* schrie ich, und als ich das tat, erschreckte ich mich über mich selbst. Dieses Mal war es meine kindliche Stimme, die ich hörte. Würde der Mann mich überhaupt ernst nehmen? Wie wirkte ich auf ihn? Ich rief ihm schnell nach, ich sei nicht alleine, sondern habe eine kampfbereite Kompanie hinter mir stehen. Der Untersturmbannführer nahm mich ernst, behauptete, dass er zu einer von Russen aufgeriebenen SS-Einheit gehöre und Anschluss an eine neue deutsche Truppe suche. Er sprach deutsch, sah deutsch aus, seine Uniform saß akkurat. Ich ließ ihn passieren, wies ihn an, einen Bogen um mich zu machen und dann zur Stellung zu laufen.«

Rossdeutschers Kompanie wächst stündlich. Neben einzelnen Soldaten finden ganze Gruppen ihren Weg in die Auffangstellung. Erst kommt ein MG-Trupp einer Marine-Felddivision, dann eine Gruppe Waffen-SS-Soldaten. »Es waren keine Deutschen«, erzählt Werner. »Man sagte Beute-SS zu ihnen. Sie waren Letten, Esten und Litauer und hatten keine Lust mehr zu kämpfen, unterhielten sich nur in ihren Sprachen und sammelten sich ein paar Hundert Meter abseits von uns in einem Schafstall. Die Soldaten schienen verängstigt und leichtsinnig zu sein.«

Kurz vor Anbruch der Abenddämmerung wird die Auffangstellung von einem russischen Geschütz entdeckt und gerät unter heftigen Granatwerferbeschuss. Den Schafstall, in dem die SS-Männer Unterschlupf gefunden hatten, erwischt ein Granatvolltreffer. Alle sind auf der Stelle tot. Ein Granatsplitter zerfetzt das Bein eines 60-jährigen Volkssturmmannes, der sich mit zwei Kameraden ebenfalls in die Stellung geflüchtet hat. Seine Schreie sind ohrenbetäubend, ein Sanitäter ist nicht anwesend. Er fleht seine Kameraden an, ihn von seinem Leid zu erlösen. Sie zögern. Der SS-Mann, den Werner vor ein paar Stunden zur Stellung geführt hat, bekommt die Szene mit, zieht seine Pistole und schießt dem Volkssturmmann aus wenigen Zentimetern Entfernung in den Kopf. Dann geht er wieder in Deckung. Kurz darauf können zwei Baumbeobachter, die Rossdeutscher erst Augenblicke zuvor in den Umgang eines Gewehres mit Zielfernrohr eingewiesen hat, die Granatwerferstellung ausfindig machen und ausschalten.

Der nächste Beschuss erfolgt nicht mit Granaten, sondern mit Papier: »Es war schon dunkel«, erzählt Werner. »Und die Flugblätter regneten zwischen den Baumkronen auf uns herab. Sie wurden von sowjetischen Flugzeugen mit abgeschaltetem Motor abgeworfen. Sie segelten über uns, wir hatten sie gar nicht wahrgenommen. Die Zettel machten uns neugierig. Auf der Vorderseite waren Passbilder von gefangen genommenen Generälen und hohen Offizieren abgebildet, die in einem Text auf der Rückseite alle deutschen Soldaten dazu aufforderten, überzulaufen. Natürlich hielten wir das genauso für Lügenpropaganda wie die Aufforderung über Lautsprecher, dass wir uns ergeben sollten. Irgendwo in der Nähe hatte sich ein Propagandatrupp verschanzt. Niemanden ließ das Gebrabbel darüber, dass es genug zu essen gebe und man deutsche Soldaten anständig behandele, schwach werden.«

Der Roten Armee will sich kein deutscher Soldat ergeben, aber an diesem Ort bleiben auch nicht. Rossdeutscher beschließt am 26. April auf eigene Verantwortung, seine Kompanie in Sicherheit zu bringen und nicht als Nachhut in die Kämpfe zu schicken, weil, so schreibt der Leutnant in seinen Erinnerungen: *sich niemand [von den aufgesammelten Soldaten] an unseren Gefechten beteiligt hatte und deren Art schon an Flucht grenzte. […] Ich hatte keine vorgesetzte Dienststelle mehr und keine taktischen Nachbarn, keine Versorgung und keine Entsorgung. Dafür aber einen mörderischen Auftrag mit halben Kindern (…)*

Der Entschluss zum Rückzug kommt buchstäblich in letzter Minute. An jenem 16. April gelingt der Roten Armee nur einige Kilometer nördlich von Werners Auffangstellung bei Schmölln der operative Durchbruch nach Vorpommern und Mecklenburg, wo sie Manteuffels 3. Panzerarmee bis zum 5. Mai einholen und schlagen wird. Rossdeutscher zieht mit seiner Einheit Kindersoldaten und vier BDM-Sanitätsmädchen, die auf einer Kutsche mitfahren, durch das Randow-Sumpfgelände in Richtung Westen und hofft, sich mit den anderen Kompanien des Alarmbataillons vereinen zu können. Teilmotorisierte Truppen der Sowjetarmee haben seine Einheit bald eingeholt und drängen sie westlich nach Neustrelitz ab. Es sind aber nur schwache Kräfte. Rossdeutschers Weg führt genau durch die Mitte eines russischen Stoßkeiles. Den Jungen seiner Kompanie gelingt es sogar, mit einer von anderen Truppen zurückgelassenen PAK zwei Panzer abzuschießen. »Wir hatten die Russen immer im Nacken«, erinnert sich Werner. »Wir liefen natürlich nur auf Feldwegen und abgelegenen Straßen und hatten ein enormes Tempo drauf. Wir mussten es vermeiden, durch Dörfer zu marschieren, aber manchmal ging das nicht anders, weil wir essen und unsere Feldflaschen füllen mussten. An den Ortseingängen sahen wir nun vermehrt aufgehängte Soldaten baumeln, junge Kerle, wie wir es waren. Sie trugen Schilder um den Hals, die sie als Deserteure oder Feiglinge auswiesen. Der Krieg wurde ekelig an dieser Stelle. Ich erinnere mich an ein völlig überfülltes Dorf, in dem wir gerade kampierten, als es von Jagdbombern angegriffen wurde, die uns mit Leuchtspur- und Sprengmunition beschossen. Aus der Deckung beobachtete ich, wie die Geschosse auf der Straße zerplatzten wie Silvesterkracher. Nach dem Angriff machten wir, dass wir sofort rauskamen und weitermarschierten. Das Dorf glich einem Schlachtfeld, tote Menschen und Tiere lagen auf dem Boden, Häuser und Scheunen brannten.«

In der Stadt Goldberg am Drewitzer See lässt Rossdeutscher seinen abgekämpften Haufen antreten und verkündet trocken, er habe erfahren, dass Hitler gefallen sei. »Er enthob uns des Eides, den wir auf den Führer geschworen hatten, und stellte uns frei, selbstständig weiterzuziehen«, erzählt Werner. »Wir sollten in kleinen Gruppen versuchen, uns bis in englische oder amerikanische Gefangenschaft durchzuschlagen. Der Krieg war für uns aus. Die meisten Jungen und auch die vier Mädel zogen mit Rossdeutscher weiter. Mein Freund Klaus und ich wollten das nicht, schließlich waren wir eben erst Soldaten geworden, und nur weil Hitler tot war, sollte das ja nicht heißen, dass der Krieg aus ist. Wir liefen mit unseren Waffen durch die Wälder. Auf einer Lichtung fanden wir einen verlassenen Lkw. Darauf stand eine riesige Kiste mit nagelneuen Eisernen Kreuzen. Da sich das Fahrzeug in Schräglage befand, waren Dutzende Orden in Staub und Schlamm gefallen. Dieses Bild nahm ich später für mich als symbolischen Untergang des Dritten Reiches wahr. Aber an jenem Tag, es war der 3. Mai 1945, dachte ich nicht so weit. Klaus und ich schlossen uns der nächsten Wehrmachtseinheit, die wir fanden, wieder an. Ich erinnere mich daran, wie ich beim Waffenreinigen in einer Scheune meine MPi sauber gemacht hatte und dann laut ausrief, dass die Russen ja nun endlich kommen könnten. Die erwachsenen Soldaten um uns herum waren klüger und hatten wohl schon andere Pläne. Ein Landser ermahnte mich, dass ich mir so was besser nicht wünschen sollte. Ich muss einen unglaublich naiven Eindruck auf diese erfahrenen Kämpfer gemacht haben. Für sie war ich ein Kind. Ein anderer Soldat bot mir während des Marsches immer wieder an, mal meine MPi zu tragen, um mir Erleichterung zu verschaffen. Ich lehnte mehrmals ab, gab sie ihm aber schließlich doch. Ausgerechnet da kreuzte eine Kompanie SS-Soldaten unseren Weg. Das Gelächter der Männer war mir unglaublich peinlich. Einer rief: *Seht euch mal den kleinen Soldaten an, der nicht einmal seine Waffe selber tragen kann!*«

Schließlich sammeln sich Werner und Klaus bei einer größeren motorisierten Einheit der Wehrmacht. Sie werden auf Lastern mitgenommen und fahren in langer Kolonne – was die beiden Jungen auf dem Wagen nicht ahnen – bei Bad Kleinen, nördlich des Schweriner Sees, direkt in englische Gefangenschaft, wie es Generalmajor Burkhart Müller-Hillebrand, Stabschef der 3. Panzerarmee, und General Kurt von Tippelskirch, Oberbefehlshaber der 21. Armee, mit den Amerikanern und Briten vereinbart haben. 250 000 bis 300 000 Soldaten entkommen so der sowjetischen Gefangenschaft.

Über Umwege, lange Märsche in Gefangenenkolonnen landen Klaus und Werner letztlich in Gadebusch, wo sie fest interniert werden sollen. Kurzerhand überlegen sie es sich anders, kapseln sich vor Überführung in das Lager von der Gruppe ab und entledigen sich ihrer Uniformen. Von nun an sind sie Zivilisten. Sie wandern weiter ohne festes Ziel, als sich ihnen ein ausgemergelter Mann mit kahl geschorenem Kopf und Sträflingskleidung anschließt. Er bittet um Zigaretten, die er nach seinen Aussagen jahrelang nicht mehr geraucht habe. Er bekommt welche und stellt sich als ostpreußischer Kommunist vor, der viele Jahre in einem Konzentrationslager verbracht habe. Er will nicht im Westen bleiben, sondern über die Demarkationslinie auf die russisch besetzte Seite. Das reizt Werner und Klaus auch, liegt doch ihr Heimatort dort. Der Gefangene versichert, sie hätten nichts Schlimmes zu befürchten von den Russen, und so laufen sie mit. Die Jungen geraten schließlich in russische Zivilgefangenschaft und haben am Ende Glück, dass sie nicht dafür ausgewählt werden, als Deportationsverschleppte in ein sowjetisches Lager verschickt zu werden. In Güstrow werden sie entlassen. Klaus erfährt, dass Mutter und Bruder aus Stettin nach Klein Zastrow geflüchtet sind. Dorthin marschieren sie, und Werner hält sein Versprechen, der Pflegemutter ihren geliebten Sohn wiederzubringen. Er bleibt ebenfalls bei ihr. Von seiner Familie gibt es keine Spur in Stettin, in das Werner mehrmals reist, um etwas über ihr Schicksal zu erfahren. Erst Ende 1946 erfährt er, dass Mutter und Geschwister in einem dänischen Flüchtlingslager leben, wohin sie die Flucht verschlagen hat. Noch können sie das Lager nicht verlassen, aber sie schreiben von dort aus und schmieden

Pläne für die Zukunft. Mit seiner Pflegefamilie flüchtet Werner 1947 in den Westen und landet in einem Auffanglager bei Bielefeld. Er kann zunächst als Landarbeiter Geld verdienen und später sein Abitur nachholen. 1948 kommen auch Werners Mutter und seine Brüder endlich nach Bielefeld, mit ihm beziehen sie eine Flüchtlingsunterkunft. Werner besucht eine pädagogische Akademie und kann danach als Volksschullehrer wie einst sein Vater arbeiten. 1959 studiert er Germanistik und Latein an der Universität Marburg und promoviert anschließend. Später arbeitet er als Deutschlehrer am Gymnasium und nimmt ab 1971 einen Lehrstuhl für Didaktik und Methodik des Deutschunterrichts an der Pädagogischen Hochschule in Karlsruhe an. Hier lernt er seine Frau kennen, lässt sich in Busenbach nieder und bekommt zwei Kinder.

Werner über freiwilligen Fronteinsatz

Ich muss heute zugeben, dass ich ein Kindskopf war. Ich habe mich freiwillig gemeldet, weil ich nicht mehr immer hintanstehen wollte. Ob in der Schule oder in der HJ, ich wurde als Kleinster und vermeintlich Schwächster überall abgelehnt. Als Jüngster meiner Klasse durfte ich schon nicht zu den Luftwaffenhelfern gehören. Als mich dann sogar zunächst das HJ-Bataillon abgewiesen hat, reichte es mir. Alles, was ich mir noch vornahm, war, nicht alleine übrig zu bleiben. Ich wollte endlich gebraucht werden. Dabei spielte zu keiner Zeit Hitler oder seine Ideologie eine Rolle für meine Entscheidung. Ganz sicher aber der Gedanke, dass es darum ging, die Heimat zu verteidigen. Ich bildete mir ein, ich könnte einen Teil dazu beitragen, mein Land zu beschützen, deutsche Frauen vor Übergriffen der russischen Soldateska zu bewahren und ihnen zur Flucht zu verhelfen. Dafür hätte ich alles getan. Das Unrecht konnte ich damals nur beim Feind erkennen.

Werner über zeitgenössisches Holocaustwissen

Über den Holocaust, wie wir ihn heute kennen, habe ich natürlich erst einige Zeit nach dem Krieg erfahren. Während meiner Kindheit im Dritten Reich wusste ich so viel, dass Juden in Deutschland nicht erwünscht waren und sie deshalb massenweise auswanderten. Ich habe aber auch nie einen Juden gekannt. Ich machte mir also darüber keine Gedanken, weil ich dachte, alles würde schon seine Richtigkeit haben. Zum ersten Mal überhaupt ins Grübeln über die Schattenseiten des Dritten Reiches kam ich, als wir unserem rauchenden Kommunisten begegneten, der einem KZ entflohen war. Er bemerkte, dass wir ziemlich erschrocken auf ausgemergelte Häftlinge in Sträflingskleidung reagierten, die wir während des Marsches zurück in den Osten in manchen Gegenden sahen. In einem Schweinestall im mecklenburgischen Roggendorf nahm er uns Anfang Mai beiseite und erzählte uns, dass es in Polen Lager gegeben hätte, in denen sich Menschen, die in den Augen der Nazis nichts wert waren, systematisch zu Tode arbeiten mussten. Man hätte sie dort absichtlich und elendig verrecken lassen. Das schockierte mich zutiefst, aber ich verdrängte die Gedanken, weil ich den ganzen Tag noch damit zu tun hatte, mich selbst zu retten. Man kann aber durchaus sagen, dass es dieser Moment war, an dem ich begann, mich charakterlich von einem naiven, manipulierbaren Jungen zu dem kritisch denkenden, skeptischen Zeitgenossen zu entwickeln, der ich heute bin.

HEINZ:
TODESZUG 514

Heinz ist traurig darüber, dass die Einschränkungen der Corona-Pandemie den Besuch eines Spiels seines Lieblingsklubs nicht zulassen. Über 60 Jahre ist er ehrenamtlich aktiv für seinen SV Bergisch Gladbach 09 und hat vermutlich 2000 Spiele live gesehen. Auch für seinen zweiten Verein, den er im TV verfolgt, läuft es im Frühjahr 2021 schlecht wie nie. Der Abstieg des FC Schalke 04 aus der Bundesliga ist unvermeidlich. »Der Verein hatte so glorreiche Zeiten«, sagt Heinz. »Als kleiner Junge habe ich schon mitgefiebert vor dem Radio in der Dorfwirtschaft. Im Westen und besonders bei Schalke haben viele unserer Schlesier gespielt.« Auch die jährliche Fahrt in seine alte Heimat, die er regelmäßig mit Ehefrau und Freunden antritt, fällt aufgrund der Pandemie zum zweiten Mal aus. »Aber wir holen das alles nach.« Heinz redet nicht gerne über Negatives, doch das bleibt garantiert nicht aus, wenn er über seine Erlebnisse im Zweiten Weltkrieg spricht. Und er weiß genau, wie wichtig es für andere ist, dass er darüber nicht schweigt. Nur seine größte Kindheitsverletzung soll privat bleiben. So viel verrät er, dass er seine Eltern nie kennengelernt hat. Geboren wird Heinz 1929 im niederschlesischen Groß-Moh-

Heinz (vorne, r.) wächst in Groß-Mohnau im Landkreis Breslau auf.

nau *(Maniów Wielki),* eine von 180 Landgemeinden des Landkreises Breslau, das 30 Kilometer entfernt liegt. Er wächst bei seiner kinderlosen Tante und seinem Onkel auf, der sich als Viehhändler verdingt.

Heinz besucht die örtliche Volksschule, als er mit zehn Jahren dem Jungvolk beitritt. Der Dienst findet in der Schule und auf dem Sportplatz statt. Heinz spielt Fußball in einer Fähnlein-Mannschaft. Der Rasenplatz in Groß-Mohnau verfügt schon über Tornetze – eine Besonderheit in Schlesien. Dort entdeckt er seine Leidenschaft für die Ballsportart, die ein Leben lang halten wird. Die Hitlerjungen spielen gegen Herren-Mannschaften aus der Gegend. »Ich war Läufer in der Hintermannschaft«, erzählt Heinz. »Damals gab es noch keine taktischen Aufstellungen wie heute. Viel los war in unserem Dorf sonst nicht, außer dass wir einen Militärflughafen hatten. Am Vorabend des Zweiten Weltkriegs landeten dort 27 Flugzeuge, Messerschmitt und Junkers. Wir Kinder haben in den nächsten Tagen begeistert zugeschaut. Von den Feldern aus haben wir die Starts Richtung Polen beobachtet und die Landungen, wenn sie die Bomben abgeladen hatten. Wir haben sie jedes Mal gezählt. Es sind immer alle zurückgekehrt, nur einmal war eine Tragfläche beschädigt. So hatten wir kaum Sorge, dass wir den Krieg nicht schnell gewinnen würden.«

Nach Beendigung der Volksschule besucht Heinz die Oberschule in Kanth *(Kąty Wrocławskie),* eine von zwei Stadtgemeinden des Landkreises Breslau, die elf Kilometer vom Heimatort entfernt liegt. Dort wohnt er im Winter in Pension bei einer Tante, im Sommer macht er den Weg mit der Bahn. In der Zeit besucht er auch die Hitlerjugend in Groß-Mohnau, allerdings mit wenig Enthusiasmus. Den Hitlergruß verweigert er, wo es geht. Das fällt auf. Im Frühjahr 1944 gerät er an den Falschen. Der stellvertretende Ortsgruppenleiter ist der größte Nazi im Dorf und außerdem Bäcker und Besitzer eines Kolonialwarengeschäfts. Eines Tages erwidert Heinz bei dem Betreten des Geschäfts den *Heil-Hitler*-Gruß des Inhabers frech mit einem *Guten Tag!* »Da ist er völlig ausgeflippt«, erzählt Heinz. »Er hat getobt und mir angedroht, dass mir das bald sehr leidtun würde. Und er hat seine Drohung wahr gemacht. Im Mai 1944 erhielt ich per Brief Befehl, dass ich im Rahmen der Hitlerjugend zu einer Feldscher-Ausbildung einberufen würde. Damit war die Schule für mich beendet. Da es keinen anderen Jungen traf, war mir sofort bewusst, dass das auf die Kappe unseres Dorfnazis ging. Später ist mir das von seinem Lehrling bestätigt worden, der den Vorgang mitbekommen hatte. Er hat mich also der Partei gemeldet, wohl im Wissen, dass ich keinen starken familiären Halt hatte. Ich trat meine Strafe im Lager Sonnenland an, einer ehemaligen Jugendherberge in der Nähe von Breslau *(Wrocław),* wo ich mit anderen Hitlerjungen in einem Bettenhaus gewohnt habe, das direkt an der Oder lag.«

Ausgebildet wird die Gruppe von etwa 20 Teilnehmern von Sanitätern, die sie in Anatomie, Erste Hilfe und Verbandslehre unterrichten. Schwerpunkte liegen dabei auf Schuss- und Brandverletzungen. Die Ausbildung dauert sechs Wochen. Anfang Juli erhält Heinz sein Ärmelabzeichen für HJ-Feldscher. Direkt im Anschluss wird er nach Hirschberg *(Jelenia Góra)* im Riesengebirge zu einem Wehrertüchtigungslager der HJ eingezogen. »Wir wohnten in einer Gastwirtschaft, wieder so etwa 20 Jungen, und wurden gründlich infanteristisch ausgebildet, erst am Karabiner 98k und dann am Maschinengewehr. Das war schon aufregend und spannend, mit dem MG 42 zu schießen. Das gab einen sagenhaften Rückstoß. Man wechselte sich immer ab, einer schoss, der andere trug Patronengürtel und lud nach. Außerdem hatten wir oft Unterricht im Stielhandgranatenwurf und im Panzerfaustschießen. Wir haben mal mit Platzpatronen und mal mit echter

Munition geschossen. Die Granaten waren selbstverständlich immer scharf. Uns war klar, dass wir für die Front ausgebildet werden. Aber ich habe mich trotz des Drills gut und aufgehoben gefühlt. Das lag ganz sicher an unserem Lagerleiter und Ausbilder, einem Feldwebel. Er hat uns Jungen mit Respekt behandelt und war wie ein Vater für uns. Besonders gefallen hat mir ein Spruch, den er gerne von sich gab: *Jungs, wir machen unsere Arbeit, das andere macht der liebe Gott.* Er sprach nie vom Führer. Eines frühen Morgens Mitte Juli hat er uns mit großem Getöse geweckt und verkündet, dass er mit uns an die polnische Grenze zum Arbeitseinsatz verlegt wird.«

Heinz' HJ-Zug wird Mitte Juli 1944 erst in Festenberg *(Twardogóra),* dann in Neumittelwalde *(Międzybórz)* dazu abkommandiert, Unterkünfte für das *Unternehmen Barthold* – so der nach einem schlesischen Romanhelden benannte Deckname für den Aufbau einer Verteidigungslinie im Großraum Breslau – zu bauen. »Wir waren sozusagen die Vorhut für über 20 000 zu erwar-

Schießtraining im Wehrertüchtigungslager

tende Hitlerjungen. Wir haben ohne Ende Zelte aufgestellt, Klassenzimmer hergerichtet, Betten gebaut, Strohsäcke gefüllt. In zwei Sälen des Amtsgerichtes Neumittelwalde haben wir ein Lazarett eingerichtet, Gerichtsakten ausgelagert und verladen, medizinisches Material, das vom HJ-Bann Breslau kam, eingelagert.«

Die Planung und Durchführung des Unternehmens Barthold obliegt der Organisation Todt (OT), eine 1938 gegründete paramilitärische Bautruppe, benannt nach ihrem Führer Fritz Todt. Zum Bau der Verteidigungslinie aus tiefen Panzer- und Schützengräben werden aus schlesischen HJ- und BDM-Verbänden alle Jugendlichen der Jahrgänge 1929 und 1930 zum Schanzen verpflichtet. Heinz hat zwischen Unterkunftsbau und Einberufung zum Unternehmen Barthold zwei Wochen Urlaub. Ende August 1944 muss er sich in Goschütz *(Birawa)* bei Festenberg einfinden, zusammen mit seinen ehemaligen Kanther Klassenkameraden, für die nun ein halbes Jahr nach Heinz die Schule ebenfalls beendet ist. »Der Stellungsbau war wirklich eine Schufterei«, sagt Heinz. »Bis zu sechs Meter breite und fünf Meter tiefe Panzergräben mit Hacke, Pickel und Schaufel ausheben, dahinter Schützengräben und Verbindungsgänge anlegen, Flandernzaun und Stacheldrahtverhau davorstellen, Bunker aus Betonfertigteilen bauen, Maschinengewehrnester errichten. Wir haben geschwitzt ohne Ende. Manchmal mussten wir den harten Boden aufsprengen, immer wieder standen wir knietief im Wasser. Wenn die blaugrauen Anzüge, die wir bekommen haben, und die Hemden mal trockneten, wurden sie ordentlich steif. Wirklich unangenehm. Dazu der elende Flohbefall. Gewohnt haben wir in Baracken, die vier Kilometer von der Stellung entfernt lagen. An- und Abmarsch waren in unseren Achtstundentag nicht mal eingerechnet. Abends war man total im Eimer. Toiletten gab es nicht. Für die Notdurft haben wir uns ein Loch gebuddelt und Donnerbalken drübergelegt. Eine Wasserpumpe zum Waschen gab es im Hof. Nachts hatten wir zusätzlich Wachdienst in Schichten, da man höllisch wegen Partisanenangriffen aufpassen musste. Das Essen aus der Gulaschkanone reichte nicht. Wir haben uns deshalb riesig über Fresspakete von zu Hause gefreut, die wir kameradschaftlich geteilt haben. Freizeit bekamen wir so gut wie gar nicht.«

Abwechslung erhalten die Schanzer einmal wöchentlich, wenn nach der Arbeit Wehrertüchtigung mit Schießübungen auf dem Programm stehen. Mehrfach kommen außerdem Werber der Waffen-SS in das Lager, um zu rekrutieren. Ende Dezember 1944 werden die Jugendlichen, die wegen der kalten Jahreszeit zusätzlich mit penetranten Erkältungen zu kämpfen haben, entlassen. Heinz kann mit Tante und Onkel in Groß-Mohnau Weihnachten feiern. Pünktlich zum Ende der Weihnachtsferien wird er am 2. Januar zusammen mit anderen niederschlesischen Jungen seines Jahrgangs zu einem weiteren Arbeitseinsatz nach Breslau eingezogen. Die zur Festung erklärte Stadt bereitet sich militärisch auf den unmittelbar bevorstehenden Sturm der Roten Armee vor.

In Kompaniestärke wird Heinz zusammen mit 180 Hitlerjungen in der Yorckschule untergebracht. Die Front ist ganz nahe. Abends hören die Jungen in ihren Dreistockbetten den Geschützdonner. Tagsüber bilden sie ein Räumkommando, schleppen Steine und schippen Schutt beiseite, weil der niederschlesische Gauleiter und ernannte Kampfkommandant der Festung Breslau, SS-Obergruppenführer Karl Hanke, Häuser sprengen lässt, um übersichtliche Kampfräume zu gestalten und eine Landebahn für Militärflugzeuge mitten in der Stadt anzulegen. »Wir waren gerade mal acht Tage da, da wurden wir gegen Mitternacht geweckt und um drei Uhr morgens zum Abmarsch befohlen«, sagt Heinz. »Das war etwas ungewöhnlich. Es hieß, wir sollten eine neue Stel-

Anfang 1945 ziehen sich deutsche Truppen auf Breslau zurück.

lung an der Autobahn in Kanth beziehen. Wir sind aus Sorge vor Tieffliegern nachts marschiert, bei minus 20 Grad. Es war eine einzige Tortur.«

Offenbar ist sich die Naziführung zu diesem Zeitpunkt nicht darüber einig, wo und wie man die *Bartholder* des Jahrgangs 1929 einsetzen kann. Das hat auch damit zu tun, dass aufgrund eines nicht vorhergesehenen Kampfes auf deutschem Reichsgebiet keine klaren militärischen Führungsinstanzen definiert sind. Theoretisch untersteht die Wehrmacht plötzlich den Weisungen der Gauleiter. Wieder gibt es ein Gerangel um die jüngsten Kämpfer. Während Wilhelm Keitel als Chef des Oberkommandos der Wehrmacht den Jahrgang 1929 am liebsten direkt in die Wehrmacht aufnehmen will, beharrt Martin Bormann darauf, sie als Volkssturmmannen einzusetzen. Dabei ist man sich bis zuletzt nicht mal einig, wie und ob Wehrmacht und Volkssturm in Niederschlesien zusammen befehligt werden können.

Ein Unteroffizier in Kanth teilt den aus Breslau ankommenden Hitlerjungen mit, dass sie Anfang März mit einer Einberufung nach Lorzendorf *(Woskowice Małe)* zu rechnen haben, wo sie dann eingekleidet und bewaffnet werden sollten. Es scheint vorgesehen, dass die Schanzer ihre selbst ausgehobenen Stellungen verteidigen müssen. »Bis dahin sollten wir nach Hause gehen und uns freiwillig für den Volkssturm melden«, erzählt Heinz. »Wir kamen ja alle aus Kanth und Umgebung und haben uns also auf die Heimatdörfer verteilt. Ich marschierte mit zwei Groß-Mohnauer Kameraden, Norbert und Heinz, los. Zu Hause kriegten wir sofort mit, dass die Soldaten, die bei uns im Dorf stationiert gewesen waren, mit ihrem Panzer, der in der Dorfmitte gestanden hatte, abgezogen waren. Die Flak war auch weg, genauso wie der stellvertretende Ortsgruppenleiter, dem ich den Gruß verweigert hatte. Es schien alles in totaler Auflösung zu sein. Jedenfalls war Groß-Mohnau unverteidigt, und wir waren inzwischen gut an den Waffen ausgebildet worden. Also meldeten wir uns im Rathaus und erhielten Karabiner. Zusammen mit drei älteren, kampferfahrenen Männern bildeten wir dann auf Weisung des Bürgermeisters eine Groß-Mohnauer Volkssturmgruppe. Dienststelle und Quartier war eine Gastwirtschaft. Unsere einzige Aufgabe hieß: Tag und Nacht Streife laufen. Immer ums Dorf rum, an den Ausfallstraßen nach Osten und Westen und in den Wäldern und Feldern drum herum. Ab und zu gab es einen Austausch zu den Volkssturmgrüppchen der anderen umliegenden Gemeinden. Bei uns war Krieg im ganz Kleinen. Als am 17. Februar die große Festung Breslau zusammenbrach, gab auch unser Bürgermeister Fluchtbefehl für die Bevölkerung. Mit Ausnahme des Volkssturms natürlich. Wir sollten bleiben und gegen die Russen verteidigen. Im Dorf haben die etwa 150 Leute, die noch da waren, fast sämtlich Frauen, Kleinkinder und Greise, zusammengepackt und ihre Pferdefuhrwerke beladen. Wir haben den Wahnsinn erkannt und nicht eingesehen, im Dorf zu bleiben, um mit Karabinern gegen anrückende Panzerkolonnen zu kämpfen. Also sind wir einfach hinterhergegangen. Was hätte der Bürgermeister machen sollen? Wir hatten schließlich die Gewehre. Sollte er doch froh sein, dass wir seinen Treck bewaffnet begleiteten. Unterwegs wurden wir von Tieffliegern angegriffen, konnten uns aber alle in Sicherheit bringen. Nur ein paar Pferde haben wir verloren. Ab da hielten die Leute ein Weitergehen auf der Straße für zu gefährlich. Es wusste ja eh keiner, wohin, und die Russen hätten uns sowieso eingeholt. Es blieb uns nichts anders übrig, als zu warten und das Beste zu hoffen. Wir haben uns in Ställen im Dorf Beutengrund *(Bartnica)* einquartiert, ganz nah an der Grenze zum Protektorat Böhmen und Mähren. Da war natürlich viel zu wenig Platz.«

Aufgrund der Aussichtslosigkeit und der Tatsache, dass es kaum eine Rolle spielt, wo sie von der Sowjetarmee überrascht werden, kehren einige Groß-Mohnauer um und laufen ins Heimatdorf zurück. Heinz und seine Verwandten bleiben, Norbert und der andere Heinz ebenfalls. Sie freunden sich mit ein paar weiteren Jungen in ihrem Alter aus dem Ort an; darunter ist auch Artur, der Sohn eines Gastwirtes. »Am 7. Mai zog noch eine Gruppe deutscher Soldaten durch Beutengrund«, erzählt Heinz. »Sie riefen uns zu, sie hätten ganz in der Nähe hinter der Grenze erstklassige Militärpferde zurückgelassen, die wir uns holen könnten, um sie wirtschaftlich zu nutzen, damit zu flüchten oder was immer wir vorhätten. Sie beschrieben uns die Stelle genau. Dann ging alles ziemlich schnell. Der erste Sowjetsoldat kam am 8. Mai von der Anhöhe mit einem Fahrrad ins Dorf gefahren, ein deutsches Mädchen saß auf seinem Lenker. Ihm folgten weitere Russen. Sie guckten in jedes Haus, sammelten Stiefel und Uhren ein. Einer hatte beide Arme bis oben hin mit Armbanduhren verbunden. Ich besaß keine Uhr. Zum Glück hatten wir in weiser

Voraussicht unsere Waffen schon vor einigen Tagen im Wald vergraben. Nachmittags kamen die nächsten Russen, sie waren betrunken, schossen um sich. Ich konnte mit meinen Freunden gerade noch in ein Feld springen. Wir haben uns platt auf den Boden gelegt. Es war schrecklich. Aus der Deckung sahen wir, wie sie Frauen und Mädchen aus Häusern und Ställen zerrten. Ich habe gesehen, wie sie mitten auf dem Weg über sie hergefallen sind. Ich weiß nicht, ob jemand versucht hat, ihnen zu helfen; auf jeden Fall schossen sie plötzlich wieder um sich. Wir sind um unser Leben gerobbt, immer nach vorne, dann auf der anderen Seite aus dem Feld raus und immer weitergelaufen, bis wir an einer Scheune ankamen, wo wir uns bis zum nächsten Tag versteckt hielten. Dann sind wir wieder, jeweils zu zweit, zurückgegangen.«

Im Dorf herrscht eine bedrückende, verzweifelte Stimmung. Etliche Frauen sind vergewaltigt worden, aus Scham und Schock sprechen sie nicht darüber. Getötet haben die Russen aber keine von ihnen. »Artur hat mich an dem Tag gefragt, ob ich mit ihm die Pferde holen würde, von denen die Soldaten gesprochen haben. Ich war einverstanden. Wir haben Stricke und Zaumzeug mitgenommen und sind nach den Beschreibungen losmarschiert. Wir mussten zu einem Dorf in der Nähe von Braunau *(Broumov)*. Da haben wir die Pferde tatsächlich auf der Weide gefunden, exakt wie beschrieben. Wir haben uns jeder auf eines gesetzt, und Artur hat noch ein drittes an einen Strick gebunden und mitgeführt. Auf dem Rückweg sind wir so durch das Dorf geritten. Das war ein großer Fehler. Was ich dort beobachtete, war mit Abstand das Schlimmste, das ich je in meinem Leben gesehen habe. Man kann so etwas nicht in Worte fassen, meint, das ist nicht real, glaubt, dass es das nicht geben kann. Aber es war so.« Als Heinz die Schreie vom Marktplatz hört, denkt er zunächst an Schweine, die geschlachtet werden. Die Jungen reiten langsam auf den Tumult zu und erkennen, dass auf dem Platz Pfähle in den Boden eingeschlagen worden sind. »Daran hingen nackte Menschen«, sagt Heinz. »Mit dem Kopf nach unten. Sie schrien und flehten auf Deutsch, es waren mit Sicherheit Sudetendeutsche. Es waren auch Frauen darunter. Die Tschechen, einige in Uniform, andere in Zivil, schlugen sie mit Peitschen und Stöcken. Ich sah, wie einer von ihnen einem älteren Mann mit einem scharfen Messer die Geschlechtsteile abschnitt und sie einem kläffenden Hund vorwarf.« Heinz wird in diesem Moment so übel, dass er fast erbricht. Vielleicht schreit er auch. Die Jungen werden bemerkt. Jemand ruft ihnen etwas auf Tschechisch zu, sie verstehen es nicht. Aber das Wort *Němec* können sie zuordnen. »Sie hatten gemerkt, dass wir Deutsche waren«, sagt Heinz. »Plötzlich rannten zehn, zwölf Männer auf uns zu, wie wild geworden. Ich kriegte Todesangst. Wir gaben unseren Pferden einen Tritt und ritten los. Einer der Tschechen erwischte mich noch am Bein, versuchte, mich runterzureißen, klammerte sich an mich. Mit aller Kraft konnte ich ihn von mir wegtreten. Dann sind wir so schnell, wie es nur ging, aus dem Dorf rausgeritten und in einen Wald hinein, immer weiter, immer weiter. Artur hatte es sogar geschafft, dass dritte Pferd nicht loszulassen. Es waren wirklich erstklassige Tiere. Ich saß auf einem Apfelschimmel. Wie wir es fertiggebracht haben, zurück über die Grenze nach Beutengrund zu finden, weiß ich nicht mehr. Ich nehme an, ich bin Artur gefolgt; ich kam mir vor wie in Trance. Hätten die uns erwischt, die hätten mit uns das Gleiche gemacht wie mit den armen Menschen auf dem Marktplatz.«[45]

Am 11. Mai fahren sowjetische Offiziere durch Beutengrund. Einer verkündet in gebrochenem Deutsch, dass alle, die nicht ihren festen Wohnsitz im Dorf hätten, sofort dahin müssten, wo sie hergekommen sind. Ansonsten könne er für nichts garantieren. Die Flüchtlinge versammeln sich, und ein paar Stunden später treten sie mit Pferden und Wagen den Heimweg an. Während ihrer

Abwesenheit ist es im Landkreis Breslau zwischen dem 8. und 24. Februar 1945 im Rahmen der sogenannten niederschlesischen Operation zu heftigen Stellungskämpfen zwischen der 1. Ukrainischen Front und der Heeresgruppe Mitte gekommen.

»Der Weg war schlimm«, erzählt Heinz. »Wir liefen durch Kampfgebiet, sahen jede Menge abgeschossene Panzer. Nachts ist einer unserer Bauern mit seinem Sohn über ein vermintes Feld gefahren. Die Explosion war gewaltig. Von den beiden und ihren Pferden ist nichts übrig geblieben. Keine Zeit, darüber nachzudenken; man hofft, selbst zu überleben. Dann wurden wir von Russen überfallen, aber gewaltig. Sie bedrohten uns mit ihren Waffen, schossen in die Luft. Ein besonders aggressiver Soldat hielt mir seine Kalaschnikow an die Schläfe. Dann haben sie uns alles weggenommen, was noch einen Wert hatte. Kurz vor der Heimat hat unser Treck am Lerchenberg gehalten, um zu übernachten. Ein paar von uns sind aber nachts schon nach Groß-Mohnau rein. Wir haben uns mit den Bauern unterhalten, die bereits wieder zurück waren, und erfuhren von ihnen, dass russische Soldaten noch das Barockschloss in Klein-Mohnau bewohnten. Im Dorf gab es zwar einige Zerstörungen, aber es war bewohnbar, also sind alle am nächsten Tag, soweit es ging, wieder zurück in ihre Häuser – oder was davon übrig war. Die Wertsachen, die viele vor der Flucht in ihren Gärten vergraben hatten, waren sämtlich weg. Die Russen kamen noch am selben Tag rüber. Eine unserer ersten Aufgaben für sie war es, mit Schaufeln, manche mit bloßen Händen, die Leichen von sowjetischen Soldaten auszugraben, die im Garten vor der Schmiede verscharrt waren. Wir haben sie in Handkarren verladen, dann zum Schloss gefahren und sie dort in einem tiefen Massengrab im Schlossgarten verbuddelt, wo schon andere drin lagen. Am 15. Mai zogen die Russen ab. Vorher hängten sie im Dorf ein breites Plakat auf, auf dem stand, dass Groß-Mohnau unter polnischer Verwaltung stehe, bis eine weitere Regelung gefunden sei. Aber die Polen waren nicht da, noch nicht. Wir haben versucht, uns wieder etwas aufzubauen, haben aus den Gebieten, wo keine Kämpfe stattgefunden hatten, Vieh zusammengetrieben, Kartoffeln und Getreide angebaut. Eine Typhus-Epidemie, an der mehr als 20 Dorfbewohner starben, zog uns alle wieder runter.«

Vom 17. Juli bis 2. August wird die sogenannte Oder-Neiße-Linie bestimmt. Die Bevölkerungslücken, die durch von Polen ausgewiesene Deutsche entstanden sind, wie es die Statuten der Potsdamer Konferenz vorgesehen haben, sollen durch die sogenannte Repatriierung ausgeglichen werden. Dafür werden aus dem an die Sowjetunion abgetretenen Ostpolen polnische Bürger nach Westen umgesiedelt. »Im September kamen die polnischen Milizionäre«, erzählt Heinz. »Darauf die Familien, die zwecks Umsiedlung aus ihrer Heimat Lemberg und Galizien angereist waren. Sie wurden einfach in unsere Häuser einquartiert. Das war ein ekelhaftes Gefühl. Von Besitzern wandelten wir uns über Nacht zu Hausangestellten, zogen in die Dachkammern unserer vormals eigenen Häuser ein. Und dann arbeiteten wir für die neuen polnischen Herrschaften. Dafür kriegten wir Essen, allerdings nicht regelmäßig und viel zu wenig. Ich habe immer Hunger gehabt, habe gebettelt, mir den unreifen Rhabarber vom Feld gerupft und daran genagt. Ein polnischer Junge hat mich jeden Tag als Nazi verspottet, bis ich es nicht mehr ertragen habe. Ich war so frustriert, dass ich ihn verprügelt habe. Kurz darauf kam seine ganze Sippe an und hat mich windelweich geschlagen. Meine Augen waren komplett zugeschwollen, niemand konnte mir helfen, und ich musste trotz Schmerzen sofort weiterarbeiten. Für mich war das kein Leben mehr. Wir hatten alles verloren und waren Sklaven geworden. Bis zum 12. Dezember 1946 lebten wir so. Da kam nachts der polnische Bürgermeister von Maniów Wielki, so hieß ja Groß-

Mohnau mittlerweile, und teilte uns mit, dass wir am nächsten Morgen nach Breslau aufbrechen sollten. Von da würden wir nach Westdeutschland evakuiert. Im Schneesturm sind wir also mit unseren Koffern und Taschen losmarschiert.«

Hunderte von Schlesiern, die mit dem Zug rauswollen aus ihrer alten Heimat, warten drei Tage in der Turnhalle der Clausewitz-Schule auf ihre Abfahrt. Darunter Heinz mit seinen Verwandten und Freunden. Zur Verpflegung gibt es nur dünnen Kaffee und heiße Wassersuppe, geschlafen wird auf dem Betonboden bei immer noch minus 15 Grad. Dann werden die Vertriebenen durch die Stadt zum Freiburger Bahnhof geschickt. Es wird ein Schaulaufen. Die Deutschen werden angespuckt, bepöbelt und ihrer letzten Habseligkeiten beraubt. Am Bahnhof steht der Zug mit der Nummer 514 bereit, es sind 16 ungeheizte und verdreckte Viehwaggons ohne Stroh angekoppelt. Insgesamt werden 1542 vertriebene Schlesier hier eingepfercht. »Einige erfroren schon am ersten Tag«, sagt Heinz. »Während kurzer Pausen konnten wir die Toten am Bahndamm ablegen. Wir lagen dicht gedrängt, die Menschen waren völlig abgekämpft, zitterten und bibberten. Lebensmittel, die manche noch dabeihatten, froren ein. Die Leute kriegten Durchfall. Es stank bestialisch im Wagen. Nur ein paar Mal wurden auf der gesamten Fahrt in den Waggons heißes Wasser und Trockenmilchpulver für die vielen Babys verteilt. Die erste warme Mahlzeit erhielten wir nach fünf Tagen beim Stopp im Flüchtlingsdurchgangslager in Marienborn. Graupensuppe für die Erwachsenen, Haferflockensuppe für die Kinder.«

Zu diesem Zeitpunkt sind schon mehr als 30 Menschen im Zug verstorben, der am 23. Dezember 1946 im Niedersächsischen Bückeburg ankommt. Das örtliche Rotkreuz-Personal und die Feuerwehrleute sind entsetzt über die Zustände, die sie vorfinden.

140 Menschen müssen sofort in ein Krankenhaus verbracht werden, wo viele von ihnen nicht gerettet werden können. In einer Ehrengrabstelle auf dem Jetenburger Friedhof in Bückeburg erinnern heute 89 Gedenksteine an die Toten des sogenannten Todeszuges 514, mit dem Heinz gefahren ist. Die genaue Opferzahl bleibt unbekannt. Das jüngste Opfer – Reinhard Hoppe – ist gerade mal vier Monate alt. Auf einem Gedenkkreuz sind die Worte *Aus der irdischen Heimat vertrieben, aber nicht heimatlos* eingemeißelt.

Heinz kommt durch. In Hameln findet er zunächst Arbeit bei englischen Pionieren an der Weser, danach lebt er vom Pilzesammeln und arbeitet in einer Zuckerfabrik. Am 27. April 1950 wird eine größere Gruppe der schlesischen Vertriebenen aus dem Todeszug in Bergisch Gladbach aufgenommen und mit Arbeitsverträgen ausgestattet, darunter Heinz und seine Freunde. Er arbeitet für verschiedene Baufirmen, lernt 1953 seine Frau kennen und heiratet sie. Danach absolviert er eine Lehre zum Fleischer und macht sich ab 1956 als Stückschlachter des Schlachthofes Bergisch Gladbach selbstständig. Er baut ein Haus, holt Tante und Onkel aus Hameln nach und kann schließlich sein eigenes Geschäft für Fleischereibedarf eröffnen. Heinz und seine Frau haben sechs Kinder und sieben Enkel. Seit er in Bergisch Gladbach lebt, veranstaltet er Treffen von Niederschlesiern aus ganz Deutschland. 1978 bereist er zum ersten Mal mit seiner Frau die alte Heimat und tut das seither regelmäßig. Bis heute hat er knapp 20 Busreisen nach Groß-Mohnau für ehemalige Dorfbewohner organisiert. Noch leben etwa 15 von einst 385 Groß-Mohnauern aus der Zeit vor dem Zweiten Weltkrieg.

Heinz über die Aussöhnung mit Polen

1978 war es so merkwürdig wie auch schön, erstmals zurückzukommen. Ich erkannte alles wieder, unser Haus stand noch fast genauso da. Die meisten Polen in der Dorfgemeinschaft haben uns nett aufgenommen und freundlich behandelt. Einige von denjenigen, die uns noch 1946 erlebt haben, sind uns beschämt aus dem Weg gegangen. Das spielt aber heute keine Rolle mehr, von denen sind jetzt alle tot. Und die jüngeren Polen begegnen uns aufgeschlossen. Sie sind insgesamt deutlich interessierter an der Geschichte der Vertriebenen als die Deutschen. Es gibt jedenfalls auf beiden Seiten heute keine Zwietracht mehr, auch keine Vorurteile. Es sind Freundschaften entstanden. Vor einigen Jahren habe ich mit freundlicher Unterstützung und Genehmigung des Pfarrers an der Kirche in Groß-Mohnau eine Gedenktafel aufhängen dürfen. Dort steht links auf Deutsch und rechts auf Polnisch geschrieben: *Zum Gedenken an alle, die hier oder fern der Heimat ruhen.* Das ist gemeinsames Erinnern, und daraus ergeben sich wichtige Gespräche. Davon würde ich mir mehr wünschen.

Heinz über zeitgenössisches Holocaustwissen

Ich kann da wirklich nicht viel sagen, weil ich selbst nichts davon mitbekommen habe bei uns. Es gab einige Nazis, die über Juden geschimpft haben wie über vieles andere. Ich hatte immer meine Probleme mit Nazis. Es ist gut, dass sich die jungen Deutschen mit den Verbrechen des Holocausts auseinandersetzen; man kann meines Erachtens den Opfern sein Mitgefühl bekunden, auch wenn man selbst nichts mit den Gräueln zu tun hatte. Ich habe am eigenen Leibe gespürt, dass so etwas guttut. Ich habe einige Vorträge an unserer Kulturstätte im Haus Schlesien in Königswinter gehalten. Die Polen, die sich dort meine Geschichte anhörten, waren erschüttert über unsere Berichte, die auch für sie teilweise ganz neu waren. Da flossen schon mal Tränen. Es ist noch nicht lange her, da hat sich bei mir eine junge Polin stellvertretend für ihr Land entschuldigt. Dafür, was uns Vertriebenen angetan wurde. Ich habe große Sorge, dass unsere Geschichten in Vergessenheit geraten, wenn wir Vertriebenen nicht mehr da sind. In Deutschland hat man sich immer schwergetan mit der Aufarbeitung. Man hat versucht, diese vielen Tragödien totzuschweigen, die Deutschen widerfahren sind. Die Menschen wollen sich damit nicht beschäftigen, weil sie Angst davor haben, sich positionieren zu müssen. Es ist traurig zu spüren, dass Nachfahren nicht hören wollen, was wir erlebt haben. Aber wer soll uns das glauben, wenn keiner zuhört? Heute wird so schnell mit dem Begriff Nazi um sich geschmissen. Das ist gefährlich. Die wahren Nazis werden damit verkannt, das wird alles verharmlost und gar nicht mehr verstanden. Ich sage immer, Hitler und Stalin waren die größten Verbrecher der Geschichte. Wenn die Nazis nicht gewesen wären, hätten wir unser schönes Schlesien nicht verloren. Deswegen kann ich niemanden verstehen, der sagt, unter Hitler war auch nicht alles schlecht. Hitler war kein Patriot. Er wollte, dass das deutsche Volk mit ihm untergeht.

KLAUS: DIE SCHEINTOTEN

Im Alter ist der Großstädter Klaus mit seiner Frau der Gesundheit wegen ins ruhige und idyllische Bad Nauheim gezogen. Die hessische Kurstadt ist heute weltweit vor allem deswegen bekannt, weil Rockstar Elvis Presley es sich leisten konnte, einen Großteil seiner Wehrpflichtzeit beim US-Militär nicht in den vorhandenen Soldatenunterkünften in Friedberg untergebracht zu werden, sondern zwischen Oktober 1958 und März 1960 zuerst ein Hotel, dann eine Mietvilla in Bad Nauheim bewohnte. Von diesem Luxus haben diejenigen amerikanischen Soldaten, mit denen Klaus am Ende des Zweiten Weltkriegs bittere Erfahrungen machen musste, zwar auch nur träumen können, aber dafür haben sie das besessen, was Klaus schmerzlich gefehlt hat: etwas zu essen. Seine Suche danach hat ihn im Mai 1945 in Österreich mit den Amerikanern zusammengebracht.

1931 wird Klaus als Sohn eines Kaufmanns in Berlin geboren. Sein Vater besitzt ein Haus in Wedding, in dem er mit seiner Frau einen Kolonialwarenladen führt. »Meine Eltern waren beide ziemlich geschäftstüchtig«, erzählt Klaus. »Für ein Kind ist so ein Laden natürlich etwas ganz Besonderes. Ich kam oft in den Genuss, Süßigkeiten zu probieren, und liebte den Geruch von frischem Kaffee in unserem Geschäft. Wir hatten auch Stallungen mit Kühen und Pferden. Mein Vater fuhr selbst mit einem voll bepackten Wagen durch die Stadt und belieferte Kunden, während meine Mutter meistens im Laden war. Wir haben auch einige Angestellte beschäftigt, und um mich speziell kümmerte sich ein Kindermädchen. Zwischen mir und meinen Eltern war das Verhältnis immer entspannt. Mein Vater war von Grund auf liberal eingestellt. Er war in seiner Jugend gut bekannt mit Gustav Stresemann, in dessen familiärem Großhandel am Hackeschen Markt er seine Getränke einkaufte. Und er hat die politischen Ansichten des Reichskanzlers geteilt. In unserer näheren Umgebung lag das AEG-Werk, das Herz der Arbeiterklasse, und um uns herum die Arbeitersiedlungen. Ich weiß von meinem Vater, dass die SA bei ihren Aufmärschen nie durch unsere Straße gezogen ist, weil sie fürchten musste, dass die Leute sie mit Bierflaschen aus den Fenstern bewerfen. Bei uns hingen auch vergleichsweise wenig Hakenkreuzflaggen, daran erinnere ich mich gut. Ich konnte mit diesem komischen Symbol lange gar nichts anfangen, fand den Berliner Bären im Wappen jedenfalls immer hübscher.«

Als der Krieg ausbricht, besucht Klaus, der noch zwei jüngere Geschwister hat, die dritte Klasse der Volksschule Wedding. »Wir bekamen bei uns schon früh einen Eindruck davon, was Bomben anrichten. Bei einem Angriff auf Berlin im Sommer 1940 schlug auf der gegenüberliegenden Straßenseite eine Luftmine ein, die drei Mietshäuser zum Einsturz brachte. Aufgrund der Nähe zum AEG-Werk befanden wir uns in einer gefährdeten Gegend. Das wussten vor allem die Erwachsenen. Wir merkten, dass sie Angst hatten, wenn wir bei Fliegeralarm mit den anderen Bewohnern unseres Hauses im Kellergewölbe Schutz suchten. Wir Kinder schliefen da in Doppelstockbetten und haben das alles eher als Abenteuer empfunden, vor allem, wenn es dann nach Angriffen darum ging, Granatsplitter zu sammeln und zu tauschen.«

1940 wird Klaus auf dem Humboldt-Gymnasium für Jungen als jüngster seiner Klasse eingeschult. Im gleichen Jahr tritt er dem Jungvolk bei und hier in eine Spielschar ein, wo er Fanfare lernt. Doch um sein Können bei einer der vielen Paraden in der Hauptstadt unter Beweis zu stellen, dafür bleibt keine Zeit mehr. Im Sommer 1941 werden rund 150 Schüler der unterstufigen Jahrgänge seines Gymnasiums in den Kurort Ahlbeck auf Usedom kinderlandverschickt. »Unsere Lehrer aus Berlin begleiteten uns«, sagt Klaus. »Wir alle wohnten in Hotels. Die Lagerleitung teilten sich der Rektor, der für die schulische Erziehung verantwortlich war, und ein sogenannter Lagermannschaftsführer, ein

Klaus in der Kinderlandverschickung im Kurort Ahlbeck auf Usedom

an der Front verwundeter Soldat. Der organisierte den Hitlerjugenddienst im Lager. Beide, Schulzeiten und Dienstzeiten, fanden genauso geordnet und strukturiert statt wie zu Hause. Alle Räume in den Hotels waren entsprechend funktional umgestellt und ausgestattet worden.«

Insgesamt fast vier Jahre verbringt Klaus in KLV-Lagern, sieht seine Eltern in der Zeit nicht. Berlin wird so heftig von Luftangriffen erfasst, dass an eine Rückkehr für die jüngsten Gymnasiasten nicht zu denken ist. Die älteren werden nach und nach zurückgeschickt, um ihren Luftwaffenhelfer- oder Militärdienst abzuleisten. Auch junge Lehrer im wehrfähigen Alter werden aus der KLV abgezogen und durch Pensionäre ersetzt. Doch selbst für abgelegene Kurorte gibt es keine hundertprozentige Sicherheit. Insgesamt dreimal veranlasst Klaus' Rektor eine Verlegung seiner Schule, weil er die Örtlichkeiten für zu gefährlich hält. Als sich Mutmaßungen häufen, dass die RAF die Ostseeküste bombardieren könnte, werden die Schüler von Usedom in den Winterkurort Zakopane evakuiert, der im deutsch besetzten Generalgouvernement Polen liegt, wo sich auch an der Front verwundete Soldaten erholen. »Da wurden wir in beschlagnahmten Hotels einquartiert«, sagt Klaus. »Mit insgesamt 24 Jungs schliefen wir in zwölf Doppelstockbetten in einem Raum. Das war unsere ganze Klasse. Da haben wir eine wirklich tolle Zeit verbracht und auch mit polnischen Kindern gespielt, meistens Fußball, und im Winter sind wir mit ihnen natürlich Ski gefahren.«

Im Sommer 1944 rückt die Front bedrohlich nahe an Polen heran. Wiederum werden die Schüler evakuiert, dieses Mal ins deutsch besetzte Tschechien nach Südböhmen, in den Ort Planá bei Tabor, wo sie in Pensionen und Ferienhäusern einquartiert werden. In dieser Zeit reißt der Kontakt zu Klaus' Eltern kom-

Klaus in Planá bei Tabor in Südböhmen

plett ab, bis Kriegsende werden sie sich auch nicht mehr schreiben können. »Darunter habe ich ziemlich gelitten«, sagt Klaus, der überhaupt die Möglichkeiten der Kommunikation mehr und mehr hinterfragt.

»Mit meinen Stubenkameraden haben wir uns spätabends in den Speisesaal des Heims geschlichen, um unter Decken versteckt Radio hören zu können. Eigentlich ging es uns um den verbotenen Swing, den BBC spielte und den wir liebten, aber wir hörten so auch die Nachrichten mit und die Berichterstattungen aus dem Krieg. Wir konnten die Lageberichte der deutschen Sender auf diese Weise mit den BBC-Meldungen vergleichen und stellten fest, dass unser OKW-Bericht beschönigt wurde oder negative Ereignisse verschleiert wiedergegeben wurden. Gewinne gegen die Wehrmacht meldete die BBC sofort, während deutsche Nachrichten erst zwei Tage später damit rausrückten und kryptisch von irgendwelchen notwendigen Begradigungen der Frontlinie sprachen. Deutsche Geländegewinne dagegen wurden auf beiden Seiten gleichzeitig gemeldet. Also war da was faul, und ich kriegte eine Ahnung davon, warum es streng verboten war, Auslandssender zu hören.«

Am 22. März sehen die übrig gebliebenen Schüler gemeinsam mit ihren Lehrern die letzte Deutsche Wochenschau. Sie berichtet mit effektvollen Bildern von der Ausbildung von Volkssturmmännern in Berlin und von der Auszeichnung von 20 Hitlerjungen durch Hitler an seinem Führerbunker. Stellvertretend für die wehrhafte deutsche Jugend werden sie vor laufenden Kameras für ihren Heldenmut mit Eisernen Kreuzen ausgestattet. Danach werden Bilder von bestialisch zugerichteten Leichen von Frauen und Kindern gezeigt, die Opfer einmarschierender Sowjetsoldaten in Ostpreußen geworden sind. Völlig aufgelöste Zeuginnen berichten dem Reporter vor laufender Kamera, dass betrunkene Russen alle Frauen in ihrem Dorf zwischen 13 und 68 Jahren vergewaltigt haben. »Das war zu viel für uns«, erinnert sich Klaus an die Reaktion unter den Schülern. »Das Schrecklichste, was ich bis dahin je gesehen und gehört hatte. Wir waren alle fassungslos und entsetzt, sodass unsere Klasse daraufhin einen Entschluss fasste. Keiner wollte mehr einfach zusehen, wie so etwas mit deutschen Frauen und Kindern gemacht wurde. Die Wochenschau hatte uns vorher im Grunde selbst angekündigt, was man dagegen tun konnte.«

Das weiß auch der Lagermannschaftsführer der Gymnasiasten, der den für ihn richtigen Moment abpasst. Soeben hat der Gauleiter des Reichsgaus Oberdonau nämlich Volkssturmbataillone in Böhmen und Mähren aufgestellt und ausgerüstet. Der Lagermannschaftsführer des KLV-Lagers unterrichtet seine Schüler darüber und hebt hervor, dass unter 16-Jährige sich freiwillig melden könnten. »Das stellte er uns frei«, sagt Klaus. »Und keiner von uns musste darüber auch nur eine Minute nachdenken. Wir hatten die grausamen Bilder im Kopf und wollten das nicht mehr zulassen. Alle waren wütend auf die Russen und waren unbedingt bereit dazu, deutsche Frauen und Kinder mit dem eigenen Leben zu schützen. Unsere ganze Klasse hat sich geschlossen und freiwillig zum böhmischen Volkssturm gemeldet. Ich war zu dem Zeitpunkt erst 13 Jahre alt.«

Gegen den Protest des Rektors kann der Lagermannschaftsführer sich durchsetzen, schließlich hat er die ganze Klasse hinter sich stehen. Klaus und seine Schulkameraden werden von Lkws abgeholt und einer Planer Volkssturmkompanie zugeteilt. »Wir waren insgesamt etwa 60 Mann. Neben uns Schülern dienten dort vor allem deutsche Reservisten und tschechische Kollaborateure. Wir trugen unsere HJ-Winterbekleidung und erhielten eine Volkssturmbinde. Dann haben wir an mehreren Tagen geübt, besonders Schießen mit dem Gewehr und präzise Würfe mit Eierhandgranaten.«

Noch Ende März kommt es zum ersten Einsatz für die neue Planer Volkssturmkompanie. In den Wäldern werden sowjetische Fallschirmspringer vermutet. Mit aufgepflanzten Bajonetten durchkämmen die Hitlerjungen den Forst. »Zum Glück kam es zu keinem Feindkontakt«, sagt Klaus. »Das wäre ein Gemetzel geworden. Die Fallschirmjäger, die sich dort verschanzten, waren Briten, keine Russen. Das haben wir später erfahren. Eine sehr gut ausgebildete tschechische Einheit der britischen Luftwaffe. Die haben sich in unterirdischen Gängen verborgen, die Partisanen vorher für sie angelegt hatten. Von dort aus haben sie Anschläge auf Eisenbahnschienen geplant und konnten sich nach Ausführung von Attentaten gleich wieder verstecken. Das kriegten wir aber schon nicht mehr mit. Unser Rektor hatte alle Hebel in Bewegung gesetzt, dass wir dort wegkamen. Wir waren nicht in der Situation, uns gegen seinen Entschluss zu wehren, auch weil wir immer noch vom Lager ernährt wurden. Es sollte nun für alle mit der Bahn nach Österreich gehen.«

Während eines Aufenthaltes des Zuges im Linzer Bahnhof wird Fliegeralarm ausgelöst. Die Schüler suchen mit allen anderen Passagieren, die sich auf dem Bahnhofsgelände aufhalten, die örtlich angelegten Luftschutzbunker auf. Klaus ist zusammen mit dem Lagermannschaftsführer als Bahnhofswache eingeteilt und muss mit ihm am Zug bleiben. Über sein Fernglas beobachtet er die Bomberstaffel, die auf den Bahnhof zufliegt und ihre Bombenlast abwirft. Er rennt gemeinsam mit seinem HJ-Vorgesetzten über die Gleise zu einem kleinen Keller, der sie zumindest vor Splittern schützen kann. Als sie nach dem Angriff herauskommen, trifft Klaus eine Art Schock. »Am meisten abbekommen hatte der Zug, der neben unserem stand. Es war ein Pferdetransporter, und das Bild, das sich mir bot, war fürchterlich. Die Tiere wieherten und schrien beinahe wie Menschen. In Panik sprangen sie übereinander her, blieben an den zerborstenen Schienen hängen, rissen sich ihre Bäuche auf, verloren die Eingeweide, verbluteten und verreckten jämmerlich. Ich habe mich an dem Tag, als ich den Horror beobachtet habe, von meinem naiven Kinderglauben verabschiedet. Auch unser Zug wurde getroffen, und die einzelnen Waggons waren so ineinander gequetscht, dass er wie eine Ziehharmonika aussah. Wir hatten alle Mühe, unser Gepäck in den Trümmern wiederzufinden. Es dauerte eine ganze Weile, bis wir mit einem neu bereitgestellten Zug weiterfahren konnten.«

Den Schock noch in den Knochen, kommen die KLV-Schüler Anfang Mai 1945 im oberösterreichischen Weißenbach am Attersee an. Klaus wird mit einer größeren Gruppe in einem Viertel einquartiert, in dem deutsche Künstler und Schauspieler wie Hans Albers oder Will Dohm Ferienhäuser besitzen. »Wir wohnten in beschlagnahmten leeren Häuschen, immer zu sechst. Das war im Süden von Weißenbach, die Künstlerhäuser lagen in Norden. Einige andere KLV-Kinder sind in weiteren Ortschaften untergekommen. Auch in Österreich wurden wir noch von der örtlichen NSDAP in den Volkssturm berufen. Allerdings spielte sich da nichts Großes mehr ab. Unsere wichtigste Aufgabe war es, in der ganzen Gegend Panzerfäuste und andere liegen gebliebene Waffen einzusammeln, auf Lkws zu verladen und dann im Attersee zu versenken, damit sie nicht dem Feind in die Hände fallen. Keine glorreiche Arbeit. Das haben wir Jungen auch schon als völlig lächerlich angesehen. Es war erkennbar das Ende. Ich habe beobachtet, wie immer mehr total desillusionierte SS-Soldaten durch Weißenbach marschierten. Sie bereiteten sich auf die Gefangennahme durch die anrückenden Amerikaner vor. Einige überredeten uns Hitlerjungen, ihnen unsere HJ-Uniformjacken zu überlassen, damit sie sich tarnen konnten. Auch ich gab meine ab. Als Gegenleistung verrieten sie uns, in welchem leer stehenden Hotel ein Depot mit jugoslawischem Sliwowitz lagerte.«

Zur Verteidigung Oberösterreichs stehen dem Deutschen Reich neben der Division Nr. 487 nur versprengte Truppenteile der Heeresgruppe Ostmark und ein Einsatzkommando der Waffen-SS zur Verfügung. Am 1. Mai 1945 stoßen amerikanische Einheiten des XII. und des XX. Korps der 3. US-Armee nach Oberösterreich vor, das sie bis zum 6. Mai mit Ausnahme von Teilen des Mühlviertels nahezu kampflos besetzen. »Die ersten Amis marschierten ins Dorf, und die Bevölkerung hängte weiße Tischtücher aus den Fenstern«, erinnert sich Klaus. »Da leistete niemand mehr irgendeinen Widerstand. Die Amerikaner beschlagnahmten Häuser und richteten eine Militärwache ein. Sie kamen auch in unsere Häuschen, und nach einer gründlichen Durchsuchung ließen sie uns KLV-Kinder in Ruhe. Die Älteren waren sowieso schon alle ausgebüxt. Wo unser Rektor, der Lagermannschaftsführer und die anderen Lehrer abgeblieben sind, habe ich nicht mitbekommen. Bei uns waren beim Einmarsch nur noch die Zeichenlehrerin und die erwachsene Tochter des Rektors. Als Verpflegung erhielten wir nur mehr Suppe. Wir waren alle völlig ausgehungert und suchten nach allem, was wir zu essen finden konnten. Die amerikanischen Soldaten bekamen große Menükisten und ließen die Reste oft liegen; wir versuchten dann, diese zu ergattern. Allerdings waren die Zwangsarbeiter aus Rumänien und Bulgarien, die jetzt für die US-Truppen arbeiteten, meist schneller da. Nicht, weil sie die Reste essen wollten, nein, sie sammelten die Kisten auf und zündeten sie vor unseren Augen an, um sich einen Spaß daraus zu machen. Das war eine harte Folter für uns Kinder. Wir mussten nach anderen Wegen suchen, etwas zu essen zu finden, wenn wir überleben wollten. Das Schnapslager der SS fiel uns wieder ein, und bald entstand die Idee, die Flaschen direkt bei amerikanischen Soldaten einzutauschen. Das klappte wunderbar, der Sliwowitz schmeckte ihnen, und wir kriegten dafür Schokolade und Kaugummis. Kistenweise haben wir so gehandelt, am Schluss haben wir das Zeug sogar noch gestreckt, um mehr tauschen zu können. Die Amerikaner, die wir trafen, stammten aus Texas; wir konnten sie nur schwer verstehen, aber sie waren ganz beeindruckt von unserem Schulenglisch. Als echte Cowboys haben sie sich gleich alle Pferde gegriffen, die die SS zurückgelassen hatte, und sind damit stolz durch die Ortschaften geritten.

Ein US-Soldat aus Texas auf einem SS-Pferd in Weißenbach

Besonders freundlich war keiner von ihnen. Bald erfuhren wir den Grund. Ein paar Soldaten zeigten uns Fotos von Leichenbergen aus einem Konzentrationslager. Ich fand später heraus, dass bei uns eine Einheit war, die wenige Tage vorher das KZ in Dachau befreit hatte. Die Fotos waren jedenfalls grauenvoll. Wir mieden von nun an den Kontakt zu den Soldaten. Der Krieg war inzwischen aus, und wir blieben als sogenannte *Displaced Persons* zurück. Der Hunger wurde aber wirklich unerträglich. Wir hatten ausgekundschaftet, wo die Amerikaner, die bei uns im Dorf übernachteten, ihre Kantine eingerichtet hatten. Irgendwann hielten wir es nicht mehr aus. Zu zwölft schnappten wir uns zurückgelassene Wehrmachtsrucksäcke und schlichen uns spätnachts zu dem Gasthof, wo sie gewaltige Mengen Lebensmittel speicherten. Wir entdeckten ein Kellerfenster, das wir einschlagen konnten. Da ich der Kleinste war, schlüpfte ich durch die Luke. Unten stand ich direkt im Vorratskeller und konnte sogar das Licht anschalten. So schnell es ging, schaffte ich alles nach draußen, was ich packen konnte. Ohne Ende Konserven und Säcke voller Mehl, mir lief schon beim Packen das Wasser im Mund zusammen. Die Kameraden stopften oben ihre Rucksäcke damit randvoll. Sechs von ihnen waren schon wieder weg, als ich plötzlich Schlüsselgeklapper vor der Tür hörte. Ein amerikanischer Soldat, wahrscheinlich der Koch, stieß die Tür auf, sah mir in die Augen, zog seine Pistole und bedrohte mich damit. Trotzdem versuchte ich, noch aus dem Fenster zu entkommen. Er zog mich am Fuß zurück und schleifte mich dann die Treppen hoch zur Rezeption, wo er mich auf einen Stuhl schmiss. *Why did you do this?,* fragte er immer wieder, und ich antwortete in meinem Schulenglisch: *Because we were so hungry, Sir!* Er stieß mich nach draußen, wo ich bereits meine Kameraden im Scheinwerferlicht erkannte, die mit den Händen über dem Kopf auf einer Wiese saßen, bewacht von weiteren bewaffneten amerikanischen Soldaten. Dort ließen sie uns schmoren, bis es hell wurde. Dann brachten sie uns auf ein Feld zwischen Dorf und Wald, wo wir Pickel und Schaufel ausgehändigt bekamen und Befehl erhielten, eine tiefe Grube zu buddeln. Da die österreichische Gebirgserde steinhart war, brauchten wir bis zum Nachmittag dafür. Als wir fertig waren und es meldeten, zog ein Offizier einen Kameraden von uns raus und führte ihn vor sich her in den Wald. Wenig später hörten wir einen Schuss. Der Soldat kam daraufhin alleine zurück. Wir wussten also, was uns allen bevorstehen sollte und wofür die Grube gedacht war, die wir gebuddelt hatten. Wir hatten unsere eigenen Gräber schaufeln müssen. Ich sah einen weiteren Soldaten an, der uns schäbig angrinste, dann mit seiner Pistole auf die Grube wies und sagte: *Ja, ja, einer nach dem anderen!* Und so geschah es. Der Offizier nahm den Nächsten mit in den Wald, ein Schuss knallte, und er kam alleine zurück. Wir hatten keine Möglichkeit zu fliehen, wollten es wie Männer ertragen.«

Klaus bleibt bis zum Schluss übrig. Sein Todesurteil erwartend, läuft er wie seine Kameraden zuvor vor dem Offizier her in den Wald, wo er sich hinknien muss. Er hört, wie der Soldat die Waffe entsichert. Klaus hält die Luft an, sein Herz rast. Wie ist das wohl, tot zu sein, fragt er sich. Wie wird sich das Sterben anfühlen, werde ich etwas merken? Der Schuss fährt ihm durch Mark und Bein. Klaus fasst sich an die Brust, schaut auf den Waldboden und will umfallen, als der Offizier hinter ihm ruft: *Now, you go home, come back tomorrow!*

Klaus' Blick fällt auf seine Brust, dann auf seine Hand, er blutet nicht, dreht sich um, sieht den amerikanischen Offizier, wie er seine Waffe einsteckt. Er hat in die Luft geschossen. Es ist eine Scheinhinrichtung gewesen. Klaus atmet tief durch, er darf weiterleben, aber irgendwas bleibt von der Todesangst zurück, die er gerade gespürt hat. Er richtet sich auf, verlässt den Wald und läuft zu seiner Unterkunft. »Wir hatten alle dieselbe Anweisung erhalten, am nächsten Tag zurückzukommen«, sagt Klaus. »Keiner sprach mehr über die Scheinhinrichtungen, es war wohl jedem einfach ziemlich peinlich, zuzugeben, was er in dem Moment gesagt, getan oder gedacht hatte, als er annahm, erschossen zu werden. Wir hielten uns an den Befehl und liefen am nächsten Tag in die Gastwirtschaft, wo wir eingebrochen waren. Und das war eine der besten Entscheidungen unseres Lebens.«

Vielleicht ist es Mitleid oder das gute Schulenglisch, das die Amerikaner dazu bewegt, Klaus und seine fünf Klassenkameraden von diesem Tag an einzustellen. Sie arbeiten als sogenannte *Messenger-Boys* und verteilen die Essensrationen an die im Ort lebenden Soldaten. Stehlen müssen sie nicht mehr, denn sie erhalten für ihre Arbeit Verpflegung aus Resten und können nebenbei von Nichtrauchern riesige Mengen an Zigaretten abstauben. *Ihr Grab* am Wald füllen sie schließlich mit Küchenabfällen. Klaus bleibt bis November 1945 in Österreich, bis ihn seine Mutter dort abholen kann. Per Anhalter fahren sie zurück ins zertrümmerte Berlin. Die Zerstörungen an ihrem Haus kann ein Onkel, der Maurermeister ist, ausbessern; der Vater darf später auch den Laden wieder eröffnen. Klaus holt sein Abitur nach, absolviert eine Lehre als Grafiker und studiert hinterher Theaterwissenschaften in Berlin. Er heiratet, gründet eine Familie und promoviert. Als Redakteur arbeitet er erst beim Bundespresseamt, dann beim Hessischen Rundfunk und zuletzt beim ZDF in den Sparten Kultur, Dokumentarspiel, Fernsehspiel und Bildung.

Klaus über Erinnerung

Man wird immer wieder erinnert. In Berlin waren die Spuren des Krieges auch noch lange zu sehen. Mich stört, dass so viel geschwiegen wurde; schon gleich nach dem Kriegsende waren alle peinlich berührt. Ich erinnere mich an einen Schultag im Jahr 1946. In der Sprunggrube unserer Schule tauchten zerfetzte Uniformteile auf, und man fand dann die Überreste von deutschen und russischen Soldaten. Die Deutschen wurden abtransportiert, die Russen hat man wieder in die Grube geschmissen. Wir kriegten einfach eine andere Sprunggrube für den Sportunterricht. Gesprochen darüber hat keiner. Ich weiß, dass ich enorm viel Glück gehabt habe, wenn ich mir später die Geschichten von anderen Zeitzeugen angehört habe, die verletzt wurden und die viele Angehörige verloren haben. Da bin ich doch gut davongekommen und dafür bin ich dankbar. Ich bin Mitglied der Deutsch-Israelischen Gesellschaft geworden und habe mich in meiner Arbeit als TV-Redakteur dokumentarisch sehr viel mit der Antisemitismus-Problematik beschäftigt, leider ein hochaktuelles Thema. Gewünscht hätte ich mir auch, dass man deutlicher thematisiert hätte, wie wir Kinder den Krieg erlebt haben.

Klaus über zeitgenössisches Holocaustwissen

Die Pogromnacht 1938 habe ich gut in Erinnerung, ich war sieben Jahre alt. Als wir beim Frühstück die ersten Radiomeldungen über die Ereignisse hörten, tuschelten meine Eltern ganz merkwürdig miteinander. Ich schnappte zwei Fremdwörter auf: Mob und Pöbel. Trotz meiner penetranten Nachfragen haben sie mir nicht erklärt, was das bedeutete. Ich glaube, dass sie Angst hatten, ich könnte das Aufgeschnappte weitererzählen. Nach der Schule wollte ich mit David spielen, meinem Freund aus dem Nachbarhaus, für dessen Schwester Edith ich ein wenig schwärmte. Seine Mutter ließ ihn nicht raus. Das kam mir komisch vor. Sie waren Juden, die Zusammenhänge verstand ich an dem Tag nicht, auch nicht, als ich am Hackeschen Markt die Bürgersteige voller Scherben gesehen hatte. Da waren gelbe Sterne an die Fassaden geschmiert worden. Die Menschen benahmen sich komisch, hasteten vorbei, tuschelten. Auch dazu befragte ich meine Eltern, sie blieben stumm, schickten mich kommentarlos ins Bett. So vergaß man das. Konzentrationslager während des Krieges waren mir als Arbeitslager für Sträflinge bekannt. Was in Lagern wie Auschwitz dann tatsächlich passiert ist, davon hörten wir nichts. David und seine Familie habe ich nicht wiedergesehen. Nach Kriegsende habe ich aber erfahren, dass die Familie ins KZ gekommen war. Mein Freund und sein Vater haben überlebt, weil sie dringend für die Arbeit in einer Munitionsfabrik gebraucht wurden. Die Mutter und Edith sind nicht zurückgekehrt.

GERHARD: DAS SOLDATENGRAB

Der seit mehr als 30 Jahren pensionierte Lehrer und Elektrotechniker Gerhard lebt in Templin. Noch immer liebt er die Natur der Uckermark, kommt aber mit seinen 94 Jahren zunehmend seltener aus dem Haus. Jetzt, wo er fast rund um die Uhr auf seine kranke Frau aufpassen muss und sein eigenes Alter längst im Kreuz spürt, fehlen ihm die ausgedehnten Spaziergänge, die er in der Umgebung unternommen hat. Zum Beispiel den zum Kirchlein im Grünen, einer ehemaligen Gutskapelle des Ortes Alt Placht, die umzäunt von Hunderte Jahre alten Lindenbäumen im Naturpark Uckermärkische Seen liegt. Neben dem um 1700 errichteten Gotteshaus steht ein schlichtes Holzkreuz mit der Aufschrift: *Zwei unbekannte Soldaten – 1945.*

»Ich habe oft davorgestanden und mich gefragt, wer die beiden gewesen sein mögen«, sagt Gerhard, dem in diesen Momenten seine eigene Geschichte in den Sinn kommt. »Als ich so alt war wie diese Soldaten, bin ich 17-jährig mit einem gleichaltrigen Kameraden aus der sowjetischen Gefangenschaft getürmt und habe mich Tag und Nacht vor meinen Häschern versteckt. Eine Flüchtlingsfrau, die ihren Mann im Krieg verloren hatte, hat uns damals mit Zivilklamotten das Leben gerettet. Trotzdem mussten wir aufpassen. Betrunkene russische Soldaten machten Jagd auf alles Deutsche. Wir wurden bis aufs letzte Streichholz ausgeraubt, und ein falsches Wort hätte uns den Kopf gekostet.«

Es ist über 15 Jahre her, als Gerhard seinen Mut zusammennimmt und den Pfarrer der Kirche fragt, ob er ihm verraten könne, was zum Tod der Soldaten geführt habe. Er hat gewusst, dass in Alt Placht keinerlei Kämpfe, die mit dem Zweiten Weltkrieg in Verbindung stehen, stattgefunden haben. Der Geistliche heißt Horst Kasner und ist der Vater der damals gerade zur Bundeskanzlerin gewählten Angela Merkel, die in Templin aufgewachsen ist. »Er versprach, sich zu informieren, und teilte mir einige Tag später mit, dass es leider keine authentischen Aufzeichnungen über den Vorfall gebe. Jemand im Dorf habe ihm aber berichtet, dass an

Kirchlein im Grünen, eine ehemalige Gutskapelle des Ortes Alt Placht im Naturpark Uckermärkische Seen

Gerhard mit Familie und Hund im heimischen Garten in Flatow

der Stelle ein deutscher und ein sowjetischer Soldat gemeinsam begraben liegen. Der Deutsche habe den russischen Soldaten erschossen, darauf sei dieser von dem Kameraden des Ermordeten getötet worden.« Gerhard schüttelt den Kopf. »Ich habe es ihm keine Sekunde geglaubt. So viele Erfahrungen hatte ich im Krieg und anschließend mit den russischen Besatzern gesammelt, dass ich eines wusste: Sowjetische Militärbehörden hätten es niemals zugelassen, dass auf ihrem Gebiet ein namenloser Angehöriger der Roten Armee gemeinsam in einem Grab mit einem Faschisten liegt, wie sie einen deutschen Soldaten damals genannt haben.« Das sei aber seine Meinung, die er nie geäußert habe, sagt Gerhard, der 1927 in Flatow *(Złotów)* geboren wird. Die Kleinstadt in der ehemaligen Provinz Posen liegt gerade eben auf Reichsgebiet, direkt an der Grenze zum Polnischen Korridor, jenem preußischen Landstrich, der nach den Bestimmungen des Versailler Vertrages ab 1920 Polen zugesprochen wird. Gerhard hat eine ein Jahr ältere Schwester und einen zwei Jahre jüngeren Bruder. Sein Vater ist als amtierender Forstmeister und Güterdirektor angestellt beim Prinzen Christian von Schaumburg-Lippe, der auf dem Hohenzollernschloss in Flatow residiert.

»Unserer Familie ging es finanziell recht gut«, sagt Gerhard. »Wir wohnten wunderschön im Forsthaus am Wald. Wir Kinder tobten in der Natur und an den Seen herum. Besonders liebte ich das Schwimmen. Mit 13 Jahren hatte ich schon das Totenkopf- und das DLRG-Abzeichen auf der Badehose und machte damit ordentlich Eindruck.«

Als Gerhard 1937 ins Jungvolk eingegliedert wird, besucht er die Grundschule, ein Jahr darauf kommt er auf die Ostlandschule am Flatower Bahnhof. »Meine Eltern haben sich nie zu Hitler geäußert«, erzählt er. »Ich denke aber, dass mein Vater ihm zumindest zu Beginn nicht abgeneigt war. Aber als Förster hatte er mit anderen Dingen zu tun. Er hat immens viel mit mir unternommen, mir das Jagen und Angeln beigebracht. Das Verhältnis zur polnischen Minderheit in Flatow war zurückhaltend. Ihre Kinder gingen in eine gesonderte eigene Schule. Die Mehrheit der bei uns lebenden polnischstämmigen Menschen, die sich haben eindeutschen lassen und fließend Deutsch sprachen, war dagegen so perfekt integriert, dass man keine Unterschiede erkannte. Die deutsch-polnischen Kinder mussten auch genauso zum Jungvolk wie wir.«

Da Gerhard direkt an der Grenze zu Polen lebt, kommt für ihn der Kriegsausbruch 1939 nicht aus heiterem Himmel. »Es gab schon Wochen zuvor Aufmärsche bei uns, in der ganzen Stadt war die Wehrmacht unterwegs und stellte Munitionskisten auf. Allein in seiner Scheune hatte mein Vater zeitweilig hundert Soldaten einquartiert. Die sind dann am 1. September über die Grenze marschiert. Von Kampfhandlungen haben wir nichts mitbekommen. Keiner von uns, egal welchen Alters oder Herkunft, hegte aber nur den geringsten Zweifel daran, dass der Krieg schnell gewonnen werden würde. Dass es am Ende sogar 18 Tage dauerte, die Polen zu schlagen, hielten manche schon für übertrieben lange. Mich hat das nicht so interessiert. Als Kind macht man sich über diese Sachen keinen Kopf. Jedenfalls habe ich keinerlei Gefahr gewittert. Krieg war damals für mich noch nichts, worüber man sich als deutscher Junge Sorgen zu machen brauchte.«

Mit 14 Jahren tritt Gerhard in die Hitlerjugend und dort in einen Zug der Flieger-HJ ein. Mit Begeisterung werkelt er an Flugzeugmodellen. »Gute Modelle hielten wir kilometerweit in der Luft. Man hatte Mühe, sie wiederzufinden. Wir organisierten deswegen ganze Beobachtungs- und Suchtrupps um das Flugfeld herum. Die Landungen unserer Flieger waren oft unsanft, und wenn so ein Teil kaputtging, das man in wochenlanger Kleinarbeit zusammengebastelt hatte, war man entsprechend frustriert. Ich begann, mich in die Fliegerei hineinzusteigern, las alles über die deutschen Fliegerasse des Ersten Weltkriegs, die Helden der Luftkämpfe: Oswald Boelcke, Max Immelmann und Manfred von Richthofen. Sie wurden meine Vorbilder. Mein Traumberuf war gefunden.«

Gerhards großes Repertoire an außerschulischen Interessen schlägt sich in Form von bescheidenen Noten auf seinen Zeugnissen nieder. Sein Klassenlehrer glaubt zu wissen, warum das so ist, und zitiert im Sommer 1942 seinen Vater zu sich. »Ich war geschockt«, erinnert sich Gerhard. »Beide hatten bei dem Gespräch vereinbart, dass ich die Schule wechseln müsse. Der Direktor hatte klargestellt, dass in mir herausragende Begabungen und Talente steckten, dass ich als Förstersohn jedoch zu viel Ablenkung erhielte. Ich sei ein Junge, der auf einer Privatschule gepresst werden müsse, und meine Familie solle ihren finanziellen Wohlstand als Chance begreifen, um mir den Unterricht auf einer besseren

Schule zu ermöglichen. Dagegen konnte ich nichts anbringen. So brachte mich mein Vater zu Beginn des neuen Schuljahrs mit dem Zug ins 311 Kilometer entfernte Königsberg, wo ich von nun an die Privatschule Mensch besuchte. Die hieß nicht so, weil sie so menschlich war, sondern weil der Schulleiter den Nachnamen Mensch trug.«

Gerhard lebt sich schnell auf dem Internat ein und erkundet mit seinen neuen Klassenkameraden, die fast alle adeliger Herkunft sind, die ostpreußische Stadt am Pregel.

»In unserer Schule wehte ein anderer Geist«, sagt Gerhard. »Von Hitler und den Nazis sprach man nicht, wenn es sich vermeiden ließ. Wie ich später erfahren habe, soll Direktor Mensch der Freimaurer-Loge angehört haben. Damit könnte das zu tun gehabt haben. Die adeligen Söhne kamen meistens aus kritischen Elternhäusern, obwohl da natürlich niemand offen drüber sprach. Wir lernten äußerst konzentriert und effektiv in Kleingruppen. Zwar wurden wir alle zu Etikette und Benehmen erzogen – an unserem Tisch saß sogar ein Inspizient, der Manieren und den Ausdruck protokollierte –, aber wenn kein Lehrkörper dabei war, unterschied sich so ein adeliger Jüngling nicht von einem bürgerlichen. Die meisten Mitschüler entstammten dem ostpreußischen Landadel, oder sie waren Söhne von Großgrundbesitzern und Berufsoffizieren. Obwohl einige entsprechende Dünkel pflegten, waren das insgesamt feine Kerle, die mich behandelt haben wie einen der ihren. Die meisten von ihnen haben die nächsten Jahre nicht überlebt.«

Den Krieg erlebt Gerhard bald hautnah. Immer häufiger muss er bei Fliegeralarm mit seinen Mitschülern und Lehrern in den Kellern der Schule ausharren. Es sind noch keine großen alliierten Formationen, die bombardieren, sondern einzelne russische Maschinen, die zwar Schaden anrichten, aber in keiner nennenswerten Größenordnung. Blindgänger werden entschärft, das Theater brennt bei einem Angriff aus, die Schulkameraden sammeln Flaksplitter. Noch ahnt Gerhard nicht, was auf ihn zukommen wird. Seine freien Nachmittage verbringt er mit Spaziergängen durch den Tiergarten oder durch die Altstadt am Hafen. Er geht mit Freunden in Cafés, ins Kino oder an Sonntagen in die Badeanstalt am Schlossteich. Der Verpflichtung, sich bei der örtlichen Hitlerjugend zu melden, kommt Gerhard in den ersten Monaten nicht nach. Sein Fehlen fällt nicht auf. Aber er ist entschlossen, für sein Vaterland zu kämpfen, wenn es darauf ankommt. Sein größtes Interesse gilt weiterhin der Fliegerei, und sein Vater, dem der Erste Weltkrieg noch in den Knochen steckt, rät ihm, sich nicht als Infanterist an der Front verheizen zu lassen, sondern sich freiwillig als Offiziersbewerber beim Reichsluftfahrtministerium zu melden. Das garantiere ihm bei erfolgreicher Eignung eine Einberufung zur Luftwaffe. »Ich bewarb mich und dachte dabei an meine beruflichen Aufstiegsmöglichkeiten«, sagt Gerhard. »Für die Zeit nach dem Krieg wurde Luftwaffenoffizieren eine glorreiche Zukunft als Pilot der Lufthansa in Aussicht gestellt. Das war was für mich und für einige meiner Schulkameraden auch. Kurz nach der Bewerbung hatten wir uns beim Nationalsozialistischen Fliegerkorps in Königsberg zu melden. Dort erhielten wir nach der Schule theoretischen Flugunterricht, lernten Funken und Morsen und absolvierten praktische Schulungen im Segelflug. Das ersparte mir den nachträglichen Eintritt in die Hitlerjugend. Im Grunde taten wir das, was anderen in der Flieger-HJ beigebracht wurde. Vielleicht sogar ein bisschen professioneller. Sonntags fuhren wir mit der Bahn zum Truppenübungsplatz nach Preußisch Eylau *(Bagrationowsk),* wo wir die ersten Rutscher und Sprünge mit einem Schulgleiter SG 38 (Schneider in Grunau 1938) einübten.«

Nach einer strengen Wehrfliegertauglichkeitsuntersuchung in den Sommerferien 1943 wird Gerhard vom NSFK an eine Reichssegelflugschule geschickt, die in unmittelbarer Nähe des traumhaften Badeortes Rossitten *(Rybatschi)* auf der Kurischen Nehrung in Ostpreußen liegt. Mit über hundert anderen Flugschülern, darunter einige Kameraden aus seiner Privatschule, erwirbt er dort seinen A-Flugschein. Dazu gehören 30 Starts mit dem SG 38. In den kommenden Herbstferien setzt er die Flugausbildung fort.

Auf dem Flugplatz in Schippenbeil *(Sępopol),* 60 Kilometer südöstlich von Königsberg, absolviert er seine B-Prüfung. Die Jugendlichen werden mittels einer Seilwinde von einer Anhöhe katapultiert und sollen im Gleitflug das sichere Navigieren in der Luft erlernen. Trotz Fallschirm kommt es zu Unfällen. Ein paar Kameraden verletzten sich bei Abstürzen so schwer, dass ihr Traum vom Fliegen nach wenigen Tagen für immer zerplatzt.

In Schippenbeil müssen die Flugschüler der einheimischen Bevölkerung helfen, Panzergräben auszuheben, absolvieren außerdem eine Schießausbildung und bewachen ihren Flugplatz mit Gewehren. Gerhard erinnert sich an ein Gespräch, das er während eines Wachdienstes mit seinem besten Kameraden, von Bock, führt. Für ihn ein besonders wichtiger Moment, denn damals verändert sich grundlegend und radikal seine bisherige Anschauung des Krieges. Er steht mit seinem Stubenkameraden auf der Kanzel am Rande des Flugplatzes und schaut in Richtung Ostfront. Es ist kalt, die Jungen reden über die Katastrophe von Stalingrad und die sich zurückziehende Wehrmacht.

»Ob das reicht?«, fragt der Neffe des Generalfeldmarschalls Fedor von Bock, der maßgeblichen Anteil an den anfänglichen Erfolgen des Blitzkriegs im Osten hatte, später aber bei Hitler in

Ein SG 38 startet von der Düne.

Gleitsegeln im Doppelsitzer

Ungnade fällt und abgesetzt wird. »Ob die neuen Düsenflugzeuge wirklich die Wende bringen?«

»Schwer zu sagen«, antwortet Gerhard. »Aber es sollen ja Wunderwaffen entwickelt worden sein.«

»Aha, und warum werden sie dann nicht eingesetzt? Wenn nicht bald etwas passiert, überrollen uns die Russen. Dann gnade uns Gott!«

»Ich schaute von Bock erschrocken an – und er mich. Wir wussten beide, dass wir uns mit diesem Gespräch an der Grenze eines gefährlichen Gedankens bewegten. Zweifel am Sieg zu äußern, das galt als Wehrkraftzersetzung. Wer das tat, kam vor ein Kriegsgericht, dem drohte sogar Konzentrationslager. Deutsche Städte waren zu diesem Zeitpunkt längst in Mondlandschaften verwandelt, und alliierte Terrorbomber waren dabei, auch die Industrie auszuschalten. Und in dieser Gewissheit äußerten wir fast zeitgleich, was wir beide dachten: *Es ist an der Zeit, aufzugeben!* In der Folgezeit grübelte ich immer wieder über dieses Gespräch nach, doch es war zu spät. Hitler opferte seine Soldaten, und wir sollten nun bald seine jüngsten sein.«

Kurz nach Gerhards Rückkehr nach Königsberg teilt Direktor Mensch mit, dass der Schulunterricht zum Jahresende eingestellt wird. Der Jahrgang 1927 soll zum Luftwaffenhelferdienst eingezogen werden. Als Trost erhalten die Schüler einen Abschluss über die Mittlere Reife. Am 4. Januar 1944 wird Gerhard mit seinen Schulkameraden in der Boelcke-Kaserne gemustert, registriert, als Luftwaffenhelfer eingekleidet und dann mit einem Lkw in die Flakstellung Neuendorf gebracht. Zu zwölft beziehen die Jungen dort eine Stube und werden später dem Batteriechef vorgestellt, der ihnen und den gleichaltrigen neuen Luftwaffenhelfern aus anderen Schulen die Ausbildungs- und Gefechtsplätze zuweist. Gerhard wird zuerst in der Vermittlung in der Telefonzentrale eingesetzt, später in der Kommandozentrale, die sich in einem unterirdischen Bunker befindet. »Da stand ich am Malsi-Tisch – einer runden Holzplatte, auf der eine Karte der Umgebung von Königsberg befestigt war. Darüber wurde ein Stift mithilfe von Drahtzügen geführt, der den augenblicklichen Stand feindlicher Flieger anzeigte, den ich den Geschützführern durchzugeben hatte. Danach richteten sie ihre Rohre aus. Bevor die Granaten dort reingeschoben wurden, musste der Zünder auf die Entfernung eingestellt werden. Dann gab der Batteriechef über Telefon das Kommando: *Gruppenfeuer – Gruppe – Feuerglocke – Abschuss!* Es krachte. Die Türen in unserem Bunker schepperten. 18 Granaten flogen in dem Moment dem Feind entgegen. Nach einer gewissen Zeit hörte man sie in der Ferne zerbersten.«

Gerhards Großkampfbatterie besteht aus drei Batterien, wovon jede über sechs Acht-Acht-Geschütze verfügt, um die zum Schutz vor Bombensplittern hohe Erdwälle aufgeschüttet sind. »In unserer Batterie stand außerdem eine Baracke, in der etwa 30 russische Kriegsgefangene untergebracht waren«, erzählt Gerhard. »Bei Angriffen zeigten sie mit dem Finger nach oben und fragten: *Amerikanski?* Bejahte man das, kannten sie kein Halten mehr, schleppten die Munition und halfen mit, die Geschütze zu beladen. Wir Luftwaffenhelfer mochten die Russen. Sie schnitzten aus Holzabfällen Spielzeug und tauschten das bei uns gegen Brot oder Leberwurst ein, weil wir bessere Verpflegung erhielten. Ich habe mal eine Holzpistole, mit der man Steinchen verschießen konnte, für ein halbes Kommissbrot bekommen und freute mich darüber wie ein kleines Kind.«

Am 26. August erfährt Gerhard vom Batteriechef, dass das Luftfahrtministerium entschieden habe, dass er seine Flugausbildung an der Reichssegelflugschule in Rossitten sofort abzuschließen habe. Man brauche dringend Piloten, seine Zeit als Luftwaffenhelfer in Königsberg sei beendet. Ausgerechnet an diesem Tag erfolgt der erste schwere Luftangriff auf die Stadt. »In den späten Abendstunden heulten die Sirenen«, erzählt Gerhard. »Jeder eilte routinemäßig auf seinen Posten. Aus der Ferne kam ein ungewohntes Geräusch, ein tiefes Brummen und Rumoren. Es kam näher und wurde lauter. Uns war allen klar: Das ist ein starker Verband von Bombern, keine einzelnen sowjetischen Nähmaschinen. Dann sahen wir die Christbäume schräg über uns herunterprasseln. Fast gleichzeitig krachten die ersten Salven aus unseren Rohren. Zwischendurch hörte und spürte ich die Einschläge schwerer Bomben aus dem Stadtgebiet, konnte aber nichts sehen, da ich meine Aufgaben im Flakbunker erledigte. Als ich nach dem Alarm aus der Stellung herauskam, war der Himmel über Königsberg blutrot eingefärbt.«

Mindestens vier der die Stadt in der Nacht vom 26. auf den 27. August 1944 angreifenden 174 britischen Avro-Lancaster-Bombern der 5. Bombergruppe der RAF werden abgeschossen. »Durch Störungen der Technik konnte nicht ausgemacht werden, welcher Batterie die Abschüsse zugerechnet werden«, sagt Gerhard. »Eine Kommission musste darüber entscheiden. Das war wichtig für die Soldaten, denn für jedes zerstörte Feindflugzeug durfte sich die entsprechende Batterie einen weißen Ring um das Geschützrohr malen. Mich als angehenden Piloten interessierte der Ausgang nicht mehr.«

Gerhard erhält seine Entlassungspapiere und macht sich zwei Tage später durch das stellenweise noch brennende Königsberg, in dem durch die vorangegangenen Angriffe 10 000 Menschen obdachlos geworden sind, auf bis zum Hauptbahnhof. Er kauft ein Ticket für den darauffolgenden Tag und findet einen Übernachtungsplatz in der Wehrmachtsunterkunft an der Österreichischen

Straße. In der kommenden Nacht schreckt er hoch, weil erneut die Sirenen heulen. »Ich hörte das Surren einer Dynamotaschenlampe. Dann bemerkte ich den Lichtkegel im Gesicht. *Raus Mann, Fliegeralarm,* rief der Unteroffizier vom Dienst, der in den Schlafraum gestürzt war. Im Dunkeln rannte ich zu den Splittergräben in der Parkanlage, behelfsmäßige Schutzunterkünfte für Reisende. Am Boden lag eine schmale Planke als Laufsteg, und links und rechts daneben waren Bänke aus ungehobelten Brettern angebracht. Man saß beengt, und es war stockdunkel. Draußen begann jetzt ein Höllentanz. Flakgeschosse detonierten, Bomben fielen, die Erde bebte. Sand rieselte in meinen Nacken und in die Augen, Kinder schrien, Leute stöhnten, es war grauenhaft. Neben dem schon kaum erträglichen Dröhnen und Brummen der Bomber hörte man immer wieder dieses ekelhafte Geräusch, das durch Mark und Bein ging: ein sirenenartiger Heulton, der in der Ferne beginnt, dann anschwillt, während er näher auf einen zukommt. Man hat jedes Mal das Gefühl, direkt getroffen zu werden. Ein gewollter Effekt zum Zwecke des Psychoterrors: Die Leitwerke der Bomber waren so konstruiert, dass die hindurchstreichende Luft diese scheußlichen Geräusche erzeugte. Ich hielt es nicht mehr aus und rannte in den Park. Zwischen Findlingen suchte ich Schutz vor den Bombensplittern und beobachtete die Stadt, die einem Flammenmeer glich. Wenn eine Bombe herabfiel, war der Einschlag von einem riesigen Feuerball umgeben. Im Feuerschein sah ich schemenhaft die Umrisse einzelner Flugzeuge, die tief flogen und schnell wieder im Dunst der Rauchschwaden verschwanden. Ein Flaksplitter schlug gegen einen der Steine und prallte von dort ab. Der hätte mich um ein Haar erwischt.«

Erst im Morgengrauen wagt Gerhard den Versuch, zum Nordbahnhof zu gelangen. Der Weg führt durch das zerstörte Stadtzentrum. »Man konnte nichts tun. Das Feuer prasselte überall, es knallte, zischte, und man konnte immer wieder das dumpfe Geräusch zusammenfallender Häuser hören. Ich stand mit ausgebombten Königsbergern und Feuerwehrleuten in einer Kirche. Da erzählte jemand, dass 300 Straßenbahnschaffnerinnen, die im Depot Schutz gesucht hatten, getötet sein sollten. Ich entfernte mich von den Menschen, konnte die Schauergeschichten nicht ertragen. Erst Stunden später schaffte ich es in die Stadt. In Qualm, Gestank und Hitze lief ich an eingestürzten und brennenden Häusern vorbei. Die Steine unter meinen Füßen waren glühend heiß, sodass ich rennen musste. Überall lagen Leichen. Einmal wäre ich beinahe auf einen Toten getreten. Er sah aus wie ein verkohltes Holzstück. Bei näherem Hinsehen erkannte ich die Umrisse einer Soldatenuniform. Dieser Mann war nicht von Flammen zu Asche verbrannt, sondern durch die ungeheure Hitze und durch den Verlust an Feuchtigkeit auf die Größe eines Kindes geschrumpft. Diesen Anblick werde ich bis heute nicht los.«

In der Nacht vom 29. auf den 30. August werfen 189 Lancaster der 5. Bomber Group 480 Tonnen Bomben auf Königsberg ab. Die Taktik der Flächenbombardements zielt nach den Leitsätzen der *Area Bombing Directive* vom 14. Februar 1942 darauf ab, möglichst viele Zivilisten zu töten und Lebensraum zu zerstören. Militärische Ziele werden gar nicht erst angegriffen. Bei dem zweiten britischen Angriff auf Königsberg sterben mindestens 5000 Menschen, 200 000 werden obdachlos. Die historische Altstadt wird fast vollständig zerstört.

Abgekämpft kommt Gerhard am intakten Nordbahnhof an, von wo aus er mit der Samlandbahn, die ununterbrochen ausgebombte Frauen und Kinder aus Königsberg evakuiert, in die Kurstadt Cranz *(Selenogradsk)* fährt und von dort aus weiter mit einem Lkw der Wehrmacht zur Reichssegelflugschule nach Rossitten, um seine C-Prüfung zu absolvieren. Doch hier hat sich ebenfalls einiges verändert. Es finden sich nur ein paar Dutzend

General Andrejewitsch Wlassow mit russischen Kriegsgefangenen, die freiwillig gegen die sowjetische Führung kämpfen

Flugschüler ein; mit in ihren Unterkünften leben jetzt sogenannte Wlassow-Soldaten. Hitler hat im Sommer 1944 dem in Gefangenschaft geratenen sowjetischen General Andrejewitsch Wlassow, einem überzeugten Anti-Stalinisten, den Aufbau einer Armee aus etwa 50 000 unpolitischen russischen Kriegsgefangenen unter seiner Führung gestattet.

»Das waren alles ältere Männer mit mindestens grau melierten Haaren«, erzählt Gerhard. »Sie bauten Verteidigungsanlagen. Bei ungünstigem Flugwetter halfen wir Schüler ihnen beim Aufstellen von Spanischen Reitern. Es war erstaunlich, dass sie im Gegensatz zu uns eine solche Zuversicht auf einen Sieg zeigten. Sie hassten Stalin wie die Pest und waren bereit, für die Befreiung Russlands zu sterben. In den Pausen rauchten wir mit ihnen *Machorka,* einen wirklich scheußlich schmeckenden russischen

Tabak, der in der Wehrmacht Stalinhäcksel genannt wurde. Wir gaben ihnen Holz und Werkzeuge, und sie bauten daraus Pfeifen, damit war er etwas genießbarer. Auch mit diesen Soldaten haben wir uns prächtig verstanden. Russen haben wir Luftwaffenhelfer nie als die Untermenschen kennengelernt, als die uns die Nazis sie vermittelt hatten.«

Flugstunden absolvieren die Rossittener Schüler jetzt nur noch unter Schutz eines auf einer Lafette stehenden Maschinengewehrs, das sie abwechselnd zu viert besetzen. Sie erhalten weiter praktischen und theoretischen Schießunterricht mit Gewehr und Handgranaten. Mit Panzerfäusten und Panzerschreck feuern sie auf Blechgerüste, die sowjetische T-34 Panzer simulieren. »Das hatte natürlich alles gar nichts mehr mit der Fliegerei zu tun«, sagt Gerhard. »Trotzdem wurde die nicht vernachlässigt. Man vermittelte uns, und glaubte es wohl genauso wie wir, dass wir bald als Piloten in den Krieg eingreifen könnten. Wir übten jetzt Hangsegeln, Thermiksegeln oder Kreisfliegen mit voll ausgestatteten Flugzeugen, Einsitzern und auch Zweisitzern, die mit motorisierten Schleppern in die Luft gebracht wurden. Die Flüge über Dünen und Wälder zwischen den klaren türkisblauen Wellen der Nehrung und der blaubraunen Gischt des tosenden Haffs waren traumhaft. Aber die Front konnte man sich nicht wegdenken. An einem Abend war ich auf dem Weg zu den Sanitärräumen, um mich auf die Nachtruhe vorzubereiten, da stürmte jemand herein und rief: *Memel brennt!* Wir liefen zu den Dünen, denn von dort hatten wir freien Blick. Das Feuer über der 60 Kilometer entfernten Stadt wütete so gewaltig, dass wir das Lodern der Flammen deutlich erkennen konnten.«

Einige Tage später kommt Gerhard vom Flugunterricht zurück in das Unterrichtsgebäude und sieht, wie die Gänge mit Bomben ausstaffiert werden. Die Segelflugschule wird kurz darauf evakuiert und dann gesprengt. Die Schüler werden auf dem Flugplatz in Elbing weiter ausgebildet. Hier legt Gerhard seine C-Prüfung ab, kurz bevor die Sowjetarmee am 23. Januar 1945 in die Stadt an der Ostsee einmarschiert. Gerhard ist jetzt gelernter Segelflieger und bereit für die Offiziersausbildung an einer Luftkriegsschule. Nach kurzem Urlaub in Flatow erhält er über das Luftfahrtministerium Reisepapiere zum Fliegerhorst Oschatz in Sachsen. Dort angekommen, wird er einer Gruppe von Flugschülern zugeordnet, die im Schnellverfahren zu Piloten ausgebildet werden sollen, um aus der Luft die am Boden kämpfenden Soldaten zu unterstützen. »Das war völlig verrückt«, sagt Gerhard. »Uns wurden Motorflugzeuge vom Typ Junkers W 34 zur Verfügung gestellt. In der ersten Etappe sollten wir das Beherrschen der Maschine erlernen, also den Umgang mit den Armaturen und Steuereinrichtungen, in der zweiten die gleichzeitige Anwendung von Waffen. Das waren regelrechte Kamikazevorhaben. Die W 34 ist ein Frachtensegler und dafür nicht gemacht. Aber unter den Tragflächen unserer Flugzeuge haben die Ausbilder tatsächlich Panzerfäuste angebracht, mit denen wir T-34 abschießen sollten. Wir übten dafür wieder an Panzer-Attrappen. Glücklicherweise kam es nie zu einem echten Einsatz, und das Unternehmen wurde nach vier Wochen abgeblasen, weil man sich für derartige Ubungen kein Flugbenzin mehr leisten konnte und sich außerdem gezeigt hatte, dass eingesetzte Flugschüler vor uns keinen Erfolg mit der Taktik hatten. Sie wurden reihenweise abgeschossen.«

Stattdessen werden die Oschatzer Schüler um Gerhard im März 1945 vereidigt und zu einer Kampfgruppe zusammengefügt, die ohne weitere Ausbildung der 12. Armee von General Walther Wenck unterstellt wird. »Alle waren enttäuscht, statt als Piloten sollten wir nun doch als einfache Infanteristen in den Krieg ziehen. Um wenigstens unsere Ehre zu retten, durften wir uns aber

Fallschirmjäger nennen und erhielten kurzerhand zur Fliegerjacke mit gelben Kragenspiegeln eine feldgraue Hose.«

Einen Tag später beteiligt sich Gerhards Kampfgruppe daran, an einem Kanal bei Groß Schönebeck eine Verteidigungslinie aufzubauen. »Über uns kreiste die ganze Zeit ein Feindflugzeug«, erzählt er. »Einer der Frontsoldaten, die uns anleiteten, meinte beiläufig, dass wir längst entdeckt worden wären. Er hatte recht, ein paar Stunden später krachte es gewaltig. Wir hörten es furchtbar jaulen und heulen. *Das sind Stalinorgeln,* rief ein Unteroffizier. Ich hatte bis zu dem Zeitpunkt keine Ahnung, was das war. Eine Granate schlug direkt in den Graben ein, und eine mächtige Sandfontäne riss alles mit sich, was sich in der Nähe der Einschlagstelle befand.« Zwei von Gerhards Kameraden laufen zum Schützengraben. Während sich der eine noch mit einem Sprung retten kann, reißt dem anderen ein Granatsplitter den Leib auf. »Man hat in dem Moment gar keine Zeit nachzudenken«, sagt Gerhard. »Die nächste Granate schlägt ein, und noch eine und wieder eine. Die Gewalt der einschlagenden Geschosse war so groß, dass metertiefe Krater ausgehoben wurden und die Erde in Schwingungen geriet. Obwohl ich mich in Deckung befand, merkte ich bei jeder Detonation einen scharfen Sandstrahl im Gesicht.«

Gerhard ist so voller Adrenalin, dass er seine eigene blutende Splitterverletzung an der Hand erst registriert, als ihn ein Sanitäter aus dem Graben gezogen und versorgt hat. Er wird mit anderen Verletzten, darunter viele Schwerverletzte, auf einen offenen Lkw gelegt, der mit ungeheurem Tempo davonrast. In einem Lazarett in Neubrandenburg wird er verarztet und dann einer Genesungskompanie zugeteilt, die per Zug in den Ort Kessin gebracht wird, wo eine Wehrmachtsunterkunft frei geworden ist. »Wir waren eben erst angekommen, da fuhr eine SS-Einheit auf den Hof«, erzählt Gerhard. »Ein Offizier ließ uns antreten und erklärte, die Russen würden in Kürze hier sein, und wir bekämen die Aufgabe, den Ort zu verteidigen. Gewehre, Munition und Handgranaten wurden verteilt, wir sollten uns verschanzen. Das war Wahnsinn, denn unter uns waren Schwerstverletzte, die keine Waffe mehr halten konnten. Die Leute hatten Kopfverbände, liefen auf Krücken, trugen Augenklappen. Zum Glück hatten wir einen Spieß, der nicht bereit dazu war, seine Männer zu opfern. Er trommelte uns zusammen und empörte sich über die SS: *Die Schweine bringen ihren Arsch in Sicherheit, und wir sollen hier verrecken. Hört zu, Jungens, die Amerikaner sind in Lübeck, und die Russen sind hier. Der Krieg ist verloren, und jeder Widerstand ist Selbstmord. Folgt mir!*«

Der Hauptmann führt die Kompanie zu einem Schuppen, wo die jungen Soldaten Schaufeln und Spaten finden. Auf dem Acker dahinter buddeln sie einen Graben, wickeln die Waffen in eine Decke ein und vergraben sie. »Das war ein scheußliches Gefühl, auch mein Heldenkomplex war noch nicht erloschen«, erinnert sich Gerhard. »Dann marschierten wir auf die Hauptstraße zu, bereit, uns dem Feind zu ergeben. Die ganze Straße war überfüllt mit Flüchtlingen. Ohne es selbst zu wissen, gerieten wir so in den Angriffsbereich der 2. Weißrussischen Front. Das, was nun passierte, war das Grausamste, dem ich je ausgesetzt war in meinem Leben. Zuerst hörte ich das Tackern eines Maschinengewehrs. Auf den Granitsteinen sprangen Funken. Der Reihe nach fielen Frauen und Kinder auf der Straße um. Ein Pferd hob die Vorderbeine, wieherte markerschütternd und ging durch. Der Wagen stürzte um und riss den Gaul mit. Ich sah, wie die blanken Knochen aus den gebrochenen Beinen des Tiers heraussprangen. Bruchteile einer Sekunde verharrte ich vor Entsetzen, dann sprang ich in den Straßengraben. Danach kamen die Panzer und fuhren Pferde, Wagen und Menschen, die nicht schnell genug von der Straße wegkamen, einfach über den Haufen. Sie wurden platt gewalzt und hinterließen Spuren auf der Fahrbahn, die ich nicht mit Worten beschreiben kann. So etwas sollte niemand sehen. Ich hatte endgültig genug vom Krieg.«

Gerhard flüchtet zu Fuß weiter. Ein verängstigter Junge in seinem Alter schließt sich ihm an; sie verstecken sich im Haus einer ledigen Frau und bekommen von ihr Zivilklamotten ausgehändigt. Der Krieg ist zu Ende. Die Russen durchkämmen die Ortschaften, und auch Gerhard und sein Kamerad werden gefangen genommen, ausgeraubt und letzten Endes auf eine eingezäunte Viehkoppel gebracht, wo bereits viele Hunderte deutsche Soldaten kauern. Die Russen feiern den Sieg mit reichlich Wodka. Der Krieg ist aus. Noch in der Nacht gelingt Gerhard die Flucht, und er erreicht Ende Mai Loitz, wo seine Tante lebt. Hier trifft er seine Mutter und seine Geschwister wieder.

Im Mai 1945 kommt Gerhard in Loitz an.

Die Wiedersehensfreude wird getrübt, als er erfährt, dass sein Vater beim Einmarsch der Sowjetarmee in Flatow erschossen worden ist. Wahrscheinlich sei ihm seine grüne Försteruniform zum Verhängnis geworden, erklärt die Mutter. In der ersten Juniwoche 1945 verkündet der eingesetzte russische Kommandant, dass alle Flüchtlinge Loitz unverzüglich zu verlassen und in ihre Heimat zurückzukehren haben. Gerhard macht sich also mit seiner Mutter und seinem Bruder auf den Weg zurück nach Flatow. Mit Hunderten anderen Flüchtlingen fahren sie mit einem Schiffskahn die Peene entlang bis nach Anklam, wo sie auf einen offenen Güterzug klettern. Ohne Decken, Regenschutz oder Verpflegung fahren sie über Stettin bis nach Stargard. Währenddessen werden sie immer wieder von polnischen Soldaten angehalten, durchsucht und gedemütigt. Als sie nach Tagen in Flatow ankommen, finden sie ihre Försterei ausgebrannt vor. Gerhards Großeltern liegen erschlagen auf ihrem Hof. Die Polen in der Stadt stört es nicht. Gerhard kommt sich vor wie in einem Albtraum, einige seiner ehemaligen Klassenkameraden erkennt er auf der Straße wieder, es sind die gut integrierten Deutsch-Polen. Keiner aber wagt es, ihn zu grüßen; niemand hilft ihm mit etwas zu essen aus. Bei einer der letzten verbliebenen deutschen Familien findet Gerhards Restfamilie für ein paar Tage Unterschlupf. Sie entschließen sich dann aber für die Flucht zurück nach Westen, indem sie sich in einem abgehenden Güterzug verstecken. Auf Umwegen kommen sie erst zwei Wochen später im zerstörten Berlin an.

Gerhard absolviert sein Abitur 1948 in Franzburg, studiert in Rostock Mathe, Physik und Chemie auf Lehramt und ist dann 15 Jahre als Lehrer der DDR in Elmenhorst tätig. Er heiratet, gründet eine Familie und schult noch mal über ein Elektrotechnikstudium um. 25 Jahre arbeitet er in einem Halbleiterwerk in Frankfurt an der Oder, bevor er sich nach der Wende in Templin niederlässt, wo ihm bald ein Soldatengrab an einer kleinen Kirche auffällt.

Gerhard über die Wut

Ich habe während und nach meiner Rückkehr so vielen grausamen Erlebnissen mit polnischen Zivilisten beigewohnt, dass ich immer noch wütend bin. Natürlich weiß ich, dass nicht alle so waren, und ganz sicher sind die Polen heute nicht verantwortlich für die Taten, aber so funktionieren Vorurteile eben nicht. Wir Deutschen wurden wie Dreck behandelt, ausgeraubt, bespuckt, meine Großeltern von ehemaligen Nachbarn einfach ermordet und wie Müll liegen gelassen. Ich habe gesehen, wie Frauen vergewaltigt wurden. Alles Flehen half nichts. Hilfe kam von niemandem. Eine Szene bekomme ich bis heute nicht aus meinem Kopf, weil sie mich so unglaublich wütend und traurig macht. Als wir mit anderen Flüchtlingen im Zug unterwegs waren und es vor Hunger kaum aushielten, saß da auch eine Familie mit drei kleinen Kindern zwischen uns, die verängstigt und zitternd auf einem Koffer hockten. Als eine polnische Bande zustieg und allen ihre Habseligkeiten wegnahm, gaben sie auch den Kindern ein Zeichen aufzustehen und untersuchten den Inhalt des Koffers. Es kamen Kartoffeln, Brot und ein paar Flaschen Speiseöl zum Vorschein. Die Diebe sahen sich verdutzt an; auch ich war verwundert, dass jemand noch solch einen Schatz besaß. Ich hielt den Atem an und hoffte so sehr, dass sie Mitleid haben würden. Aber da riss einer schon das Gepäckstück an sich. Die Eltern flehten ihn an und wiesen auf die weinenden Kinder, die dringend essen mussten. Doch die Männer nahmen alles mit und verschwanden. Der Familienvater, ein Kriegsinvalide, dem ein Arm fehlte, senkte danach sein Haupt und weinte bitterlich. Da spürte ich diesen unglaublichen Schmerz in meiner Brust, Hass und Verachtung in meinem Herzen. Ich würde gerne sagen, dass der wieder weggegangen ist, aber zur Wahrheit gehört, das stimmt nicht, und ich war nicht in der Lage, es zu ändern

Gerhard über zeitgenössisches Holocaustwissen

Ich erinnere mich ganz genau an die Reichskristallnacht. Ich war am Tag danach mit dem Fahrrad von der Försterei zur Schule unterwegs. Als ich die zerstörten Scheiben eines jüdischen Gemischtwarenladens sah und die ganze zertrümmerte Einrichtung auf der Straße davor, war ich so geschockt, dass ich ausrutschte und mit dem Rad hinfiel. Eigentlich hätte ich mich gar nicht wundern müssen, denn dass so etwas passieren würde, hatte sich durch jahrelange Propaganda angekündigt. Das kriegte man auch schon als Kind mit, obwohl man es noch kaum einordnen, geschweige denn hinterfragen konnte. Doch nun waren Worten Taten gefolgt, und das war neu. Kein Mensch hat danach darüber gesprochen, so als wollte man es wegschweigen und vergessen. Natürlich haben wir nichts Konkretes davon gewusst, was in Konzentrationslagern passierte. Die Juden aus Flatow sind spätestens nach der Reichskristallnacht ausgewandert. Dass die das nicht freiwillig machten, war wohl jedem klar. Sie wurden ja diskriminiert. Ich hatte einen jüdischen Jungen in meiner Klasse, der wegen kleinsten Kleinigkeiten fertiggemacht wurde. Als bekannt wurde, dass ein Jude in Paris einen deutschen Diplomaten erschossen hatte, haben die großen Jungen aus unserer Klasse ihn in die Mangel genommen, ihn bedroht, beschimpft und ihm sein Geld weggenommen. Heute denke ich, ich hätte dazwischengehen müssen. Uns haben die Diskriminierungen damals allerdings nicht so erschüttert, wie es hätte sein müssen.

HEINZ WILHELM: GEFANGENENAUSTAUSCH

Erst seit 2017 spricht der 93-jährige Hamburger Heinz Wilhelm über seine Erlebnisse im Zweiten Weltkrieg. An seinem 90. Geburtstag sitzt er mit seiner Frau, seinem Sohn und einem Enkel bei einer Tasse Kaffee zusammen auf der Terrasse, als ihn das jüngste Familienmitglied ganz unverhofft auffordert, doch endlich mal etwas über den Krieg zu erzählen. »Es war für mich unglaublich merkwürdig, das gefragt zu werden und dann über diese Dinge auch zu sprechen«, sagt Heinz Wilhelm. »Und das nach so langer Zeit. Ich hatte zuvor nie ein Wort darüber verloren.« Umso erstaunter ist der ehemalige Leiter des Hamburger Kataster- und Vermessungsamtes, wie genau er seine Jugenderlebnisse in Erinnerung behalten hat und wie viel er durch Zwischen- und Nachfragen abrufen kann. Unter den männlichen Familienmitgliedern entsteht die Idee, die Geschichte des Vaters und Großvaters im kleinen Rahmen für die Familie aufzuschreiben, um so noch weitere Erinnerungsprozesse in Gang zu setzen. »Sie haben gemeinsam mit mir alle Orte recherchiert und teilweise auch besucht, an denen ich gewesen bin, und mir dadurch die nötige Kraft gegeben, darüber zu reden«, sagt Heinz Wilhelm, der sich während des Entstehungsprozesses seiner kleinen Kriegsbiografie schließlich auch bewusst wird, warum er eigentlich nie über die damalige Zeit gesprochen hat. »Ich musste zum Beispiel feststellen, dass mich die Bombenangriffe auf Hamburg, die ich erlebte, bis heute ziemlich verängstigen. Aber das war es auch nicht. Am Ende des Krieges, als ich in Gefangenschaft in einem Rheinwiesenlager war, habe ich mich bei den Engländern freiwillig für einen Gefangenenaustausch in Dünkirchen gemeldet. Das hieß, ich wurde damals zurückgeschickt in den Krieg. Ich machte mir offenkundig unterbewusst die ganze Zeit über und bis vor ein paar Jahren Sorgen darüber, dass meine Familie denken könnte, ich sei ein so fanatischer Hitler-Anhänger gewesen, dass ich unbedingt wieder an die Front wollte. Aber ich kann heute ja zugeben, dass das ausnahmslos rationale Gründe hatte. Wer weiß, was es bedeutet, in einem Rheinwiesenlager dahinzuvegetieren, der wird nachvollziehen können, dass man schnell bereit ist, andere Gefahren vorzuziehen.«

Heinz Wilhelm, der 1928 als Sohn eines Lehrerehepaares in Hamburg geboren wird, ist der Meinung, dass in jeder erzählenswerten Geschichte Gutes und Böses steckt. »Das Gute lässt sich bei mir schnell an meiner Mutter festmachen«, sagt er. »Die mich beschützte, die mir die richtigen Verhaltensweisen in einer Diktatur mit auf den Weg gab, die mich recht früh kritisches Denken gelehrt hat. Das ist alles andere als selbstverständlich in dieser Zeit. Meine Mutter war Biologin. Als ich ihr erzählte, dass wir im Fach Rassenkunde lernten, dass die jüdische Rasse minderwertig ist, nahm sie mich beiseite und erklärte, dass es vom biologischen Standpunkt aus keine schlechten oder guten Rassen gebe und dass das Judentum eine durch Religion geformte Volksgemeinschaft sei. Ich hätte ansonsten nie infrage gestellt, was in der Schule gesagt wurde. Aber meiner Mutter vertraute ich blind. Sie machte mir jedoch sogleich klar, dass ich das, was sie mir anvertraute, niemals an jemand anderen weitertragen dürfe. Wenn ich die Wahrheit über Rassenkunde aussprechen würde, könnte das gefährliche Konsequenzen für mich und die gesamte Familie haben. Ich wusste bereits, dass meine Eltern beide unter Beobachtung der Gestapo standen, und hatte erlebt, dass mit diesen Leuten ganz sicher nicht zu spaßen war. Ich versprach meiner Mutter, mich dazu nicht außerhalb des Hauses zu äußern, denn ich wollte, dass auch sie mir voll und ganz vertraute. Ich schmiedete also mit meiner Mutter einen Plan. Es wurde eine Art Anleitung, mit der ich mich nachfolgend selbst heil durch die Zeit bringen konnte. Ein innerer Kompromiss. Sie hämmerte mir eine Überlebensstrategie ein: *Junge, halt außerhalb des Hauses deinen Mund! Halte dich immer in der Mitte! Fall nicht auf, weder nach links noch nach rechts!*«

Die erste Begegnung seiner Eltern mit der Gestapo erlebt Heinz Wilhelm als Kleinkind, und sie wirkt auf ihn schon so verstörend, dass sie ihm lebhaft in Erinnerung geblieben ist. »Es passierte im März 1933 gleich nach der Machtergreifung«, erzählt er. »Mein Vater, der Lehrer an einem Gymnasium war, lud gelegentlich Schüler der oberen Klassen in unsere Wohnung ein, um ihnen Hilfestellungen bei Lebensläufen und Bewerbungen zu geben. Jemand hat ihn denunziert und der Gestapo gemeldet, dass er eine illegale Jugendbewegung leite und im Widerstand tätig sei. Zwei Männer in Ledermänteln hämmerten eines Abends gegen unsere Tür und verschafften sich Einlass. Sie gingen mit meinem Vater zum Schreibtisch in sein Herrenzimmer. Mit meinem älteren Bruder beobachtete ich die Szene durch ein geheimes Fenster, das es zu dem Raum gab; wir nannten es Katzenfenster. Mein Vater musste alle Schubladen öffnen, und sie blätterten sämtliche Papiere durch. Sie fanden nichts, suchten und fluchten, wurden dann aber ungeheuer ruhig, als mein Vater die Blechkiste auspackte, in der er seine Orden aus dem Ersten Weltkrieg aufbewahrte. Davon hatte er weit mehr als der hochgelobte Führer dieser Männer. Da gab es Eiserne Kreuze 1. und 2. Klasse, die Divisionstapferkeitsmedaille, das Hanseatenkreuz und Verwundetenkreuze. Auch seine Pistole, die er als Vizefeldwebel und Stoßtrupp-Führer getragen hatte, legte er den Männern auf den Tisch. Sie verließen daraufhin unsere Wohnung, aber meine Mutter hatte seit diesem Tag große Angst. Später hat sie mir verraten, dass sie viele bald verbotene Bücher und jüdische Literatur im Bücherschrank hätten entdecken können. Meine Eltern hatten in den folgenden Jahren immer mal wieder mit der Gestapo zu tun. Mein Vater war zwischen 1940 und 1944 KLV-Lehrer und kaum zu Hause. Als der Luftkrieg ab 1943 völlig brutal wurde, vereinbarten meine Eltern Codewörter für ihre Briefkommunikation, damit sie ihm ungeschönt die Kriegsereignisse und Stimmungen aus der Nachbarschaft schildern konnte. Das fiel auf, und meine Mutter musste in Hamburg in die Gestapo-Zentrale. Sie haben versucht, sie in eine Falle zu locken, aber sie war schlau; sie verstand es blendend, sich anzupassen und zu schauspielern. Wir hängten brav eine Hakenkreuzfahne auf, um nicht aufzufallen, und sie brachte meinen Vater dazu, ohne zu murren, in den NS-Lehrerbund einzutreten.«

Ab 1934 besucht Heinz Wilhelm die Volkshochschule Eduardstraße, 1938 wird er zehn Jahre alt und tritt dem Jungvolk bei. Die Mitgliedschaft ist damals zwar noch freiwillig, aber die Pläne seiner Mutter sehen vor, dass ihr Sohn alles mitmachen soll, um die Familie nicht zu gefährden. »Natürlich ging es dabei auch um meine Bildung«, sagt Heinz Wilhelm. »Ich sollte und wollte auf die Oberschule für Jungen in Eimsbüttel, und der dortige Schulleiter nahm nur Schüler auf, die im Jungvolk waren.«

1938 tritt Heinz Wilhelm dem Jungvolk bei.

Am 1. April 1938 wird Heinz dort eingeschult. Mit Ausbruch des Zweiten Weltkriegs spürt er deutliche Veränderungen in seinem Umfeld. »Verdunklungen, Luftschutzübungen, vor den Wohnungstüren wurden Feuerpatschen und Sandeimer aufgestellt. Die jungen Männer zogen alle an die Front, die Frauen übernahmen bislang nur von Männern besetzte Berufe in Fabriken, als Briefträger oder Straßenbahnschaffner. Ich erinnere mich daran, dass das Abhören von BBC unter Strafe gestellt wurde und dass meine Mutter mich immer wieder ermahnte, keine politischen Witze mehr zu machen, die man sich bis dahin noch häufig und gerne erzählt hatte, wenn man sich unbeobachtet fühlte.«

Heinz Wilhelms große Leidenschaft gilt dem Sport, er will unbedingt das goldene Sportabzeichen erreichen. In der Schule kommt er bestens zurecht. Ab dem 4. November 1940 nimmt er an der KLV teil. Rund 60 Schüler seiner Oberschule steigen in einen Sonderzug, der sie bis ins Sanatorium in Streitberg in der Bayerischen Ostmark bringt. Drei Lehrer begleiten die Fünft- bis Achtklässler. »Ein riesiges Abenteuer begann«, sagt Heinz. »Zu acht kamen wir auf eine Stube mit Doppelstockbetten. Es gab klare Strukturen, die Lehrer und drei HJ-Führer hatten die Lagerleitung inne. Vormittags erhielten wir Schulunterricht, nachmittags wurde Sport und Spiel getrieben. Es gab einen großen Sportplatz und ein Freibad. Die Geländespiele waren echt klasse. Auf einer Bergkuppe lag eine Ruine; eine Gruppe verteidigte sie, die andere versuchte, sie zu erobern. Wir wanderten ausgiebig in der Gegend herum, und ich machte mein HJ-Leistungsabzeichen: 15 Kilometer wandern mit 15 Kilogramm Gepäck. Die Unterkunft wurde betreut von einem Lagerelternpaar. Mein Lagervater war ein begeisterter Skifahrer. Er bot faszinierten Schülern einen Grundkurs an. Ich machte mit und war überwältigt von diesem Sport.«

Während des KLV-Lagers wird Heinz Wilhelm mit seinen Kameraden in die HJ eingegliedert. Insgesamt fällt sein Fazit nach fast elf Monaten positiv aus, auch zur Hitlerjugend, die ihn zu sportlichen Höchstleistungen anspornt. »Daneben wurde unser Sozialverhalten geschult und optimiert«, sagt er. »Kameradschaft wurde großgeschrieben. Von NS-Propaganda wurden wir weitestgehend verschont, und so begrüßte ich auch riesig, als im Spätsommer 1943 mein Scharführer einen Aufruf vom Bann nachkam, Jungen zu melden, die Skifahren konnten. Er erinnerte sich an meine Begeisterung und schlug mich vor. Anfang November erhielt ich auf diese Weise eine Einberufung zum Schiwartkurs in Sölden in Tirol. Da nahm ich teil. Wir wohnten in einem sagenhaften Hotel. Die Ausbildung, die ich als Jahrgangsbester abgeschlossen habe, bestand aus Aufstieg, Langlauf und Abfahrt. Es existierten noch keine Skilifte. Im Zickzack arbeiteten wir uns nach der Abfahrt mit Spitzkehren wieder den Hang hinauf.«

Heinz Wilhelm 1943 auf dem Schiwartkurs in Sölden

Während seiner Ausbildung zum HJ-Schifachwart lernt Heinz Wilhelm ebenfalls das Führen innerhalb der Hitlerjugend; diese Tätigkeit zu übernehmen wird von ihm auch erwartet. Vom 23. bis 29. Mai nimmt er dafür noch mal an einem speziellen Führernachwuchslehrgang in Elmshorn teil. Die Themen unter anderem: Aufbau und Inhalte von Heimatabenden, Durchführung sportlicher Aktivitäten und Marschübungen. Wehrertüchtigung: Verhalten im Beschuss im Häuserkampf, Schutz im Bunker suchen. Verschüttungsgefahren in Gebäuden.

Im Anschluss absolviert Heinz Wilhelm zudem vom 6. bis 13. Juni auf der Braunschweiger Hütte im Pitztal in Tirol den ersten Reichslehrgang für Schiwarte und wird offiziell zum Schifachwart ernannt. Das berechtigt ihn, in der HJ Skiausbildungen durchzuführen.

Zu Beginn der schlimmsten Bombardements auf Hamburg ist Heinz Wilhelm allein mit seiner Mutter in der Stadt. Der Vater ist in einem KLV-, der Bruder in einem RAD-Lager. Innerhalb von drei Stunden werfen in der Nacht vom 24. auf den 25. Juli britische Flugzeuge 2300 Tonnen Bomben über Hamburg ab. Zunächst zertrümmern Luftminen die Fensterscheiben der Wohnhäuser, damit Feuer eindringen kann. Danach zerstören schwere Sprengbomben die Wasserleitungen der Stadt, sodass nicht gelöscht werden kann. Schließlich treiben abgeworfenen Brandbomben die Flammen in die offenen Häuser. In der Altstadt, der Innenstadt, Eimsbüttel und Altona werden gewaltige Flächenbrände entfacht. Etwa 1500 Hamburger sterben in dieser ersten Nacht der *Operation Gomorrha.* »Zunächst war es normale Fliegeralarm-Routine«, erinnert sich Heinz Wilhelm. »Aufstehen, anziehen, mit Mutter im öffentlichen Luftschutzkeller an der Bismarckstraße 32 einfinden. Von da ab merkten wir aber sehr deutlich, dass etwas anders war. Die bedrohliche Geräuschkulisse ließ da keinen Zweifel dran. Ich hatte ein verdammt ungutes Gefühl. Sobald es draußen ruhiger wurde, drängte ich den Luftschutzwart, die Tür aufzumachen. Das tat er, drehte sich sofort wieder um und brüllte: *Das Haus brennt, alle raus!* Im Freien sah ich, dass das Nachbarhaus, in dem die Bäckerei Bühler untergebracht war, lichterloh brannte. Die Bombardements waren weiterhin in vollem Gange. Mit meiner Mutter rannte ich über die Straße und weiter bis zum Keller meiner ehemaligen Schule, wo wir den Rest des Luftangriffs ausharrten. Zwei unserer Nachbarhäuser waren nach dem Angriff komplett runtergebrannt, unseres stand noch wie durch ein Wunder. Am folgenden Tag lag eine dicke Staub- und Rauchschicht über der ganzen Stadt, man bekam kaum Luft. Die Sonne schimmerte rötlich durch. Wir konnten unmöglich bleiben. Wie viele Tausende andere Hamburger nahm meine Mutter am nächsten Tag ein Evakuierungsangebot an. Ich kam mit ihr in Dithmarschen unter.«

Bei der Operation Gomorrha, dem Großangriff der RAF und der USAAF im Sommer 1943 auf Hamburg, sterben bis zu 40 000 Menschen.

Dem Großangriff am 28. Juli entkommen Heinz Wilhelm und seine Mutter somit um wenige Stunden. Das Feuer, das die Brandbomben der 739 beteiligten Bomber der RAF entfachen, ist so gewaltig, dass in Hamburgs Kellern ein Vakuum entsteht, durch das die Brandgase heruntergezogen werden und Schutz suchende Menschen an Rauchgasvergiftungen ersticken. Die bis zu 1000 Grad heißen Temperaturen saugen kühle Luft von außerhalb der Stadt an, die dann orkanartig durch die Straßen geblasen wird und als neues Futter für die bis zu sechs Kilometer in die Höhe schlagenden Flammen dient. Der so entstehende Kamineffekt wird als Feuersturm bezeichnet. Wer in die bis zu 250 km/h starken, mit Millionen Funken durchzogenen Winde gerät, stirbt meist unmittelbar an einem Hitzschlag. Bis zum 3. August wird Hamburg weiter bombardiert. Am Ende sind durch die Luftangriffe der Operation Gomorrha etwa 40 000 Menschen gestorben, darunter 6000 Kinder. 277 330 Wohnhäuser werden komplett zerstört, außerdem 580 Industriebetriebe und 2632 Gewerbebetriebe, 277 Schulen, 77 Kinos und Theater, 58 Kirchen, 24 Krankenhäuser und 12 Brücken. »Nach zwei Wochen kamen wir in die Stadt zurück, die man stellenweise nicht mehr als eine solche erkennen konnte«, erzählt Heinz Wilhelm. Für die Hamburger war das vielleicht die schlimmste Zeit der Geschichte, aber man spürte schon im Krieg bei ihnen diesen unbändigen und eisernen Willen, die Stadt wiederaufzubauen. Die Angriffe hatten die Menschen nicht gebrochen, sondern stärkten ihr Zusammengehörigkeitsgefühl ungemein.«

Das Leben geht weiter in Hamburg, es muss. Als Heinz Wilhelms Mutter ein paar Wochen nach den Angriffen ein weiteres Mal von der Gestapo in die Zentrale in der Stadthausbrücke vorgeladen wird, geht ihr Sohn seinem Dienst als HJ-Führer im HJ-Heim an der Bundesstraße 101 nach. Als Scharführer führt er vier Fähnlein-Züge an. Zu seinem Gebiet, das sich vom Kaiser-Friedrich-Ufer bis zur Altonaer Straße erstreckt, gehört das Schanzenviertel mit der Roten Flora. »Dass sich dort die Kommunisten der Stadt angesiedelt hatten, war kein Geheimnis, und die mochten weder Nazis noch HJ-Uniformen«, erzählt er. »Es gab aber nie Ärger, weil ich nie welchen suchte. Ich beschimpfte niemanden, ließ die Kommunisten in Ruhe und sie mich. Unter meinem Kommando standen 20 Jungmannen, alles einfache Arbeiterkinder. Die Treffen fanden zweimal die Woche statt. Ich habe besonders gerne Heimatkunde und Geschichte unterrichtet und konnte, das glaube ich, den Stoff ganz spannend rüberbringen. Bei mir gab es keinen Drill. Ich verschaffte mir so Respekt und hatte Freude an der Tätigkeit. Wenn man eine gute Mannschaft zusammen hatte, spürte man den Kameradschaftsgeist, der einen anspornt. Ich musste meine Züge aber auch für Aufräumarbeiten und Trümmerbeseitigung abstellen. Zur Brandwache waren zwei Führer pro Schicht eingeteilt. Ich war immer mit meinem Kameraden Wilhelm zusammen. Er war HJ-Führer im benachbarten Gebiet Harvestehude und schauspielerte genauso gut wie ich. Während der Wachen waren wir so dreist und haben Jazzplatten der 1920er- und 1930er-Jahre gehört. Wir nahmen einfach Spieler und Platten mit ins Heim, was sehr gefährlich sein konnte, aber wenigstens war unser Gebäude komplett isoliert. Wir gingen das Risiko ein – vielleicht ein minimal möglicher Ausdruck von Protest, den wir uns gönnten. Leider ist Wilhelm gegen Ende des Krieges bei Bad Fallingbostel von britischen Tieffliegern getötet worden.«

Heinz Wilhelms Klassenkameraden und Jahrgangskollegen erhalten im 4. Quartal 1943 ihre Einberufung zum Luftwaffenhelferdienst. Als HJ-Führer mit Ausbildungslizenz ist Heinz Wilhelm unabkömmlich gestellt für den Dienst und besucht stattdessen eine Einsatzschule auf dem Schulgelände der Oberschule Martinistraße 32 in Eppendorf. »Wir waren 25 HJ-Führer, die hier weiter normalen Schulunterricht erhielten und eben nebenbei Hitlerjungen ausbildeten«, erzählt er. »Ich war der einzige Schifachwart nördlich der Mainlinie. Wir hatten in unserer Einsatzschule aber wirklich stramme Nazis als Lehrer. Ich erinnere mich an meinen Kunstlehrer, Träger des goldenen NSDAP-Parteiabzeichens. Während wir malten, las er uns aus *Mein Kampf* vor. Im Herbst 1943 wurde ich allgemein gemustert und als kriegsverwendungsfähig eingestuft. Ich besprach alles wie immer mit meiner Mutter. Sie erzählte mir, dass man Wehrpflichtige nach der Musterung gegen ihren Willen zur Waffen-SS einziehen konnte. Sie hasste die SS, die sie einen verlängerten Arm der Gestapo nannte. Da ihre Sorge groß war, ich könnte dort verpflichtet werden, empfahl sie mir, mich beim Wehrersatzkommando freiwillig als Offiziersanwärter für das Heer zu bewerben. Meine Eignungsprüfung absolvierte und bestand ich im Januar 1944 an der Rettberg-Kaserne am Großen Eutiner See und wurde so Offiziersbewerber Heer. Vom 12. Februar bis 13. März war ich als Schifachwart im Pinzgau im Land Salzburg und leitete zusammen mit einem bayerischen Gebirgsjäger zwei Skilehrgänge mit je 15 Hitlerjungen. Nach den Erfahrungen im Ostfeldzug war es politisches Ziel, Soldaten auf Ski auszubilden. Zu dem Zeitpunkt fragte ich mich allerdings, wo man denn im Schnee noch Krieg führen wollte. Aber ich hinterfragte nicht laut, sondern nahm meine Aufgabe gewissenhaft an. Mit 16,5 Jahren war ich sehr stolz darauf, dass ich Verantwortung für junge Kameraden übernehmen durfte, und dann noch in einer so tollen Sportart.«

Im Frühjahr 1944 erhält Heinz Wilhelm ein Schreiben vom Führer des K-Bannes 76, der sich in einer von jüdischen Bürgern einkassierten Villa in der Rothenbaumchaussee 217 eingerichtet hat, in dem ihm mitgeteilt wird, dass er 15 seiner Hitlerjungen zur Ausbildung bei der Waffen-SS auswählen dürfe. Dabei sei das Prinzip der Freiwilligkeit zu beachten. »Obwohl ich bereits wusste, dass keiner meiner Arbeiterkinder großes Interesse haben würde, ging ich dem nach, ließ die Züge antreten und fragte: *Wer will zur Waffen-SS?* Kein Einziger fühlte sich berufen, genauso gab ich das an den Bann weiter. Darauf kam eine Nachmeldung, ich musste das Spiel wiederholen. Wieder meldete sich erwartungsgemäß niemand. Danach wurde ich zum Rapport in die Zentrale bestellt. Der Bannführer machte mir deutlich ruppig klar, dass ich 15 Freiwillige für die Waffen-SS zu melden habe. Wo mein Problem damit sei. Ich hatte keine Zeit gehabt, vorher mit meiner Mutter über diese Angelegenheit zu sprechen, und so machte ich auch erstmals einen Fehler. Ich wurde nämlich richtig wütend und ausfallend, schrie den Bannführer an, dass für mich freiwillig eben immer noch tatsächlich freiwillig bedeute. Und wenn er das anders sehe, könne er seine Gesuche und Befehle von nun an alleine ausrufen. Danach habe ich meine Führerkordel von der linken Schulterklappe und der Brusttasche abgerissen und sie auf den Schreibtisch gepfeffert. Mit deutschem Gruß entfernte ich mich aus dem Arbeitszimmer. Ich war schon auf der Treppe, als mir der Bannführer hinterherlief und mich augenblicklich zurück in sein Büro zitierte. Da forderte er mich auf, die Kordel umgehend wieder anzulegen. Dazu sagte er, wenn ich mir noch einmal so etwas leisten würde, würde er persönlich dafür sorgen, dass ich im KZ Neuengamme lande. In dem Moment dachte ich an meine Mutter, riss mich zusammen und lenkte ein. Ich erzählte ihr später alles, und sie war geschockt, bat erneut eindringlich darum, nicht mehr aufzufallen, flehte mich regelrecht an. Zum Glück kam keine abermalige Nachmeldung vom Bann, ich musste nicht noch einmal 15 Freiwillige für die SS finden. Doch das Theater mit der SS ging in eine neue Runde. Im April 1944 erhielt ich den Annahmeschein als Offiziersbewerber des Heeres. Der Schein erlaubte auch, dass man schon ab dem 17. Geburtstag in die NSDAP eintreten durfte. Ich nutzte das aus, weil ich so mit 17 Jahren mein Reichssportabzeichen angehen konnte. Am 12. Juli habe ich es dann mit Auszeichnung Bronze erworben. Ich war ungemein stolz. Außerdem konnte ich mit Parteiabzeichen am Revers Kinofilme anschauen, die erst ab 18 Jahren zugelassen waren, ohne dass mich jemand nach dem Alter fragte. Mit dem Annahmeschein sollte ich auch vor der Waffen-SS geschützt sein. Doch einen Monat später flatterte tatsächlich ein Musterungsbescheid für die Waffen-SS ins Haus. Meine Mutter war mit den Nerven am Ende, ich hingegen wollte das Missverständnis aufklären. Die Musterung fand auch noch in meinem

HJ-Heim statt. Wie gefordert, kam ich am Tag der Einbestellung um 12 Uhr mittags dort an und klopfte an die angegebene Tür. Drinnen hörte ich Stimmen, aber ich wurde nicht reingerufen. Ich trat also einfach ein und wurde sofort ermahnt, dass ich zu warten hätte, bis ich aufgerufen würde. Ich schloss die Tür wieder, wartete aber nicht, sondern schrieb auf meinen Musterungsbescheid: *Ich war um 12 Uhr hier, da wollte mich keiner haben.* Die Nachricht hängte ich an die Tür. Gehört habe ich danach von der SS nichts weiter. Vielleicht hatten meine Häscher bei Nachforschungen inzwischen selbst herausgefunden, dass ich nicht mehr zur Verfügung stand.«

Am 31. August 1944 erhält Heinz Wilhelm ein vorläufiges Abgangszeugnis von seiner Schule und wird danach am 8. Oktober zum Reichsarbeitsdienst eingezogen. »Ich kam in ein Lager am Feldflugplatz Reinsehlen bei Schneverdingen in der Lüneburger Heide. Der RAD stellte sich schnell als rein militärische Ausbildung heraus. Alles war grober Unfug und bestand aus Drill, Exerzieren, Schikane und Schießübungen. Ich ertrug das Kommando Hinlegen bald einfach nicht mehr, war auch körperlich am Ende. Ich erinnerte mich an einen Unfall beim Boxsport einige Jahre zuvor, als ich mit durchgestrecktem Arm auf den Boden knallte und mir das Ellenbogengelenk auskugelte. Das versuchte ich nun beim Hinschmeißen ins Heidekraut erneut zu provozieren. Es dauerte auch nicht lange, bis es klappte. Mit meiner Armschlinge konnte ich dann Kurier werden und blieb von der Schikane verschont. Nach drei Monaten wurde ich im Dezember 1944 in die Rammelsberg-Kaserne in der Reichsbauernstadt Goslar einberufen. Der Drill ging von vorne los. Wir marschierten immer wieder durch die Stadt und sangen dabei Soldatenlieder. Unser Zugführer, ein Oberfeldwebel, befahl uns an einem Tag, mit Gasmasken den Rammelsberg hochzurobben und wieder runterzulaufen. Wir haben geschwitzt und so schon kaum Luft bekommen. In der Kaserne schickte er uns dann gleich in den Gasübungsraum. Die Ausbilder mussten genau darauf achten, dass keiner von uns zur Atemerleichterung an seinem Gasfilter schraubte. Bei der anschließenden Gasprüfung bekamen wir dann ein Gefühl dafür, wie es ist zu ersticken. Eine Entwürdigung.«

Von Goslar aus werden die Offiziersanwärter im Januar 1945 in die Scharnhorst-Kaserne in Hannover verlegt, wo die Ausbildung und Schikane weitergehen. Heinz Wilhelm liegt von Ende Januar bis Ende Februar mit Scharlach im Standortlazarett. Am 25. März 1945 wird sein Zug bestehend aus knapp 40 Offiziersanwärtern von Hannover aus in Marsch Richtung des 160 Kilometer entfernten westfälischen Ibbenbüren gesetzt. Als am 31. März 1945 britische Einheiten den Ort Riesenbeck erreichen, sprengt die Wehrmacht sämtliche Brücken über den Dortmund-Ems-Kanal. Die Briten beginnen mit dem Bau einer Brücke, um den Kanal passieren zu können. Insgesamt etwa 3000 Soldaten, darunter Heinz Wilhelms Offiziersanwärterzug sowie weitere Ausbildungseinheiten aus Hannover, Celle und Hildesheim, die die Briten an der Errichtung eines Brückenkopfes hindern sollen, erreichen den Riesenbecker Berg im Teutoburger Wald am Abend des 2. April. Einen Tag später überschreiten die Briten den Berg in Richtung Ibbenbüren. Es kommt zu einer hartnäckigen Abwehrschlacht im Brumleytal.

»Zwei Trupps unseres Zuges wurden an die Hauptkampflinie geschickt«, erzählt Heinz Wilhelm. »Der dritte Trupp, dem ich angehörte, sollte sich als Auffangreserve in die freie Feldmark eingraben. Schon in der ersten Nacht gerieten wir unter Granatwerferbeschuss. Einige Kameraden verletzten sich.« Heinz Wilhelm erleidet eine leichte Splitterverletzung am linken Ober-

Im Frühjahr 1945 wird Heinz Wilhelms Zug von Hannover ins westfälische Ibbenbüren verlegt.

schenkel. Der kommandierende Unteroffizier befiehlt in der Feuerpause den Rückzug in die Stadt Ibbenbüren, denn er hat erfahren, dass die Briten den Fluss bereits überquert haben. *Wir werden nicht gebraucht,* lässt er verlauten. »Im Dorf Schierloh fanden wir Unterschlupf im Keller eines Altbauhauses«, sagt Heinz Wilhelm. »Und das war's. Am nächsten Morgen hörten wir Panzerkettengeräusche, unser Truppführer band ein weißes Tuch an einen Besenstiel und lief damit wedelnd die Treppe rauf. Kurz danach stürmten britische Soldaten in den Keller, forderten uns auf, die Waffen niederzulegen und mit erhobenen Händen rauszukommen. Die Briten haben uns abgetastet, und ich muss sagen, sie haben uns zu diesem Zeitpunkt wie Gentlemen behandelt. Na ja, jedenfalls gab es keinen einzigen Kolbenschlag oder Tritt in den Rücken. Wir wurden zu einem Sammelplatz geführt, in der nächsten Nacht mit Lkws bis über den Rhein gefahren und am 4. April in ein provisorisches Gefangenenlager auf den Rheinwiesen zwischen Kleve und Xanten gesteckt. In einem Vorlager wurden wir registriert und entlaust. Danach haben die neuen Gefangenen zugewiesene Zelte der britischen Armee bezogen, immer in Stubengröße zu acht Mann. Die Verpflegung war alles andere als ausreichend. Wir hatten schrecklichen Hunger, mit zwei Mann teilten wir uns abends eine Dose Corned Beef. Als kurze Zeit später immer mehr Gefangene ins Lager strömten, war es dann eine halbe Dose für zwei. Bald kamen Tausende und Abertausende auf die Wiesen. Ich wusste, dass man die so nie alle würde versorgen können. Ich habe nach Möglichkeiten gesucht, mich irgendwo nützlich zu machen, vielleicht durch eine Arbeit irgendwie an ausreichende Verpflegung zu kommen. Dabei fiel mir im Lager ein britischer Offizier auf, der mit jungen Gefangenen sprach. Ich stellte mich dazu und bekam mit, dass er Freiwillige für einen Gefangenenaustausch im deutsch besetzten Dünkirchen suchte, das seit Oktober 1944 durch kanadische und tschechoslowakische Truppen belagert wurde. Teils schwer verletzte alliierte Soldaten, die in der Festung am Ärmelkanal gefangen waren, sollten dafür ausgelöst werden. Der Offizier bemerkte mich, schielte auf die zwei silbernen Streifen an meiner Uniform und sprach mich daraufhin in akzentfreiem Deutsch an, ob ich auch mitwolle. Ich antwortete, dass ich mir das in Ruhe überlegen müsse, bin zurück in mein Zelt gegangen und habe ganz alleine und angestrengt nachgedacht. Wie lange würde der Krieg noch dauern? Ich rechnete mir aus, dass, wenn Dünkirchen bis jetzt nicht eingenommen war, gute Chancen bestehen würden, dass die Briten zur Vermeidung eigener Verluste in einem sicher blutigen Häuserkampf dies nun so kurz vor dem für alle absehbaren Ende des Krieges auch nicht mehr nehmen würden. Das könnte bedeuten, so nahm ich an, die deutschen Soldaten würden bei Kriegsende, da unbesiegt, nicht in Gefangenschaft geraten. Damals hatte ich nicht mit einer bedingungslosen

Gesamtkapitulation gerechnet. Außerdem malte ich mir aus, dass sich hier in dem Lager, wenn die Zahl an Gefangenen weiterhin so stark zunahm, eine humanitäre Katastrophe abspielen könnte. Ich bin also hingegangen und habe mich gemeldet. Der Offizier war wahrscheinlich vom britischen Geheimdienst. Der hat sich die Männer genau angeschaut, die er ansprach. Und mit Sicherheit nur die mitgenommen, die keine Helden mehr markieren wollten. Wir wurden auf Lkws verladen und fuhren ab. Es kamen noch Gefangene aus anderen Lagern hinzu. Insgesamt waren wir um die 200 Mann.«

Heinz Wilhelms Einschätzung über die Zustände im Lager haben ihn nicht getäuscht. Briten und besonders Amerikaner wissen nicht, wo sie die Masse von deutschen Soldaten, die sich ab April 1945 im Westen ergeben, unterbringen und verpflegen sollen.

Durch einen Gefangenenaustausch entkommt Heinz Wilhelm den katastrophalen Zuständen in den amerikanischen Rheinwiesenlagern.

Kurz nachdem Heinz Wilhelm dem Gefangenenaustausch zugestimmt hat, werden die vorher schon bestehenden provisorischen Sammellager der Alliierten an den Rheinwiesen zusammengelegt. Wahrscheinlich werden Heinz Wilhelms Mitgefangene Mitte April in die ersten festen Rheinwiesenlager bei Rheinberg und Büderich verbracht.

Insgesamt unterhält das US-Militär zwischen April und Juli 1945 21 dieser Lager, in denen etwa eine Million deutsche Kriegsgefangene unter katastrophalen Bedingungen in mit Stacheldraht umzäunten Arealen eingepfercht werden. Unter Missachtung der Vorschriften zur Behandlung und Versorgung Kriegsgefangener nach der Haager Landkriegsordnung von 1907 und der Genfer Konventionen von 1929 wird Hilfsorganisationen wie dem Roten Kreuz der Zugang zu den Lagern untersagt. Verwundete und Kranke werden nicht medizinisch versorgt, sanitäre Anlagen sind nicht vorhanden. Krankheiten wie Ruhr, Typhus oder Rheuma breiten sich aus. Die Gefangenen werden völlig unzureichend ernährt. Viele erhalten tagelang weder etwas zu essen noch zu trinken. Da es keine Unterkünfte gibt, müssen sich die Insassen mit ihren Löffeln in Erdlöcher eingraben. Viele werden so schwach, dass sie bei Regen in diesen Löchern ertrinken. Wie viele Gefangene auf diese Weise sterben, ist aufgrund mangelnder Untersuchungen unklar. Realistische Schätzungen geben bis zu 40 000 Opfer an. Heinz Wilhelm entkommt diesem Grauen.

»Kurz vor der Übergabe mussten wir uns blickdichte Augenbinden überziehen«, erzählt er über die Ankunft der Gefangenen in Dünkirchen. »Wir wurden begeistert am 22. April in der Festung empfangen, der Kampfgruppe Ziethen unter Major Türke zugewiesen und in einer Ölraffinerie einquartiert, während verwundete englische Soldaten mit den Lkws abtransportiert wurden.«

Kurz zuvor, am 10. April 1945, haben deutsche Einheiten unter dem Kommando des Festungskommandanten Vize-Admiral Friedrich Frisius während der *Operation Blücher* – der letzten deutschen Offensive in Frankreich des Zweiten Weltkriegs – wichtige Geländegewinne errungen, unter anderem die strategisch bedeutende Stellung Pont de Spycker, die die Kampfgruppe Ziethen bis zum Ende des Krieges besetzt hält. »Major Türke wollte auf keinen Fall mehr einen Kampf provozieren«, erzählt Heinz Wilhelm. »Als er meine Gruppe zu einer Wachablösung anführte und wir auf ein vom Gegner gänzlich einsehbares Wegstreckenstück ohne Deckung kamen, befahl er kurz vorher, zu unserem eigenen Schutz die Gewehre zu entladen. Er machte sich Sorgen darüber, dass, sollte es irgendwo knacken, jemand von uns nervös werden und um sich schießen könnte. Uns war natürlich nicht wohl dabei, denn wir hätten uns nicht wehren können. Aber der Major war sich seiner Sache so sicher, dass er wusste, dass der Gegner ebenfalls keine weiteren Kampfhandlungen provozieren wollte. Er war sogar so selbstbewusst dabei, dass er selbst bei Tage auf seinem Motorrad zwischen Dünkirchen und Spycker hin- und zurückfuhr, ohne dass auch nur irgendwas passiert wäre. Die verteidigenden Tschechoslowaken hatten Respekt vor ihm. Und es blieb ruhig bei uns. Ich erhielt als meine einzige Kriegsauszeichnung wegen der erlittenen Verwundung in Ibbenbüren am 1. Mai das Verwundetenabzeichen in Schwarz. Am 8. Mai erfuhren wir von der bedingungslosen Kapitulation. Die Soldaten am Pont de Spycker standen Spalier und riefen: *Wir wollen Major Türke sehen, wir wollen Major Türke sehen.* Sie waren wie die insgesamt 11 900 deutschen Soldaten der Festung Dünkirchen stolz darauf, unbesiegt den Krieg überstanden zu haben. Ich freute mich mit, ich war einer von ihnen. Ich hatte den Krieg hinter mich gebracht, sogar ohne einen einzigen Schuss abgegeben zu haben.«

Am 11. Mai 1945 treten die Soldaten der Kampfgruppe Ziethen den Marsch in ein britisches Prisoner of War (POW) Camp im belgischen Zedelgem an, das zehn Kilometer südlich von Brügge entfernt liegt. Etwa 62 000 deutsche Soldaten sind hier in vier Teilabschnitten interniert. Heinz Wilhelm kommt im POW-Lager 2375 unter, in dem 12 000 Gefangene leben. »Es waren erheblich bessere Zustände als im Rheinwiesenlager«, sagt er. »Hoch gelegen, trocken und sogar Zehn-Mann-Zelte. Die Oberaufsicht hatte ein britischer Lagerkommandant, aber darunter konnten sich die Deutschen selbst verwalten. Unser Lagerleiter war ein Oberfeldwebel; ich suchte ihn auf und fragte, ob er eine Arbeit für mich habe. Er antwortete, sie würden einen Megafonisten suchen, der mit Sprachrohr Anordnungen im Lager verkünden könne. Voraussetzung sei eine deutliche hochdeutsche Aussprache. Das gelang mir als Hamburger bei einer Sprachprobe vorzüglich, und ich kriegte den Zuschlag. Ich hatte riesiges Glück dabei, denn mein Sold für die Tätigkeit betrug 48 Zigaretten die Woche, damit gehörte ich eindeutig zu den Wohlhabenden im Lager. Neben den allgemeinen Ankündigungen der deutschen Lagerleitung – meistens ging es um Fragen der Ordnung und Sauberkeit – weckte ich die Gefangenen auch per Megafon jeden Morgen um 7 Uhr. Die Briten nannten mich *Runner Boy* und waren angetan von meinem unermüdlichen Einsatz. Der Lagerkommandant Captain Pierce holte Erkundigungen über mich ein und stellte fest, dass ich auch recht gutes Englisch sprach. Somit übernahm ich bald ebenfalls die Verkündungen der britischen Lagerverwaltung. Da ging es dann eher ums große Ganze. Ich rief zum Beispiel die Verhaftung von Großadmiral Dönitz am 23. Mai in Flensburg aus, die von Winston Churchill verlorene Unterhauswahl am 5. Juli oder auch die tragischen Atombombenabwürfe der Amerikaner auf Hiroshima am 6. August und auf Nagasaki am 9. August. Captain Pierce bestätigte mir noch einmal persönlich, dass ich meine Sache gut machte, dabei sagte er mir, und darüber habe ich später öfters nachgedacht: *Junge Leute wie Sie gehören nicht in einen Krieg, sondern an die Mutterbrust.*«

Im Lager spricht sich herum, dass alle Gefangenen, die bei Kriegsende noch keine 18 Jahre alt gewesen sind, vorzeitig entlassen werden. So erhält Heinz Wilhelm am 25. August seine Entlassungspapiere, am 30. August fährt er vom zentralen Entlassungslager in Bad Segeberg bis nach Bad Oldesloe und läuft von dort seine ersten 15 Kilometer in Freiheit bis nach Hamburg, wo er Mutter und Vater in der alten Wohnung antrifft. Heinz Wilhelm macht sein Abitur und studiert später in Hannover Vermessungstechnik. 1955 lernt er seine Frau Rosel kennen, die er ein Jahr darauf heiratet. Als erster Vermessungsingenieur arbeitet er auf Helgoland, kehrt nach Hamburg zurück, wo er zuletzt bis zur Rente als Leiter des Kataster- und Vermessungsamtes tätig ist. Heinz Wilhelm freut sich heute über zwei Kinder, vier Enkel und bisher zwei Urenkel, die nun alles von seiner Kriegszeit erfahren dürfen.

Heinz Wilhelm über Kriegsglück

Obwohl ich der Meinung bin, dass ich den meisten gefährlichen Situationen aus dem Weg gehen konnte, indem ich auf meine Mutter gehört habe, und durch ihre Aufklärungen selbst eine Art richtigen Riecher entwickelte, war natürlich auch immer dieser Funken Kriegsglück zum Überleben notwendig. Insgesamt fielen während der Kämpfe um Ibbenbüren, die bis zum 7. April andauerten, mindestens 408 deutsche Soldaten. Allein dass ich zufällig dem dritten unserer drei Offiziersanwärtertrupps zugeteilt wurde, zeigt anschaulich, wie viel Glück ich hatte. Wir waren die Auffangreserve, die anderen beiden Trupps mit unseren 17-jährigen

Offiziersanwärter-Kameraden, die direkt in den Kampf geschickt worden waren, hatten keine Chance mehr. Viele von ihnen wurden durch britische Flammpanzer, deren Hauptbewaffnung ein Flammenwerfer war, in ihren Schützengräben regelrecht pulverisiert. Ein grauenvoller Tod, dem ich entkommen konnte.

Heinz Wilhelm über zeitgenössisches Holocaustwissen

Meine Mutter hatte in der Zeit des Dritten Reiches eine jüdische Freundin, die sie aus dem Lehrerinnenseminar kannte. Kurz bevor die Deportationen begannen, konnte diese samt ihrer Familie noch auswandern. Meine Mutter hatte sich nicht verabschieden können. Als der Krieg zu Ende war, hat sie ihre Freundin gesucht und in Israel gefunden. Sie wollte sich erkundigen, wie es ihr ergangen war, und schrieb ihr. Die Reaktion hat sie nie überwinden können. Ihre Freundin antwortete per Brief, sie sei voll und ganz mit Gebären beschäftigt wie alle Israelinnen, um die Lücke derer, die durch den Holocaust umgekommen sind, wiederaufzufüllen. Sie teilte meiner Mutter auch mit, dass sie nie wieder Kontakt zu ihr haben wolle, weil sie der Meinung war, sie habe wie alle anderen Deutschen über alles Bescheid gewusst, was mit den Juden unter Hitler passiert war. Natürlich wusste meine Mutter nichts von dem Genozid. Sie hat diesen Vorwurf nicht ertragen können, selbst auf mich wirkt diese Verletzung bis heute nach. Die Freundin meiner Mutter hat das sicher nicht böse gemeint, sondern dadurch ihre Erklärung für das unfassbare Übel gefunden. Andererseits haben wir uns alle nach dem Krieg gefragt, wie wir so manipuliert werden konnten, dass wir so gar keine Ahnung davon hatten, was im Hintergrund vorging.

HANS HELMUT: PANZER HETZER

Hans Helmut genießt mit seiner Frau seinen Lebensabend auf seinem Anwesen in einem wohlhabenden Hamburger Vorort. Das Leben in einer glanzvollen Villa ist ihm schon in die Wiege gelegt worden, genauso weiß er schmerzlich davon zu berichten, wie es sich anfühlt, kein Haus und keine Heimat mehr zu besitzen. Er hat das Leben kennengelernt auf großem Terrain, auf einem 22 000-Quadratmeter-Grundstück und auf engstem Raum auf weniger als einem Quadratmeter in einem Panzer. Seinem Enkel Lorenz, der in Hamburg Geschichte studiert und ihn oft zum Kaffeetrinken besucht, versucht Hans Helmut, die verschiedenen Umstände seines Lebens so detailreich wie möglich zu beschreiben, und er nimmt dabei nie ein Blatt vor den Mund.

1926 wird Hans Helmut als zweites von vier Kindern des Direktors der Rostocker Neptun Werft geboren. Seine Mutter entstammt der Familie eines einflussreichen Stadtentwicklers. »Mein Großvater mütterlicherseits starb, als ich gerade mal vier Wochen auf der Welt war«, erzählt Hans Helmut. »Meine Mutter erbte seine Jugendstilvilla mit großem Anwesen. Testamentarisch hatte

Hans Helmuts Familie wohnt in einer Villa in Papendorf.

mein Großvater seinen Schwiegersohn als Nachfolger seiner Ziegelei eingesetzt, die damals modernste und bedeutendste im Norden. Mein Vater überlegte nicht lange, gab seine Arbeit in der Werft auf und siedelte mit uns aufs Land um.«

Noch 1926 zieht Hans Helmuts Familie in die Gemeinde Papendorf an der Warnow, die acht Kilometer südlich von Rostock liegt. Als die Nationalsozialisten 1933 an die Macht kommen, ist Hans Helmut sieben Jahre alt. Er erinnert sich an die Erleichterung, die sein Vater dadurch verspürte. »Politisch war er deutschnational eingestellt, aber er begrüßte die Machtergreifung durch Hitler sehr. Im Zuge der Weltwirtschaftskrise zu Beginn der 1930er-Jahre war es allen schlecht ergangen. In seiner Ziegelei konnte über drei Jahre nicht gearbeitet werden, mein Vater war arbeitslos und damals kaum noch in der Lage, unser Haus zu halten. Ich kriegte das Elend der anderen mit, weil ich mit den gan-

Hans Helmut (2. v. l.) mit seinen drei Geschwistern

zen Arbeiterkindern spielte. Alle litten Hunger und Not. Von meiner Mutter weiß ich, dass mein Vater dauernd auf die Bestimmungen des Versailler Vertrages geschimpft hat. Nicht nur, weil Deutschland wirtschaftlich so gebeutelt wurde, er hatte es auch nie überwinden können, dass er seine Heimat im Elsass verloren hatte, die er 1918 verlassen musste. Nach der Machtergreifung konnte er unsere Ziegelei dann schnell wieder in Betrieb nehmen, die gesamte Belegschaft stand von einem Tag auf den anderen wieder in Lohn und Brot. Das Werk florierte zu einem bedeutenden Rostocker Unternehmen.«

Ab 1933 besucht Hans Helmut eine Volksschule in Rostock, später das staatliche Gymnasium. »Mit zehn Jahren wurde ich auch Teil des Papendorfer Jungvolks. Mein Vater hatte überhaupt nichts dagegen, er war immer sehr dafür, dass seine Kinder beschäftigt waren, und das waren wir dort. Im Sommer drehte sich alles um Sport- und Geländespiele in der Natur und sportliche Wettkämpfe mit anderen Fähnlein. Ich erinnere mich an ausgiebige und spannende Wanderungen, auf denen wir Bickbeeren gesammelt und anschließend verkauft haben. Überhaupt habe ich die Zeit im Jungvolk in einer Art feierlicher Erinnerung. Das überschnitt sich vielleicht auch damit, dass mein Vater uns 1936 ein paarmal mit nach Berlin nahm, um uns die geschmückte Stadt während der Olympischen Spiele zu zeigen. Das war für einen kleinen Jungen schon alles sehr beeindruckend. Es hätten nur noch Karten für sportliche Wettkämpfe gefehlt, aber die hatte mein Vater leider nicht.«

Als Hitler die Wehrmacht in Polen einmarschieren lässt und zwei Tage später England und Frankreich dem Deutschen Reich den Krieg erklären, ändert Hans Helmuts Vater seine Meinung gegenüber Hitler grundlegend. »Überhaupt war den Menschen, die den Ersten Weltkrieg miterlebt haben, das Ganze nicht geheuer«, erzählt Hans Helmut. »Noch am Tage des Kriegsausbruchs musste unsere Ziegelei stillgelegt werden, weil fast alle Arbeiter eingezogen worden waren. Das kam meinem Vater gar nicht gelegen, und nun tobte er schon wieder. Uns blieb nur die Nutzung eines kleinen landwirtschaftlichen Betriebes, um uns weiter selbst versorgen zu können.«

Ab 1941 kann die Familie auch von den Mieteinnahmen der Ernst Heinkel Flugzeugwerke leben, die das gesamte Fabrikgelände und alle Gebäude und Schuppen zur Lagerung von Flugzeugteilen anmietet. Diese sogenannte Auslagerung, die sämtliche Rüstungsbetriebe vornehmen, dient dazu, im Falle einer Bombardierung des Werkes die Produktion an anderer Stelle möglichst schnell wiederaufnehmen zu können. »Das bedeutete allerdings, dass bei uns ständig schwere Lkws ein und aus fuhren und dass unsere Villa und die Fabrik in einem überaus hässlichen Grün angestrichen wurden, um sie so zu tarnen. Von Kriegsbegeisterung konnte bei uns jedenfalls keine Rede sein. Wegen der Verdunklungspflicht war das große Haus immer düster, unser Eiskeller wurde zum Luftschutzkeller ausgebaut.«

Nach den Bombardements auf Lübeck am 28. und 29. März 1942 gerät Rostock als zweite deutsche Stadt unter dem Decknamen *Special Samson* zur Zielscheibe der am 14. Februar 1942 in Kraft getretenen britischen *Area Bombing Directive.* Während des sogenannten Vier-Tage-Angriffs vom 24.–27. April 1942 zerstören 520 Bomber der RAF über 60 Prozent des Stadtgebietes, mehr als 35 000 Menschen werden obdachlos. Auch die Ernst Heinkel Flugzeugwerke werden schwer beschädigt.

»In Papendorf wackelte alles«, erinnert sich Hans Helmut. »Für die Erwachsenen waren die Nächte im Keller zermürbend, für uns Kinder war das aber ein spannendes Erlebnis. Wir glaubten an das, was uns von den Großen gesagt wurde, nämlich dass uns nichts passieren würde, und rätselten stattdessen einfach mit, wie weit die Einschläge wohl von uns entfernt waren. Dabei konnten wir noch nicht mal unterscheiden, ob wir Bomben hörten oder Flakgranaten. Zu unserer Villa gehörte ein 25 Meter hoher Turm. Nach den Angriffen sind wir mit Vater dort hinaufgestiegen und haben uns die in Flammen stehende Stadt angesehen. Dieses Bild der brennenden Petrikirche, die wie eine Fackel im Nachthimmel loderte, ist mir intensiv in Erinnerung geblieben. Mein Vater hörte kaum auf zu schimpfen, er hatte den Krieg längst verloren gegeben, schon als Hitler Russland angegriffen hatte. So viel Dummheit konnte er nicht begreifen: *Die Russen kann man kommen lassen, aber man fällt da doch nicht ein,* hatte er zu mir gesagt.«

Am 30. Januar 1943 werden die Rostocker Oberschüler der Jahrgänge 1927 und 1926 als Luftwaffenhelfer eingezogen. Aus

Im April 1942 erlebt Rostock die schwersten Luftangriffe.

Hans Helmuts Klasse, die maßgeblich von Jungen des Jahrgangs 1925 besucht wird, müssen außer ihm selbst noch drei weitere Schüler mit ausrücken. Bei einem Informationsabend für Eltern der betroffenen Jahrgänge stellt der Kreisleiter der NSDAP die zukünftige Tätigkeit an der Heimatfront vor. »Ein empörter Vater ist aufgestanden und hat gebrüllt, dass wir doch wohl allesamt vielleicht ein bisschen jung dafür wären«, erinnert sich Hans Helmut. »Der wurde vom Kreisleiter vor allen zur Sau gemacht. Niemand mischte sich danach mehr ein oder wagte es, etwas infrage zu stellen.«

Klassenweise werden die Oberschüler auf Batterien der Flakgruppe Rostock verteilt. Hans Helmut wird einer Flakstellung in Toitenwinkel zugewiesen. »Da lag eine beträchtlich große Batterie mit sechs Acht-Acht-Flakgeschützen. Das war eine fantastische Kanone mit außerordentlicher Treffsicherheit. Außerdem besaßen wir zwölf russische 7,5-cm Beute-Geschütze, die aufgebohrt waren auf 8,8-cm, sodass sie mit deutschen Granaten bestückt werden konnten. Die Kanonen wurden in der Regel von Werftarbeitern bedient. Unsere Klasse bekam eine eigene Baracke zugewiesen, wir waren ja nur zu viert. Leider haben meine drei Mitschüler den Krieg nicht überlebt.«

Nach der sechswöchigen Grundausbildung werden Hans Helmut und seine Kameraden für die Bedienung des Funkmessgerätes ausgesucht. »Wir kriegten Alarm, sobald die feindlichen Bomberstaffeln Helgoland passiert hatten. Das waren alles Nachtangriffe; man konnte die Flugzeuge nicht sehen, aber das Brummen war deutlich und markant. Mithilfe der Braunschen Röhre des Freya-Gerätes, einer Art Parabolspiegel, suchten wir den Himmel nach den Engländern ab. In einem Radius von 50 Kilometern konnte das Gerät ausschlagen, dann sahen wir den feindlichen Flieger in Form von Lichtzacken auf einem Bildschirm. Die Röhre musste man mit den Bewegungen des Flugobjektes mitdrehen und die entsprechenden Werte an die Vier-Meter-Basis weiterleiten, mit der die exakten Abschusskoordinaten errechnet und dann an das Geschütz, das von sechs Mann bedient wurde, übermittelt wurden. Die Feuerglocke ertönte, und der Ladekanonier schob die abschussfertige Granate rein. Es ging alles blitzschnell und unter lautem Getöse. Akkordarbeit. Alle drei Sekunden schoss so ein Ding raus, wenn ein großer Verband anflog. Getroffene Flieger fingen Feuer und drehten ab. Wie viele Abschüsse unserer Batterie zugerechnet wurden, wurde uns später von der Leitstelle mitgeteilt.«

In der dienstfreien Zeit kommen Hans Helmuts Lehrer in die Stellung, um Unterricht in den Kernfächern zu erteilen. Im Februar 1944 erreicht er mit seinen Klassenkameraden den Reifevermerk fürs Abitur. »Wenn weder Dienst noch Schule war, erstellten wir uns selbst Kreuzworträtsel und lösten sie abwechselnd«, erzählt er. »Der Krieg wurde von uns Luftwaffenhelfern nicht als Nazikrieg wahrgenommen und die Wehrmacht auch nicht als eine Naziarmee. Es ging um die Verteidigung der Heimat, zu der wir beitragen mussten und wollten. Wir waren alle total desillusioniert, als uns der Baracken-Älteste Fritz, gleichzeitig bester Schüler der Klasse und Sohn des stellvertretenden Reichsarbeitsdienstführers einerseits und einer systemkritischen Mutter andererseits, mit der er eifrig CNN hörte, zu einem Gespräch bat. Er machte uns mit seinem typisch losen Mundwerk laut und deutlich klar: *An diesem Tisch herrscht Einigkeit darüber, dass der Krieg verloren ist.* Fritz machte nie einen Hehl daraus, dass er die Nazis – und damit auch seinen eigenen Vater – für Schweine hielt. Als wir am Ende unserer Luftwaffenhelferzeit noch einmal gemeinsam Ausgang hatten, betranken wir uns mit erstklassigem Wein, den Fritz seinen Eltern entwendet hatte. Da hat er gedacht, er könne einem Nazi noch mal eins auswischen, und warf eine leere Weinflasche ins Fenster der Kreisleitung, das natürlich zu Bruch ging. Wir liefen weg, so schnell wir konnten, lachten noch, weil wir nicht damit rechneten, dass man zurückverfolgen konnte, wer das getan hatte. Doch das war ein Leichtes für die NSDAP. Sie brauchten nur auf das Etikett an der Flasche zu schauen und dann beim Weingut an der Mosel nachzufragen, welcher Rostocker Familie ein entsprechender Tropfen geliefert worden war. So haben sie Fritz ermittelt und ihn zu vier Wochen Unkrautzupfen verurteilt. Im Vorfeld wurde da ganz schön was ausgehandelt zwischen Partei und unseren Vorgesetzten. Wäre Fritz' Vater kein wichtiger Nazi in Rostock gewesen, hätte sich sein Sprössling diesen Spaß nicht erlauben können, und die Strafe hätte mit Sicherheit anders ausgesehen. Zum Glück hat er nicht verraten, wer ihn an dem Abend begleitet hat.«

Am 12. Februar 1944 wird Hans Helmut zum Reichsarbeitsdienst nach Danzig-Langfuhr einberufen. »Unser Zug, dem 60 Mann angehörten, wurde als sogenannte Paradeeinheit ausgebildet. Wir mussten antreten, wenn irgendein hoher General zu Besuch in Danzig war. Ich erinnere mich an den 95. Geburtstag von Generalfeldmarschall August von Mackensen, der immer eine Husarenmütze trug. Am 6. Dezember feierte er auf seinem Gut Büssow. Alle militärischen Einheiten schickten Züge für eine Parade. Wir exerzierten als RAD-Zug mit unseren Spaten. Verschwendete Zeit das alles. Ich schrieb einen Brief an den Kommandeur der Panzerjäger-Ersatz-Abteilung 2 in Kolberg *(Kołobrzeg)* mit beigefügten ausgefüllten Bewerbungsunterlagen zum Reserveoffiziersanwärter. Die Panzerwaffe fand ich spannend, viel reizvoller als ein Flakgeschütz und natürlich ehrenvoller als ein Spaten. Das Beste am RAD-Lager war also, dass ich dorthin einen positiven Bescheid aus Kolberg über meine erfolgreiche Bewerbung erhielt.«

Im Mai 1944 reist Hans Helmut gemeinsam mit einem Kameraden, der ebenfalls als Offiziersanwärter angenommen worden ist, mit der Bahn von Rostock nach Kolberg, wo er bei der Panzerjäger-Ersatz-Abteilung 2 begrüßt, eingekleidet und in die Gepflogenheiten guten Offiziersbenehmens eingeführt wird. Nach wenigen Tagen schon ziehen die Reserveoffiziersanwärter in die Artilleriekaserne nach Hohensalza *(Inowrocław)* um. Dort erhalten sie die infanteristische Ausbildung mit Karabiner 98k, MG 42 und Handgranaten. Im Oktober 1944 ist die Grundausbildung beendet, und Hans Helmut beginnt an einer Posener Schule in Hohensalza seinen Reserveoffizierslehrgang, in dem er dazu ausgebildet wird, selbstständig kleine Panzerjägerkampfeinheiten im Felde zu führen.

Hans Helmut (r.) im Sommer 1944 als Rekrut in Hohensalza

Am 12. Januar 1945 startet Stalin mit 190 eigenen Divisionen die sogenannte Weichsel-Oder-Operation gegen 75 deutsche Divisionen, die auf breiter Front zwischen Ostsee und Karpaten zur Verteidigung gezwungen sind. »Auch wir Reserveoffiziersanwärter wurden noch an diesem Tag alarmiert und umgehend auf verschiedene Abschnitte an der Weichselfront verteilt«, erzählt Hans Helmut. »Es ging sehr hektisch zu, alle kamen woanders hin. Von meinen Kameraden aus der Ausbildung habe ich ab da bis auf eine Ausnahme nie wieder jemanden gesehen. Feste Einheiten gab es nicht mehr, und damit auch keine Feldpostnummern. Ich wurde einer Panzerkampfgruppe im Raum Schieratz *(Sieradz)* – Litzmannstadt *(Łódź)* zugeteilt, und zwar als Richtschütze eines Jagdpanzers 38.«

Jagdpanzer dienen zur Abwehr feindlicher Panzer. Der bekannteste des Zweiten Weltkriegs ist der ab April 1944 produzierte Jagdpanzer 38, der spätestens nach dem Zweiten Weltkrieg den Spitznamen Hetzer bekommt. Von dem schildkrötenförmigen und wendigen Panzer mit 7,5-cm-Panzerabwehrkanone als Hauptbewaffnung (Pak 39 L/48) werden bis Kriegsende noch 1600 Stück gefertigt. »Vier Mann Besatzung«, sagt Hans Helmut. »Außer mir saßen der Fahrer, der Kommandant und der Ladeschütze im Fahrzeug. Wir fuhren in Kolonne mit 30 Panzern über Landstraßen. In der Dämmerung bemerkten wir eines Abends, dass eine polnische Kate anfing zu brennen. Der Hetzer vor dem unseren zog sich aus dem Feuerschein zurück und setzte nach hinten. Plötzlich hörten wir eine laute Explosion, schnappten uns die Sturmgewehre und machten uns raus aus dem Panzer. Vor uns sahen wir den Hetzer in Flammen aufgehen. Einer unserer eigenen Panzer hatte ihn von hinten ins empfindliche Heck geschossen. Vermutlich hatte der Kommandant den Hetzer für einen T-34 gehalten, der rückseitig gewisse Ähnlichkeiten mit dem Jagdpanzer aufwies. Bis auf den Fahrer, den wir schwer verletzt bergen konnten, verbrannte die restliche Besatzung in der Panzerwanne. Der Überlebende wurde von zwei Kameraden in einen VW Kübelwagen gelegt. Ein Hauptmann suchte mich aus, den Verwundeten bis zum Verbandsplatz zu begleiten. Ich habe mich hinten zu ihm gesetzt und ihn gestützt. Der ganze Körper war von Splittern durchsiebt; er war blutüberströmt, zitterte wie Espenlaub und blutete auch aus dem Mund. Er war nicht mehr in der Lage zu sprechen, und ich wusste schon, dass er im Sterben lag. Wir hatten nicht mal Verbandszeug gehabt, um ihn zu verbinden. Ich habe den jungen Soldaten gehalten und ihm gut zugeredet; er ist dann, noch bevor wir ankamen, in meinen Armen gestorben. Wir haben ihn tot auf dem Verbandsplatz abgeliefert, wo der Fahrer und ich übernachteten. Am nächsten Morgen wollten wir mit dem Kübel zurück zur Truppe. Kurz bevor wir wieder an der Unfallstelle ankamen, sahen wir einen T-34 auf der Straße stehen, mit uns entgegengerichteter Blickrichtung. Mein Fahrer hielt sofort an, drehte und gab Gas. Wir wussten, was das zu bedeuten hatte: Unsere gesamte Einheit dahinter war vom Nachschub abgeschnitten und würde nicht mehr rauskommen. So unangenehm mein Verwundetentransport auch gewesen war, dass der Hauptmann mich dafür ausgewählt hatte, war Kriegsglück.«

Hans Helmut wird kurz darauf wieder als Richtschütze eines Hetzers einer neuen Kampfgruppe zugeteilt. In seinem Panzer kämpft eine bunt gemischte Besatzung, die sich untereinander duzt. Hermann, der Kommandant, ist ein übereifriger Berliner Unteroffizier, der den Krieg unbedingt gewinnen will. Schewtschenko, der Ladekanonier, ist ein Russe, der sich freiwillig zur Wehrmacht gemeldet hat, aber so schnell wie möglich nach Hause will. »Er sprach nur ein paar Brocken Deutsch, aber er war ein tüchtiger, eifriger Mann«, sagt Hans Helmut. »Im Raum Kalisch *(Kalisz)* hatten die Russen Ende Januar einen Kessel gebildet, der allerdings relativ schwach war. Eine geordnete Führung der Kampfgruppen gab es nicht mehr. Mit unseren Panzern brachen wir einfach vor. Hermann ließ wie wild feuern. Wir haben unaufhörlich auf die russische Infanterie geschossen. Der Kommandant hat durch sein Periskop die beste Sicht; er gab dem Fahrer durch, in welche Richtung er lenken sollte, und mir, wohin ich meine Zieloptik auszurichten hatte. Auf Hermanns Kommando löste ich den Schuss aus. Wir waren etwa 800 Meter von den russischen Stellungen entfernt. Durch mein Sehrohr konnte ich die Ziele recht genau erkennen. Wir feuerten auf Infanteristen. Man sieht die Feinde am Maschinengewehr schießen, dann unsere Granate einschlagen, Dreck aufspritzen und danach, ob man die Soldaten getroffen hat oder ob sie es in Deckung geschafft haben. Das geht im Minutentakt, man sucht sich wieder neue Ziele aus, muss im-

Hans Helmut wird als Richtschütze auf einem Jagdpanzer 38 (Hetzer) eingesetzt.

mer in Bewegung bleiben und gleichzeitig alle Seiten im Blick haben, um selbst nicht von irgendwas erfasst zu werden. An diesem Tag wollte Hermann einfach keine Ruhe geben.«

Der Rückstoß der 7,5-cm-PAK wird durch Glycerin aufgefangen, das als Bremsflüssigkeit dient. Durch Dauerfeuer wird die Flüssigkeit immer dünner, sodass die Kanone weiter nach hinten ausschlägt. Um Schaden von Mensch und Fahrzeug abzuwenden, leuchtet ab einem gewissen Grad der Abnutzung ein Feuerpausenhinweis an der Panzerwand auf, dann muss dringend Bremsflüssigkeit nachgefüllt werden. »Ununterbrochen setzte ich Hermann über die Warnung in Kenntnis«, sagt Hans Helmut. »Er ignorierte das aber, gab Befehle an Schewtschenko, weiterhin zu laden, und an mich, das Feuer nicht einzustellen. Das war brandgefährlich, denn die Kanone schlug so heftig aus, dass sie dem Kommandanten fast schon in den Bauch gerammt wurde. Glycerin lief aus und spritzte über die am Boden liegenden Granaten. Normalerweise hingen die im Hetzer an der Wand, 25 Schuss an jeder Seite. Hermann hatte aber vor dem Gefecht den ganzen Fußboden mit zusätzlichen Sprengkörpern auslegen lassen. Auf den Dingern rutschten wir jetzt aus. Außerdem hatten wir einen Getriebeschaden, und unser Fahrer war nicht der eleganteste. Aber nicht zuletzt durch Hermanns Unerbittlichkeit kamen alle deutschen Infanterie-Truppen raus. Und das war sein Ziel, den Kessel der Russen kaputt zu hauen und den Erfolg zu sichern. Auf dem Rückzug liefen wir neben dem lädierten Hetzer auf der Straße. Unser Kommandant hatte sogar noch die Muße gehabt, eine herrenlose Panzerabwehrkanone aufzusammeln und an den Panzer zu hängen. Am nächsten Morgen wunderte sich Hermann, dass Schewtschenko getürmt war. Wahrscheinlich wollte er sich den Wahnsinn nicht mehr antun, er hatte eben genau entgegengesetzte Ziele als unser Kommandant. Wir marschierten also kampfunfähig und mit dezimierter Besatzung weiter in Richtung Westen. Auf der Straße, auf der wir unterwegs waren, war wenig los; es war kalt und nebelig, sodass wir kaum etwas vor uns erkennen konnten. Nahe einem Dorfeingang stolperte ich beinahe über einen Volkssturmjungen, der mit aufgeplatztem Bauch auf der Straße lag, daneben die Reste einer Panzerfaust. So ging das eine Weile. Mitten in der Einöde hörte ich dann plötzlich jemanden meinen Spitznamen rufen und dachte im ersten Moment, ich hätte Halluzinationen. Ich erkannte die Stimme nämlich sofort: Es war Jumbo, ein guter Kamerad aus dem Reserveoffizierslehrgang in Hohensalza, der woanders hingeschickt worden war. Wir gingen voran, geradeaus, und ein paar Meter weiter trafen wir auf eine Vierlings-Flak in Gefechtsstellung, aus der heraus die Straße beobachtet wurde. Jumbo war der Schütze, sein Unteroffizier hatte schon Feuer frei gegeben, weil er dachte, wir seien Russen. Aber mein Kamerad hatte mich, so sagte er später, durch sein

Fernglas am Gang erkannt. Das war nun wieder Kriegsglück, so was von. Noch am gleichen Tag wurde Jumbo verwundet und ersetzt. Wären wir ein paar Stunden später dort eingetroffen, wären wir vermutlich abgeknallt worden.«

Hans Helmut und seine beiden Kameraden machen sich auf, um mit ihrem Hetzer bis zur Werkstatt der Panzergrenadier-Division Brandenburg des Panzerkorps Großdeutschland zu gelangen, die in Schieratz liegt. »Das war ein stramm organisierter Laden. Nachdem wir unser Problem vorgetragen hatten, wehrte der Schirrmeister ab. Er wollte zuerst alle Brandenburger reparieren, wir hätten uns ganz hinten anzustellen. Hermann tobte vor Wut und ging dann spazieren, um sich zu beruhigen. Als er wiederkam, teilte er einem Hauptmann der Brandenburger mit, dass er am Bahnhof Spezialwaggons für den Panzertransport gesehen habe, und da die Werkstatt nur divisionseigene Fahrzeuge repariere, bitte er um einen Marschbefehl zum Stammtruppenteil. Er bekam ihn ausgestellt, und so verluden wir unseren Hetzer und fuhren mit dem Zug über Sorau *(Żary)* und Frankfurt an der Oder zurück bis nach Kolberg.«

Hitler lässt Kolberg bereits im November 1944 zu einem *Festen Platz* erklären, das heißt zu einer Stadt, die bei Vormarsch der Sowjettruppen nicht aufgegeben werden darf. Hans Helmut kommt, kurz nachdem am 14. Februar 1945 Oberst Fritz Fullriede zum Befehlshaber der Festung ernannt wird, in Kolberg an. »Nach unserer Ankunft wurden wir hoch gelobt und in Erwartung der anrückenden Sowjetarmee einer neuen Einheit zugeteilt«, erzählt er. »Ich war erst ein paar Tage vor Ort, da zitierte mich der Hauptfeldwebel in die Schreibstube, stellte fest, dass ich meine Hilfsausbilderzeit noch nicht absolviert hatte, und ließ mich deswegen zur Ausbildungskompanie versetzen. Als Hilfsausbilder trat ich also in meiner alten Kolberger Kaserne an und bildete die Rekruten des Jahrgangs 1928 aus. Ich war mit der Offiziersausbildung noch gar nicht durch und unterrichtete nun das, was mir ein Jahr zuvor an genau dieser Stelle selbst beigebracht werden sollte. Mit der Grundausbildung aus veränderter Perspektive tat ich mich schwer. Ich erkannte vor mir so junge Männer, mit 16 Jahren für mich halbe Kinder, obwohl ich nur zwei Jahre älter war. Die Jünglinge kriegten aber nicht mal ihren Karabiner hoch, konnten ihre Munitionskästen beim Marsch nicht alleine schleppen. Es war grauenvoll, das mit anzusehen. Ich war heilfroh, als es zehn Tage später hieß, dass die Ausbildungskompanie nach Rostock verlegt wird. Irgendjemand hatte vermutlich begriffen, dass es Wahnsinn war, diese Kinder in den Krieg zu schicken. Ich wurde erneut, kurz bevor es zu den schweren Kämpfen um Kolberg kam, aus dem Feld gezogen. Ich schliff dann bald als Hilfsausbilder meine Rekruten vor der eigenen Haustür, während das Dritte Reich um mich herum unterging. Mitte April wurde ich noch zum Gefreiten ernannt und Ende des Monats dann mit meinen Panzerjäger-Auszubildenden nach Hamburg verlegt, wo in der Panzerjägerkaserne eine neue Einheit aufgebaut werden sollte. Von Elstorf marschierten wir am 3. Mai über die Elbbrücken bis zum Berliner Platz, als der Kompaniechef uns mitteilte, dass Hamburg bis Mittag geräumt sein müsse, da die Stadt vor den Engländern kapitulieren wolle. Der Leutnant sagte wörtlich: *Wem die Ehre befiehlt, weiterzukämpfen, der möge sich in Pinneberg in Holstein melden. Ich löse die Einheit hier auf.*

Da meine Ehre mir das nicht befahl, stieg ich mit Günther, einem meiner Auszubildenden, in die Straßenbahn und fuhr, so weit ich konnte. Der Waggon war vollgestellt mit Waffen. Auf dem Boden und auf den Sitzen lagen Gewehre, Pistolen und Munition. Wir nahmen uns jeder einen Karabiner, schulterten ihn um und zogen los bis zu meiner Tante Lotti nach Rissen, deren Adresse mir Vater geschickt hatte für den Fall, dass uns der Krieg auseinanderreißen sollte. Günther nahm ich mit, weil er nicht wusste, wo er sonst hinkonnte. Am 8. Mai hörten wir mit Lotti von der Gesamtkapitulation im Radio und schmissen unsere bereits vergrabenen Karabiner vorsorglich in die Elbe. Das war ein schreckliches Gefühl, man stand vor dem Nichts. Nach Anweisungen der Engländer hatten sich alle deutschen Kämpfer in der nächstgelegenen Kaserne zu melden, ansonsten sollten entsetzliche Strafen drohen. Ich marschierte also in die Kaserne in Rissen, wo es von deutschen Soldaten wimmelte. Nur ein Engländer war nicht zu sehen. Irgendwann kam dann aber doch ein Offizier mit einem Jeep vorgefahren, staunte über die Menge derer, die da gekommen waren, und vermeldete schlicht, wir sollten nun wieder nach Hause gehen und auf weitere Befehle warten. Man wusste wohl nichts mit uns anzufangen. Ein paar Tage später machte ich mich mit Günther auf den Weg zurück nach Rostock. Wir trugen noch unsere Panzeruniformen. Günther hatte noch eine Pistole, die er in der Straßenbahn hatte mitgehen lassen und die uns jetzt gute Dienste erwies. Wir mussten zwischendurch bei Bauern übernachten, die allerdings total verängstigt waren, weil entlassene Zwangsarbeiter ihre Höfe plünderten. Da es keine Polizei gab, die sie schützte, und auch die Engländer nicht intervenierten, legten sich manche eine kleine Privatarmee von jungen Soldaten oder versprengten Hitlerjungen auf dem Heimweg an. So kamen wir von Hof zu Hof. Bei Mölln griff uns aber die britische Militärpolizei auf. Günther schaffte es zum Glück in letzter Sekunde, seine Pistole wegzuschmeißen. In Schönwalde wurden wir in einer Scheune mit 150 Mann untergebracht. Das war unsere Gefangenschaft. Die Engländer hielten sich komplett zurück. Ein deutscher Marineoffizier organisierte die Essensausgabe. Die Verpflegung war knapp, und ich hatte ständig Hunger. Ansonsten konnte man gar nichts tun.«

Ende Juni können Hans Helmut und Günther sich für die Arbeit in der Landwirtschaft in britischer Zone melden. Sie werden mit einem Militär-Lkw nach Osnabrück gefahren und von dort aus auf Bauernhöfe in der Region verteilt. Hans Helmut verbleibt ein Dreivierteljahr auf einem Hof zwischen Quakenbrück und Lingen. Von dort aus schreibt er einen Brief nach Papendorf. Sein Vater bestellt ihn letztendlich zurück, denn er brauche alle seine Kinder dringend, verkündet er. »Im April 1946 kam ich an«, erzählt Hans Helmut. »Unser Haus war proppenvoll. Insgesamt 38 Flüchtlinge aus Ostpreußen lebten neben meiner großen Familie dort. Meine Mutter hatte sie in den letzten Kriegswochen nach und nach alle aufgenommen, weil sie ihr leidtaten und unser Haus so viel Platz bot. Die Russen hatten am 1. Mai Papendorf besetzt und sämtliche Möbel und alles, was irgendeinen Wert hatte, aus der Villa geräumt. Mein Vater war ziemlich niedergeschlagen. Er sprach davon, aufgeben zu wollen und irgendwo in Bayern ein neues Leben anzufangen. Meine Mutter hielt ihn zurück. Das Ersatzteillager der Ernst Heinkel Flugzeugwerke war ausgeräumt und unsere Ziegelei gemeldet worden. Am Ostersonntag 1946 wurden mein Vater und ich dann von russischen Soldaten verhaftet. Er, weil er angeblich mit der Neptun Werft einen Rüstungsbetrieb geleitet hatte. Ich, weil ich ein englischer Agent gewesen sei. Drei Wochen musste ich mir zermürbende, unsinnige Fragen im Untersuchungsgefängnis Rostock anhören, bevor ich freikam mit der Auflage, die Villa, die inzwischen der Familie weggenommen worden war, nicht mehr zu betreten und die Stadt zu verlassen. Meinen Vater habe ich nie wiedergesehen. Er ist 1947 im Speziallager Nr. 9 Fünfeichen gestorben, vermutlich verhungert. Dort herrschten unfassbar grausame Zustände. Dass mein Vater da drinnen umgekommen ist, hat man uns offiziell auch erst nach der Wiedervereinigung 1990 mitgeteilt. Im gleichen Jahr konnten wir unsere Villa Papendorf zurückerwerben, die wie das Fabrikgelände Anfang 1953 durch die DDR enteignet worden ist. Heute finden dort Hochzeiten, Seminare, Musik- und Literaturveranstaltungen statt.«

Hans Helmut findet nach dem Krieg mit dem Rest seiner Familie in Hamburg ein neues Zuhause. Er macht sein Abitur und studiert anschließend in Köln und Berlin Jura. Danach tritt er in Hamburg als Finanzassessor in den Staatsdienst ein. Ab 1960 arbeitet er als Angestellter bei einem Hafendienstleister, dessen Fahrgeschäft er maßgeblich vorantreibt und dadurch zum Gesellschafter einer großen Reederei wird.

Hans Helmut über Unterschiede der Jugend

Meine Geschichte im Zweiten Weltkrieg ist eine mit glücklichem Ausgang, weil alle drei meiner Geschwister überlebt haben. Mein Geschäftspartner hat fünf von zehn Geschwistern durch den Krieg verloren. Wichtig ist mir, dass man alles, was man besitzt und liebt, wertschätzt. Das sind Eigenschaften, die der heutigen jungen Generation mehr und mehr abhandenkommen. So erscheint es mir jedenfalls. Die Menschen leben auf der einen Seite verschwenderisch, auf der anderen Seite wissen sie trotz guter Voraussetzungen nichts mit sich anzufangen. Ich erkenne wenige Kämpfer, aber viele Menschen, die sich gerne als Opfer sehen und in dieser Rolle aufgehen wollen. So etwas hat es früher nicht gegeben. Vielleicht liegt das an der fehlenden Verbindung zur Heimat. Diese weiche, sensible Mentalität jedenfalls gefällt mir ganz und gar nicht. So baut man nichts auf, schützt und bewahrt nicht. Unsere Generation war abgehärtet; wir haben nicht darüber nachgedacht, ob wir sterben. Ich habe als Jugendlicher nicht infrage gestellt, dass ich als Soldat kämpfen muss und dass meine Heimat mich braucht. Glücklicherweise haben wir heute keinen Krieg, aber die Kämpfermentalität fehlt an allen Ecken und Enden.

Hans Helmut über zeitgenössisches Holocaustwissen

Am Morgen nach der Reichskristallnacht, von der wir erst im Laufe des Tages erfuhren, habe ich auf dem Schulweg eine Gruppe Männer beobachtet, die durch Rostocks vornehmes Viertel gelaufen sind. Vor den jüdischen Villen blieben sie stehen, warfen mit Steinen Fensterscheiben ein und riefen dabei, dass alle Juden verrecken sollen. Das machte mir Angst, und vor allem verstand ich es nicht. Nach der Schule haben wir Kinder uns dann die Zerstörungen in der Stadt angeschaut. Ich hatte einen Halbjuden in der Klasse, Fritz Rubin, er war anderthalb Jahre älter als ich und kam aus einer angesehenen Familie, die man, soweit ich weiß, in Ruhe gelassen hat. Er war normal zur Wehrmacht eingezogen worden und hat es im Feld bis zum Unteroffizier geschafft. Erst als er in den Offiziersstand übertreten sollte, hatte man seine Akten angefordert und ihn entsetzt aus dem Dienst entlassen. Er hat den Krieg als junger Zivilist in Rostock überlebt. Von Auschwitz und Vernichtungslagern haben wir als junge Soldaten gar nichts geahnt. Wir wussten nur, dass die Juden übel behandelt wurden. Was genau passiert ist, hat sich für mich erst langsam nach dem Krieg zusammengesetzt.

HANS DIETER: PILOTEN IM HÄUSERKAMPF

»Sex, Knoblauch, Radfahren und sich nicht den ganzen Tag über Kommentare im Internet ärgern.« Das antwortet Hans Dieter, wenn man ihn fragt, warum er mit seinen 95 Jahren noch so agil ist. Sein ganzes Leben ist der Arzt im Ruhestand und Ehrenbürger von Echterdingen ein Genießer gewesen. Auf seinem Tisch stehen frische Brezeln, Käse, Nüsse und ein guter Wein. Immer ist jemand zum Schwätzen da – natürlich auf Schwäbisch. Im Dorf ist Deutschlands dienstältester Gemeinderat eine Legende, er selbst bezeichnet sich als Playboy, und der amtierende Echterdinger Bürgermeister nennt ihn einen geradlinigen Querdenker. Hans Dieter betätigt sich als Heimatforscher, geht seinen Söhnen in der hauseigenen Praxis zur Hand und diskutiert leidenschaftlich über Politik. Da kann es laut zur Sache gehen. Seine Familie hält ihn jung. Neun Kinder hat er, das letzte dabei erst mit stolzen 72 Jahren gezeugt. Als er vor 35 Jahren seine Lieblingsenkelin, eine von insgesamt 17 Enkeln, zum Kindergarten bringt, findet er dort in der betreuenden, 36 Jahre jüngeren Erzieherin nach zwischenzeitlicher 15-jähriger Junggesellenzeit mit 60 Jahren noch mal eine große Liebe. Mit ihr hat er in seiner Echterdinger Villa drei Kinder großgezogen und heute bildet er mit seiner Frau zusammen das Oberhaupt einer bekannten Familie. »Die Grundlage, um gut zu leben, ist es, leben zu wollen«, sagt Hans Dieter, der nach eigenen Angaben seine beste und vitalste Zeit zwischen dem 65. und 80. Jahr verlebte. Nach grausamen Erfahrungen als junger Mann im Zweiten Weltkrieg hat er sich aber bereits 1945 dazu entschlossen, das Leben in vollen Zügen zu genießen. Seine Lebensphilosophie schreibt er auf, in Stichworten und kurzen Sätzen. Seine Kommoden sind prall gefüllt mit Hunderten in Leder gebundenen kleinen Tagebüchern. Die liest zwar bisher niemand, aber der 95-Jährige erzählt daraus Anekdoten, meistens heitere und lebendige. Doch manchmal muss er tief in den Krieg eintauchen, um Dinge zu erklären oder richtigzustellen.

Hans Dieter wird 1926 als dritter Sohn eines angesehenen Arztes im schwäbischen Echterdingen geboren. Ein Bruder stirbt noch im Kindesalter an schwerer Krankheit, eine Schwester kommt als Nachzüglerin im Jahr 1934 zur Welt. Hans Dieters Vater ist politisch deutschnational eingestellt und anfangs nicht mit Hitler einverstanden.

Hans Dieter wächst im schwäbischen Echterdingen auf.

Das ändert sich schleichend nach der Machtübernahme. Als einziger Echterdinger Arzt bekommt er mit, wie viel besser es den Menschen am Ort geht. Niemand ist mehr arbeitslos, die einfachen Arbeiter fangen an, eigene Häuser zu bauen. Das wirkt sich positiv auf die Dorfgesundheit aus. Hans Dieter erlebt 1936 einen völlig euphorischen Vater vor dem Volksempfänger, als der Führer am 16. März 1936 in Frankfurt eine Rechtfertigungsrede hält. Niemals habe er etwas anderes als die wirkliche Versöhnung mit Frankreich im Sinne gehabt, poltert Hitler. Er wolle nun das Kriegsbeil endgültig begraben und für Frieden und Verständigung sorgen. Nach dieser Verlautbarung springt Hans Dieters Vater vom Sessel auf und ruft durch die Stube: »Ab heute bin ich ganz für Hitler.« Im selben Jahr tritt Hans Dieter dem Jungvolk bei und wechselt von der Echterdinger Volksschule, in die er aufgrund des Wunsches seines Vaters schon mit fünf Jahren eingeschult worden ist, auf die Latein- und Realschule im nahe gelegenen Hohenheim, die vor allem von der Landjugend der Gegend besucht wird. Hans Dieter ist nicht nur der Jüngste, sondern auch der Kleinste in seiner Klasse. Aber er ist clever und macht sich gleich den größten und stärksten Klassenkameraden zum besten Freund. »Fritz hieß er«, erzählt Hans Dieter. »Wegen seiner Größe und seinen pechschwarzen Haaren auch der schwarze Teufel genannt.«

Als Hans Dieter 1940 auf das Karlsgymnasium nach Stuttgart kommt, kann er nicht mehr mit dem Fahrrad zur Schule radeln, sondern muss die Straßenbahn nehmen. »Das war aber das geringste Problem. Ich ging nun auf ein Elitegymnasium, da kriegte ich es mit ganz anderen Jungen zu tun. Ich war ja bislang eine richtige Landpomeranze gewesen und lernte nun unter lauter frühreifen Stadtfrüchtchen. Viele Sitzenbleiber gab es darunter, die dann gleich zwei Jahre älter waren als ich. Mit dem Unterrichtsstoff war ich oft überfordert. Im Grunde musste ich in allen

Belangen richtig darum kämpfen, akzeptiert zu sein, und zwar bei Lehrern wie bei Schülern.«

Die Echterdinger Hitlerjugend hilft Hans Dieter dabei, sich Respekt und Selbstbewusstsein zu verschaffen. Er fühlt sich dadurch körperlich gestählt und tritt – wieder auf Anraten des Vaters –, der sich selbst begeistert als Stabsarzt bei der Luftwaffe gemeldet hat, in die Flieger-HJ ein. Gleichzeitig meldet er sich freiwillig als Luftwaffenoffiziersbewerber. Dabei eifert er auch seinem älteren Freund Alfred nach, der schon ein Jahr früher der Flieger-HJ beigetreten ist und nicht aufhört, davon zu schwärmen, was für ein einzigartiges Gefühl es ist, in einem Flugzeug zu segeln. »Mir hat das alles von Anfang an gewaltig Spaß eingebracht«, sagt Hans Dieter. »Ich war richtig stolz, dass ich da mitmachen durfte. Aber der Flieger-HJ anzugehören, das bedeutete eben auch, bereit zu sein, eine Menge Extradienst zu schieben: Flugdienst, Wetterdienst, Werkstattdienst, theoretischer und praktischer Unterricht. Viele hielten das Programm nicht durch und sind nach ein paar Wochen in die Stamm-HJ gewechselt. Ich konzentrierte mich voll auf die Fliegerei und die vor mir liegenden Prüfungen. Unsere Idole wurden die Fliegerasse des Weltkriegs, die wir uns schon bei den ersten Absprüngen zu großen Vorbildern machten. Die A- und B-Prüfung im Segelfliegen haben wir mit dem einsitzigen Schulgleiter, einer SG 38, absolviert. Danach flogen wir schon die großen *Babys* (Typ: Grunau Baby I und II). Statt Wehrertüchtigungslager wie die anderen Hitlerjungen kamen wir an die Fliegerschulen, wo wir spezielle Flugprüfungen bewältigten. Den Infanteriekampf haben wir dort übrigens auch gelernt.«

1942 erreicht der Krieg Hans Dieters schwäbische Heimat, auch wenn ein Ort wie Echterdingen nicht auf der regulären Zielplanung der alliierten Bomberflotten auftaucht. Bei Alarm wegen anfliegender Bomber auf Stuttgart sucht Hans Dieter mit seiner Familie den Luftschutzkeller auf, denn auch Dorfbewohner müssen immer mit Fehlabwürfen rechnen, die das Umfeld der Großstadt treffen. Für die Dorfjugend sind Angriffe auf Stuttgart noch mit Abenteuern verbunden. Sie beobachten die Christbäume und die Flak der Stadt und finden, wenn sie Glück haben, nach den Gefechten Flaksplitter auf den umliegenden Wiesen. Der erste größere Fehlabwurf auf das Dorf ereignet sich am Abend des Totensonntags am 22. November 1942 – mit tragischen Folgen für die Gemeinde. 222 schwere Bomber sind von England aus gestartet, um die Bosch-Werke in Stuttgart anzugreifen.

Um 21:30 Uhr heulen in Echterdingen die Sirenen, und die Dorfbewohner suchen ihre Keller auf. In der Ferne beginnt die Flak zu donnern. Die meisten Einschläge sind weit weg, aber fünf

Während der Luftangriffe auf Stuttgart heulen auch in Echterdingen die Sirenen.

schwere Detonationen erschüttern in dieser Nacht den ganzen Ort, sodass auch Hans Dieter deutlich bemerkt, wie die Wände in seinem Keller wackeln und der Putz von der Decke rieselt. Nach dem Angriff rennt er sofort raus und hilft gemeinsam mit den anderen heimischen Hitlerjungen dabei, die entstandenen Feuer zu löschen. Mehrere Scheunen und eine Sauerkrautfabrik sind in Brand geraten. Tote oder Verletzte sieht Hans Dieter nicht. Am nächsten Morgen wird er von seiner Mutter geweckt, die ihm die traurige Nachricht überbringt, dass ausgerechnet sein bester und stärkster Freund Fritz bei den nächtlichen Angriffen getötet worden ist. Gemeinsam mit Erwin, einem weiteren Klassenkameraden, hat er helfen wollen, einen brennenden Stall zu löschen, als die nächsten Bomben direkt auf die Jungen gekracht sind. Beide waren sofort tot. »Das muss furchtbar gewesen sein«, erzählt Hans Dieter. »Fritz wurde so durch die Sprengbomben zerfetzt, dass seine Mutter seine Einzelteile im Feld gesucht und in ihrer Schürze eingesammelt hat. Bei der Beerdigung habe ich den Sarg meines Freundes getragen.«

Mit 17 Jahren erwirbt Hans Dieter seinen Luftfahrtschein und hat alle Flugprüfungen der Flieger-HJ bestanden, einschließlich der Silber-C mit Schleppgenehmigung – einem fünfstündigen Segelflug unter erschwerten Bedingungen. Damit ist auch die Hitlerjugend für ihn beendet. Ein Jahr später macht er Abitur. Ende 1944 wird Hans Dieter zum Reichsarbeitsdienst eingezogen und zur RAD-Abteilung 4/315 nach Eggenstein bei Karlsruhe abkommandiert. »Eine eher elitäre Gruppe mit 150 Mann«, sagt er. »Ausschließlich Abiturienten und Offiziersbewerber. Das änderte aber nichts an dem Drill und an der Schikane, die wir über uns ergehen lassen mussten: Spatengriffe mit blankem Spaten, exaktes Exerzieren, Paradeschritt, Schießausbildung und dazwischen immer wieder Sport. Der Ton war rau, alles in soldatischem Sinne, aber Soldaten wollten wir ja auch unbedingt sein.« Nach acht Wochen wird Hans Dieter vom Arbeitsmann zum Vormann befördert, der zweitunterste Mannschaftsgrad des Reichsarbeitsdienstes. Weiter geht es nicht, nach nur neun Wochen ist sein Dienst vorzeitig beendet, weil er zwischenzeitlich auch die Bewerbung zum Offiziersanwärter erfolgreich hinter sich gebracht hat; für diese wird der RAD verkürzt, denn die Front verlangt junge Soldaten und Führungspersonal. Hans Dieter erhält seinen Einberufungsbefehl für die Luftkriegsschule 3 im sächsischen Oschatz. »Ich hatte keine Ahnung, wo das ist«, sagt er. »Ich habe mich aber saumäßig gefreut und den ganzen Tag Luftsprünge durchs Haus gemacht. Selbst mein Vater sorgte sich schon aufgrund dieses übersteigerten Glücksgefühls. Ich wollte nach der langen Ausbildung in der HJ endlich vor richtigen Männern zeigen, was ich draufhatte. Mein älterer Freund Alfred besuchte inzwischen schon die Jagdfliegerschule und erzählte begeistert von seinen ersten wagemutigen Einsätzen. Ich eiferte ihm immer noch nach, wollte unbedingt große Flugzeuge fliegen. Mit der Bahn bin ich also nach Oschatz gefahren. Auf dem Flughafengelände gab es Wohnblocks, wo wir zu sechst einquartiert wurden. Die ersten acht Wochen kriegten wir unsere Infanterieausbildung. Die Ausbilder schliffen und schikanierten uns bis aufs Blut. Die Maxime, die über allem stand, hieß: Wer befehlen will, der muss erst bedingungslos gehorchen lernen. Immerhin schweißte uns Schüler die Demütigung unserer Vorgesetzten eng zusammen. Wir wurden in sogenannte Inspektionen eingeteilt, die etwa Kompaniestärke hatten. Immer zu acht waren wir ab da auf einer Stube. In den Gruppen, in denen wir jetzt lebten, sollten wir auch später im Einsatz zusammenbleiben. Das war so angedacht, und wir wurden enge Kameraden, die sich aufeinander in allen Situationen verlassen konnten. Jede Gruppe hatte ihren eigenen Fluglehrer. Geflogen sind wir meist die *Bücker Bü 181* oder die *Klemm Kl 35.*

Die Flugausbildung wird u. a. auf der Klemm Kl 35 absolviert.

Man durfte sich von Anfang an nicht viele Fehler erlauben. Es wurde knallhart ausgesiebt, und wer sich in der Luft nicht bewährte, wurde umgehend zu den Fallschirmjägern oder zu einer Luftwaffen-Division degradiert. Dass es für uns alle eventuell nicht mehr zur abschließenden Jagdfliegerausbildung kommen würde, ließ sich schon erahnen. Wir hatten mit der Flugzeugführerausbildung bisher nur den militärischen Grundschein zur weiteren Spezialausbildung erhalten. Immer öfter floss danach infanteristische Ausbildung in unseren Tagesablauf ein, die so normalerweise nicht in den Lehrplänen vorgesehen war. Alles war sehr zielgerichtet und der aktuellen Kriegsentwicklung angepasst: Panzerkennungsdienst, Panzerbekämpfung, Panzerjagdkommando, Schießen, Nahkampfunterricht. Jeder war uneingeschränkt bereit, für das Vaterland und den Endsieg die Offizierslaufbahn zu unterbrechen. Wir verfolgten die Nachrichten über den Kriegsverlauf und wollten endlich eingreifen. Daran änderte für mich auch nichts die Todesanzeige, die ich in unserer Heimatzeitung fand. Mein guter Freund Alfred war den *Fliegertod für Führer und Vaterland gestorben*. So stand es da, und ähnlich hatte er es in seinem letzten Brief an mich formuliert: *Kehr ich nicht zurück, was ist dabei, wenn nur mein Vaterland, mein Deutschland frei!*«

Mitte März 1945 wird die komplette Luftkriegsschule Oschatz aufgelöst und soll ins österreichische Tulln verlegt werden. Ausgesuchte Piloten jeder Inspektion überfliegen die vorhandenen Flugzeuge. Am 20. März rücken die Rekruten geschlossen aus und fahren zu je 40 Mann, in Viehwagen untergebracht, nach Österreich. Am 26. März beziehen sie nach sechstägiger Fahrt einen Fliegerhorst der Luftkriegsschule Tulln. Niemand weiß, wie es weitergeht. Auf dem Flugplatz sieht Hans Dieter einige der von Professor Kurt Tank konstruierten neuartigen Abfangjäger, die mit Raketenantrieb in wenigen Minuten bis auf 1000 Meter ansteigen und sich dann von oben herab auf feindliche Flugzeuge

Hans Dieter bei der Flugzeugführerausbildung

Hans Dieter in Fliegermontur

stürzen und diese mit Raketen beschießen, um anschließend im Gleitflug wieder zur Basis zu gleiten. Gerüchte machen die Runde, dass die Flugschüler darauf geschult werden sollen. Doch die existierenden Modelle der Focke-Wulf Ta 183, von der Hans Dieter spricht, kommen im Zweiten Weltkrieg nicht mehr zu ihrem Einsatz.

Am Tag nach der Ankunft der Flugschüler landet in Tulln auch ein Jagdgeschwader mit Jägern vom Typ Me 109. Der lang ersehnte Traum der Rekruten, der am nächsten Tag endgültig beendet und nichts mehr wert ist. Die Ausbildung ist unterbrochen, und die angehenden Offiziere ziehen nun nicht als Führer, sondern als einfache Soldaten in die Schlacht. Nicht als Piloten, sondern als bescheidene Infanteristen. Aus den Inspektionen der Luftkriegsschule wird kurzerhand ein Marschbataillon aufgestellt. Hans Dieters Inspektion wird als 2. Sturmbataillon der Kampfgruppe Kossack zugeteilt und unterstellt.

Kurz nachdem die ersten motorisierten Einheiten der 6. Garde-Panzerarmee der 3. Ukrainischen Front erstmals am Vormittag des 29. März ins Burgenland eingedrungen sind und Klostermarienberg erreicht haben, sind sämtliche deutschen Truppen auf ungarischem Reichsgebiet zurückgedrängt worden. Die Schlacht um Österreich beginnt. Dem am 2. April eingesetzten Kampfkommandanten General Rudolf von Bünau stehen zur Verteidigung Wiens kaum mehr als 80000 Kämpfer einer stark dezimierten 6. SS-Panzerarmee, der Führer-Grenadier-Division sowie des Volkssturms und der Hitlerjugend zur Verfügung. Der Oberbefehlshaber der 3. Ukrainischen Front Marschall Fedor Iwanowitsch Tolbuchin lässt Wien ab dem 5. April von drei Seiten angreifen und in die Zange nehmen. Die 4. Gardearmee erhält den Auftrag, die Stadt im Straßenkampf einzunehmen. Adolf Hitler ordnet am 6. April an, dass der Kampf um Wien mit allen Mitteln und ohne Rücksicht auf Verluste jedweder Art bis zum Ende geführt werden müsse. Es entwickeln sich darauf schwere und verlustreiche Häuserkämpfe mit Tausenden Toten auf beiden Seiten. Auch die Kampfgruppe Kossack soll hier eingreifen. Die neuen Kämpfer erhalten in Tulln Fallschirmjägerhosen und Jacken im Camouflage-Tarn. Als Bewaffnung werden Karabiner und reichlich Panzerfäuste ausgegeben. 52-Zentimeter-Klappspaten statt Steuerknüppel in der Hand. Umgehend marschiert Hans Dieters Bataillon los zur Front. »Wir waren nicht enttäuscht, sondern voller Zuversicht«, erinnert er sich. »Wir wollten kämpfen und glaubten fest an den Endsieg. Während des Marsches sangen wir: *Es zogen junge Ritter zum ersten Mal zur Schlacht, sie wollten sich bewähren, darauf war'n sie bedacht.* Von der Front kamen uns währenddessen in entgegengesetzter Richtung ganze Militärkolonnen entgegen, eingestaubte, ausgemergelte Landser, zerschossene Fahrzeuge. Sie musterten uns ungläubig. Wir ließen uns nicht beirren.«

Zwischen Floridsdorfer Brücke und Nordbahnbrücke baut das Bataillon eine Stellung, wo es auch seine Feuertaufe erlebt. Die Sowjetarmee soll unbedingt daran gehindert werden, die Donau zu überqueren. Durch Granatwerferbeschuss, Tieffliegerangriffe und Scharfschützen lassen Hans Dieters Kompanieführer und erste Kameraden ihr Leben oder werden verwundet. Floridsdorf wird schwer getroffen. »In den Trümmern sah ich viele Leichen in furchtbar grotesken Stellungen liegen. Ein Bild darunter ließ mir aber gar keine Ruhe. An einem Laternenpfahl am Floridsdorfer Spitz sahen wir drei tote deutsche Offiziere hängen. An ihren Oberkörpern waren Pappschilder befestigt mit der Aufschrift: Wir haben mit den Russen paktiert. Zum ersten Mal bekam mein Weltbild Risse. Wie konnten Deutsche, meinesgleichen, so hochdekorierte Männer auf eine so schändliche Weise hinrichten? Diese Frage zerrt bis heute an mir.«

Bei Hans Dieters Entdeckung handelt es sich um die am 8. April öffentlich an Straßenlaternen gehängten Widerständler Major Karl Biedermann, Hauptmann Alfred Huth und Oberleutnant Rudolf Raschke, die unter dem Decknamen *Operation Radetzky* Kontakt zur sowjetischen Armeeführung aufgenommen haben, um Wien kampflos zu übergeben. Am 9. April wird bereits in der gesamten Wiener Innenstadt gekämpft. Einzelne Spähtrupps aus Hans Dieters Bataillon wagen sich in die Stadt, um auszukundschaften, wo der Feind steht; auch er gehört einem solchen an. »Es war unheimlich«, erzählt er. »Wien wirkte wie ausgestorben, die Straßen waren leer, hier und da fielen Schüsse. Wir pirschten uns von Hauseingang zu Hauseingang. Aus einem Gebäude heraus wurde mein Kamerad Karl angeschossen und erlitt einen Streifschuss am Hals. Er schrie: *Partisanen,* nahm seine Panzerfaust in die Hand und feuerte in das Haus, aus dem nach der gewaltigen Explosion der halbe Erker herunterbrach. Später machten wir dann Panzerjagd. Bei meinem ersten Schuss raste mein Herz. Ich schoss die Panzerfaust ab, die Rakete traf die Ketten des anvisierten T-34. Der Panzer blieb liegen, drehte und feuerte in unsere Richtung, aber weit über uns hinweg. Doch wir waren in der Klemme. Mein Kamerad Poldi lief völlig ungedeckt todesmutig auf den T-34 zu und schoss seine Panzerfaust ab, traf den Panzer damit aus nächster Nähe. Der T-34 ging sofort in Flammen auf und versperrte den hinteren Fahrzeugen den Weg. Wir verteilten uns und schossen zwei weitere T-34 ab, die anderen konnten umdrehen und flüchten. Drei Russen sind rausgekommen, wir nahmen sie gefangen, lieferten sie ab und marschierten wieder zur Stellung.«

Am 13. April lässt Marschall Tolbuchin Wien für erobert erklären. In weniger als einer Woche sind 19000 deutsche und 18000 sowjetische Kämpfer gefallen. Die verbleibenden deutschen Soldaten ziehen sich in nördlicher Richtung aus dem Stadtgebiet zurück. Hans Dieter ist wenige Tage zuvor mit der Kampfgruppe Kossack nach heftigem Tieffliegerbeschuss vor der Stadt Stetten, die 15 Kilometer nördlich von Wien liegt, ausgeladen worden. Der Auftrag hier: Von einer Anhöhe aus eine Hauptstraße absichern, die von Wien bis nach Korneuburg verläuft. Über diese Straße ziehen sich die Reste des II. SS-Panzerkorps zurück, das seine Verteidigungslinie am nördlichen Donauufer nicht mehr halten kann. Verfolgt werden sie von starken sowjetischen Truppen, die aus östlicher Richtung aus dem Raum Deutsch-Wagram vorstoßen, um den Rückzug der SS-Einheiten zu verhindern. »Wir haben uns auf der Höhe eingegraben«, erzählt Hans Dieter. »Wir sollten sie unter allen Umständen halten. Zwei SS-Divisionen zogen sich geordnet und schwerst bewaffnet in unserem Rücken in endlosen Kolonnen aus dem Stadtgebiet zurück, um weiter nordwestlich eine neue Auffanglinie zu bilden. Wir kriegten ziemlich schnell das Artilleriefeuer der anstürmenden Russen zu spüren. Dann tauchten immer mehr sowjetische Panzer in der Senke vor uns auf, dazwischen Massen von Infanterie. Wir hatten Befehl, nicht sofort zu schießen, sondern sie nahe genug herankommen zu lassen. Mit scharfen Panzerfäusten warteten wir in den Löchern, schossen wenig später mit allem, was wir hatten. Der Feind erwiderte das Feuer. Granaten schlugen in unsere Stellungen ein. In der Zwischenzeit brachten sich drei Sturmgeschütze der SS seitlich auf der Anhöhe in Position und schossen einige der Panzer ab. Die Russen drehten ab, die Sturmgeschütze reihten sich zurück in die Kolonne ein. Diese Szene wiederholte sich mehrfach. Zwischendurch wechselten wir immer wieder die Stellung auf der Anhöhe, mussten dabei, so schnell es geht, mit den Spaten neue Schützenlöcher ausheben. Bei einem weiteren Angriff beobachtete ich, wie ein General mit Stahlhelm, hochgeschlagenem Kragen, leuchtend roten Aufschlägen und Sturmgewehr unter dem Arm in nahezu stoischer Ruhe durch unsere Linien marschierte und den Gegner inspizierte. Als er an mir vorbeilief, befahl er, dass ich mir einen anderen Platz suchen solle, wo ich bessere Deckung hätte. Dem bin ich sofort nachgegangen, und wenige Minuten später schlug genau da, von wo er mich weggeschickt hatte, eine Panzergranate ein. Mit Sicherheit verdanke ich diesem Hinweis eines erfahrenen Strategen das Leben. Am nächsten Tag auf der Anhöhe erhielt ich gemeinsam mit meinem

Kameraden Otto Befehl, einen Panzervernichtungstrupp zu bilden. Mit Panzerfäusten bezogen wir an einer Straßenkreuzung Stellung, wo der nächste Panzervorstoß der Russen erwartet wurde. Unter gewaltigem Feuer gruben wir uns ein, hörten deutlich das *Urrääh*-Geschrei der russischen Infanteristen. Während ich wie wild geworden gegraben habe, schlugen um uns herum alle möglichen Geschosse ein, auch ich wurde an der Seite von irgendetwas getroffen, spürte aber keine Schmerzen. Also mussten es Erdklumpen gewesen sein, dachte ich. Das Loch war schon fast fertig, als ich merkte, dass mein Oberschenkel immer heißer wurde. Ich griff dorthin und hatte gleich die ganze Hand voller Blut. Ich riss die Bluse hoch, noch mehr Blut, aber kein Schmerz, kein Schock. Ich rief zu Otto rüber: *Ich glaube, mich hat es erwischt!*

Wo?, schrie er zurück und robbte schon zu mir rüber. Als er meine Verletzung sah, brüllte er: *Du musst raus, du musst weg!* Er packte mich, zog mich aus dem Loch und schliff mich über die Erde zu einer kleinen Erhebung, wo wir ein bisschen Schutz hatten. Otto zog mir die Hose runter und stopfte ein Verbandspäckchen auf die Wunde. *Du musst sofort zum Hauptverbandsplatz,* rief er, und ich antwortete: *Ich kann dich doch nicht alleine lassen.* Otto ignorierte das; er war damit beschäftigt, mit den Armen herumzufuchteln und zu rufen. Kurz darauf hielt ein Krad der Waffen-SS an, auf dem zwei Soldaten saßen. *Was ist los, Kamerad?,* rief der Mann auf dem Beifahrersitz. *Den hat's erwischt,* antwortete Otto und zeigte in meine Richtung. Die beiden Männer stiegen ab und kamen zu mir rüber. Ich schaffte es gerade, Otto meine Panzerfaust und einen halben Laib Brot, den ich noch im Beutel hatte, zu geben, dann legten mich die SS-Soldaten vorne auf den Beiwagen und ratterten los. Auf dem Hauptverbandsplatz rief der Fahrer gleich nach einem Sanitäter, der mich entgegennahm und auf eine Liege hob. Das Krad sauste so schnell davon, wie es gekommen war. Mich überkam plötzlich ein fürchterlich schlechtes Gewissen, dass ich meine Kameraden im Stich gelassen hatte. Auf dem Verbandsplatz lagen, saßen oder standen Hunderte von Männern, einige schrien oder jammerten. Der Arzt, der mich untersuchte, konnte die Blutung stillen, Verbände anlegen und Spritzen verabreichen, gab mir aber zu verstehen, dass man die dringend notwendige Operation, um mich wieder zusammenzuflicken, hier nicht machen könne. Inzwischen merkte ich die beißenden Schmerzen auch. Ich kriegte einen Begleitzettel um den Hals gehängt und wurde ausgefahren, erst mit einem Sanka, dann weiter in einem Güterwagen. Ich dachte viel nach in diesen Stunden; mir war klar, der Krieg war für mich beendet, und ich war heil rausgekommen, und dann auch noch ehrenhaft. Sollte das nicht zählen? Ich würde sicher ein Verwundetenabzeichen bekommen.«

Heute empfindet Hans Dieter sein Denken in dieser Situation als höchst naiv. Ihm kommt damals nicht in den Sinn, wie viel Glück er gehabt hat. Er weiß auch nicht, dass ihn die Soldaten der Waffen-SS vermutlich doppelt gerettet haben. Die Kampfgruppe Kossack verfügt über einen eigenen Hauptverbandsplatz, wo er eigentlich mit seinen Verletzungen hingekommen wäre. Das Krad hat ihn stattdessen zum Hauptverbandsplatz der SS gebracht. »Später hörte ich, dass das Lazarett der Kampfgruppe Kossack von den Russen gestürmt worden ist«, erzählt Hans Dieter. »Die Verwundeten sind zum großen Teil massakriert worden. Sicherlich waren einige meiner Kameraden darunter. Die anderen haben auf der Höhe weitergekämpft. Zu einem hohen Preis. Ich habe nach dem Krieg herausgefunden, dass am Ende von meiner Kompanie von rund 150 Männern nur noch 17 übrig gewesen sein sollen.«

Hans Dieter wird damals zusammen mit Dutzenden Schwerverwundeten in einen Lazarettzug geladen. Auf den einzelnen Güterwagen ist jeweils ein großes rotes Kreuz aufgemalt. An verschiedenen Stationen werden weitere Verwundete eingesammelt. In jedem Waggon liegen 30 Mann eng nebeneinander auf Stroh, viele sind nicht ansprechbar, einige schreien vor Schmerzen. Bei regelmäßigem Halt werden die Verletzten von Schwestern und Sanitätern mit Wasser, Nahrung, Medikamenten und Verbänden versorgt. Der Zug überquert die Grenze und hält letztlich nach fünf Tagen, am 18. April 1945, im mährischen Teltsch *(Telč),* wo die Verwundeten ausgeladen und in eine Turnhalle gebracht werden, die zu einem Notlazarett umgewandelt worden ist. Sie werden ausgezogen, entlaust und auf Stroh gebettet. Hans Dieter wird als einer der ersten des neuen Transportes operiert. »Ich lag auf dem Bauch auf einem einfachen Tisch, der mit Tüchern abgedeckt worden ist«, erzählt er. »Vermutlich war schon der Äther knapp, denn ich trat nicht vollends weg, war nur benommen und konnte mich nicht rühren. Ich hörte, wie sich der Stabsarzt und sein Assistent auf die OP vorbereiteten und sich dabei unterhielten. Das, was der Arzt da von sich gab, hat mich so wütend gemacht, dass ich am liebsten aufgesprungen wäre. Er nannte Adolf Hitler einen Gröfaz, der halbe Kinder wie Schlachtvieh in den Krieg schicke. Immer wieder wies er den Assistenten an, sich die jungen Soldaten in der Halle genau anzuschauen.«

Hans Dieter ist wütend, denn zu diesem Zeitpunkt ist er noch zu 100 Prozent von Hitlerdeutschland überzeugt und empfindet die ihn operierenden Ärzte als Defätisten. Aber er kann sich nicht rühren, um sie zurechtzuweisen, und schließlich tritt er doch weg. Am nächsten Tag bringt ihm ein Unterarzt den Granatsplitter aus seinem Rücken, den Hans Dieter wie eine 35 Zentimeter lange Narbe zwischen Lenden und Nieren als Kriegsandenken behalten wird.

Damals rückt die Front immer näher an Mähren heran, Patienten und Schwestern hören besorgt dem zunehmenden Kanonendonner zu. Gerüchte über vermehrte Angriffe von tschechischen Partisanen dringen ins Lazarett durch, sodass dieses schließlich aufgelöst wird. Vorher wird sich der Oberstabsarzt einer schwierigen Aufgabe unterziehen. Er muss die Schwerverwundeten bestimmen und sich von den Leichtverwundeten und Genesenen trennen, die wiederum Befehl erhalten, umgehend zurück an die Front zu marschieren. Hans Dieter gehört zu mehreren Hundert Schwerverwundeten, die mit Ochsen- und Pferdegespannen zum Bahnhof transportiert werden. Volksdeutsche beglückwünschen die Patienten, bevor sie in einen wieder auf Dächern und an den Seiten mit roten Kreuzen bemalten Lazarettzug getragen werden. Als Proviant erhalten sie Wein und Süßigkeiten. Hinter den Deutschen fallen Hans Dieter deutlich Gruppen von Tschechen auf, die finster dreinblicken oder hämisch grinsen. Schon bald werden sie sich an den Volksdeutschen rächen und schlimme Massaker an ihnen verüben.

»Ich lag in dem Viehwagen auf Stroh«, erzählt Hans Dieter. »Die Tür war zugeschlagen, ich bemerkte ein Ruckeln, das ich schon kannte. Die Lokomotive wurde angekoppelt, die Wagen rangierten. Dann hörte ich plötzlich Geschrei und Trillerpfeifen. Alarm, Menschen rannten, über unserem Dach jaulten Flugzeugmotoren im Himmel. Noch nie in meinem Leben hatte ich eine solche Angst gehabt, wie ich sie in dem Moment empfand. Verwundete trommelten verzweifelt an die Tür, ich krallte mich am Boden fest, hörte die Schüsse und Explosionen. Es krachte vor mir, schepperte hinter mir. Der ganze Wagen zitterte. Die Flugzeuge drehten ab, kamen aber zurück und schossen erneut. Im Waggon schrien alle vor Panik, beteten, fluchten. Unser Wagen wurde nicht getroffen. Was für ein Glück. Es dauerte später Stunden, bis die Toten aus den zerschossenen Waggons vor und hinter uns ausgeladen waren und der Rest des Zuges abfahrbereit war. Nicht mehr taugliche Güterwagen mussten abgekoppelt werden.

Ich konnte hin und wieder rausgucken. Auf dem Bahnhof sah es aus wie auf einem Schlachtfeld, überall zerfetzte Leiber auf dem Boden. Überlebende wurden nun in unseren Wagen gesteckt, wir quetschten uns eng wie Ölsardinen nebeneinander. Ich war völlig fertig. Diese Angst, die ich da drinnen im Güterwaggon erlebte, war mit nichts zu vergleichen, kein *Urrääh*-Geschrei der Russen, kein feindlicher Panzer war nur im Ansatz mit diesem Grauen vergleichbar. Diese absolute Hilflosigkeit, als Verwundeter, der sich nicht wehren kann, von Flugzeugen beschossen zu werden, ist entsetzlich. Wieder bekam mein Weltbild Risse. Die Piloten mussten die roten Kreuze gesehen haben, dachte ich wütend, die hatten genau gewusst, was sie taten.«

Der Zug bewegt sich endlich und ist dann wieder tagelang unterwegs. Immer seltener wird gehalten, immer weniger Sanitäter und Helfer kommen in die übrigen Wagen, wenn an kleinen Bahnhöfen die Schiebetüren aufgehen. Die Verwundeten strecken Bauern und Zivilisten, die Körbe mit Essen und Feldflaschen mit Wasser reichen, verzweifelt und gierig die Hände entgegen. Es gibt aber bald kaum noch etwas. Im Zug sterben Menschen. Hans Dieter versucht, sich mit Gymnastikübungen fit zu halten; andere Verwundete lachen darüber. »Irgendwann kam kein Sanitäter mehr, dann ging die Tür nicht mehr auf, dann blieb der Zug irgendwo ganz stehen«, erzählt er. »Es passierte nichts weiter. Ich öffnete die Tür, erkannte, dass ich mich auf einem ruhigen, friedlichen Waldstück befand. In einiger Entfernung lag ein Dorf, dahinter ein Fluss. Ich schleppte mich aus dem Wagen, humpelte, kroch zu den anderen Waggons. Da drinnen lagen Tote und Verwundete, nur ganz wenige kamen raus. Die Lokomotive war weg, kein Personal mehr da. Hatte man uns hier zum Sterben abgeladen? Das wollte ich nicht zulassen. Ich schnitzte mir einen Stock, auf dem ich mich abstützen konnte, sammelte so viele Brotbeutel und Feldflaschen von meinen Kameraden ein, wie ich konnte, und machte mich zum Betteln auf ins Dorf. Oft wurde ich abgewiesen, verjagt. Hitler sei tot, schnappte ich auf, Österreicher fluchten über Deutsche. Das war neu. Aber es gab noch genug gute Menschen, die meine ausweglose Situation erkannten. Mehrfach machte ich den Weg, brachte den anderen Verwundeten Milch und Brot und alles, was ich sonst ergattern konnte. Das tat ich so lange, bis zwei amerikanische Jeeps vor dem Güterwagen hielten. Schwer bewaffnete Soldaten kamen über die Wiese auf mich zu, fragten, was los sei, durchsuchten den Zug, schauten angewidert in die Wagen, versprachen wiederzukommen. Ich legte mich wieder in den Waggon und wartete. Ein paar Stunden später hörte ich, dass eine Lokomotive angekoppelt wurde. Wir wurden ausgefahren. Ich schlief lange und unruhig.«

Hans Dieter und die anderen Verwundeten wissen nicht, wohin es geht; ihnen ist aber bewusst, dass sie ab jetzt Kriegsgefangene der Amerikaner sind. Am nächsten Bahnhof werden sie in Militärtrucks umgeladen. Die Planen sind geschlossen, die Lkws fahren in rasendem Tempo über hügelige Straßen, bis sie nach etwa einer Stunde zum Stehen kommen. »Als ich ausgestiegen war und das Sonnenlicht nicht mehr blendete, konnte ich meinen Augen nicht trauen«, sagt Hans Dieter. »So etwas Schönes hatte ich lange nicht, oder überhaupt noch gar nicht gesehen. Strahlend blauer Himmel, ein kristallklarer See, schicke Hotels, pompöse Villen, ruhige und friedliche Natur. Vor uns lag ein Schloss. Jetzt wollte ich nur noch leben.« Hans Dieter schreit auf. Der Schlag mit einem Gewehrkolben in den Rücken soll ihn daran erinnern, dass er weder in dem traumhaften See schwimmen noch in einem romantischen Hotel wohnen wird. Die Gefangenen werden zusammengetrieben und zum Schloss gebracht, an dem an den Seitenmauern weiße Fahnen mit roten Kreuzen wehen. Keine Kreuzritter-Hinterlassenschaften, sondern die Zeichen des internationalen Roten Kreuzes. Das deutsche Kriegslazarett auf Schloss Cumberland in Gmunden am Traunsee ist von den Amerikanern übernommen worden. »Es hatte schon etwas Groteskes, gefangen zu sein in den gotischen Hallen eines alten englischen Herzogs«, erzählt Hans Dieter. »Aber im Vergleich zu allem, was vorher gewesen war, genossen wir es in vollen Zügen. Meine Lebensgeister wurden geweckt, wir duschten warm, man wusch und entlauste unsere völlig verdreckten Sachen. Und wir lagen in weiß bezogenen Feldbetten mit Decken und Kissen. Unglaublich! Ein Traum!«

Hans Dieter geht es bald besser, seine Schmerzen treten in den Hintergrund, die Schwestern kümmern sich gut, das Essen ist allerdings knapp bemessen und stark rationiert. Am meisten genervt ist Hans Dieter aber von seinen Mitgefangenen. »Sie schimpften über Deutschland und die Deutschen, obwohl sie alle zweifellos selber welche waren. Ich hielt sie allesamt für Defätisten und Vaterlandsverräter, die beim Ami gut ankommen wollten. Ich war der Jüngste von allen. Für mich waren die anderen alte Knochen, die nichts erlebt hatten, richtige Etappenhengste. Sie wiederholten nur die Parolen der Amerikaner, die besagten, dass derjenige, der den Zaun überschreiten würde, erschossen werde. Man mahnte sich gegenseitig zu Ruhe und Besonnenheit. Ich hielt das nicht aus, trottete im Park herum, in dem wir uns immerhin bewegen durften, fand am Rande im Zaun ein Loch und machte mich vom Acker. Aber immer nur für ein paar Stunden, bis zum nächsten Appell, dann war ich wieder da. Ich lief in den Ort, bettelte, holte mir das, was ich brauchte, wagte auch einen Blick auf den See und lernte schließlich im Wald eine hübsche Frau kennen, mit der ich mich dann mehrfach traf. Gisela war Mitte 30 und aus Norddeutschland evakuiert worden. Ein paar Tage später hatte ich mich gerade wieder auf ein heimliches Treffen mit meinem neuen Schwarm vorbereitet, da befahlen uns amerikanische Soldaten zum Antreten und Abmarsch. Uns wurden die Buchstaben POW auf den Rücken gemalt, dann verfrachtete man uns auf Lkws und fuhr uns in ein riesiges Sammellager, das alle meine Träume von Schlössern, Seen und hübschen Damen sofort verblassen ließ. Mit Zehntausenden Gefangenen lagen wir auf der nackten Erde. Ich wurde in meiner Gefangenenkompanie 25 als Fourier eingeteilt und erhielt die unangenehme Aufgabe, zwei Kommissbrote in 120 Scheiben zu schneiden, damit jeder Gefangene etwas bekam. Es war schrecklich, die Leute starben am Hunger, medizinische Hilfe gab es nicht mehr. Mal war es brütend heiß, dann regnete es tagelang in Strömen, und alles verwandelte sich in eine ekelige braune Schlammwüste. Amerikanische Bewacher trauten sich nicht ins Lager, machten sich aber einen Spaß daraus, schwer bewaffnet vor den Zäunen ihre Mahlzeiten einzunehmen. Ab und an warfen sie etwas rüber, nur um zu sehen, wie sich Dutzende halb verhungerte Deutsche um ein paar Bohnen schlagen.«

Nach acht Tagen wird Hans Dieter in ein Entlassungslager bei Braunau am Inn überstellt. Bei einer Musterung hat ein amerikanischer Offizier Mitleid mit dem jungen Mann und rät ihm, sich als Farmer auszugeben. So wird Hans Dieter am 7. Juni 1945 entlassen und ist frei. Zu Fuß und per Zug schlägt er sich bis nach Echterdingen durch, wo seine Eltern und Geschwister außer sich vor Sorge gewartet haben. Sein Vater untersucht sofort seine Wunde und kann kaum glauben, dass tatsächlich weder ein Gefäß noch ein Nerv verletzt ist. Zunächst verdingt sich Hans Dieter als Waldarbeiter. Nach zahlreichen Bewerbungen und Absagen kann er ab Oktober 1946 in Heidelberg und ab 1950 in Tübingen Medizin studieren. Nach dem Tod seines Vaters übernimmt er 1957 die Praxis in Echterdingen, 1990 tritt sein ältester Sohn als gleichberechtigter Partner dort ein, 1998 sein zweiter. Bis dahin arbeitet Hans Dieter Vollzeit als Praxisarzt, und noch heute behandelt er samstags einige Privatpatienten.

Hans Dieter über die Wahrheit

So vieles, was über den Zweiten Weltkrieg in Deutschland erzählt wurde und wird, ist falsch, feige und verlogen. Heute liest es sich so, als seien wir alle gezwungen worden, in den Krieg zu ziehen, und ich höre immer wieder auch von Zeitzeugen, die das so von sich geben. Aber die kauen nur das wieder, was ihnen jahrelang im Fernsehen erzählt wurde, und geben nicht zu, was sie damals empfanden. Wir waren alle stolze Soldaten und Nationalisten. Es ging uns darum, Heimat und Vaterland zu verteidigen, das war Ehre und Selbstverständlichkeit zugleich. Das haben die Soldaten der anderen beteiligten Länder auch so gemacht. Nationalist sein war damals normal. Die Kehrseite der Medaille ist, dass meine Generation nichts von den Gräueltaten der Nazis in den Konzentrationslagern mitbekommen hat. Und als das bekannt wurde, wollte natürlich niemand damit in Verbindung gebracht werden, und kein Mensch traute sich noch zu erzählen, dass er begeisterter Soldat oder Hitler-Anhänger gewesen ist. Ich habe Hitler auch verteidigt, weil ich mir damals sicher war, er stehe für Deutschland ein und sorge dafür, dass wir uns gegen unsere Feinde und gegen schlimmes Unrecht verteidigen. Ich wusste ja aber auch nichts von Auschwitz und Vernichtungslagern und war gar nicht in der Lage, differenzierter über diese Figur nachzudenken. Es ist bedauerlich, dass so viele wichtige Geschichten nicht oder falsch aufgearbeitet wurden, und zwar aufgrund der großen Angst, zuzugeben, dass man dabei gewesen ist. So können sich junge Menschen nicht in die Vergangenheit hineinversetzen, wenn sie alles nur aus moderner aufgeklärter Sicht bewerten. Dabei gibt es durchaus interessante Anknüpfungspunkte zu heutigen gesellschaftlichen Debatten. Geht es nicht ständig um Nationalitäten, Hautfarben, Krieg und Völkerrecht, Flucht und Migration? Da könnten wir doch so viel beitragen mit unseren Erfahrungen. Zum Beispiel zur Rolle der Amerikaner. Die Verbrechen in den Rheinwiesenlagern sind nicht aufgearbeitet worden, kein Mensch weiß darüber Bescheid. Ich bin in Österreich nur entlassen worden, weil General George Patton dort Befehlshaber war. Im Gegensatz zu Dwight Eisenhower, der sich rächen wollte, hat sich Patton Befehlen widersetzt, Kriegsgefangene so grausam zu behandeln. Er hat sich dabei auf das Völkerrecht berufen. Im Herbst 1945 ist er auf mysteriöse Weise ums Leben gekommen. Es soll ein Autounfall gewesen sein. Aha! Wie kann das sein? Man muss die Geschichte hinterfragen, auch wenn es schmerzt. Die Menschen sollen mutig sein, sonst kriegen sie die Wahrheit nicht raus. Und um noch mal an Aktuelles anzuknüpfen: Weiß denn heute jemand, dass uns die schwarzen amerikanischen Soldaten – im Gegensatz zu den weißen – gut und freundlich behandelt haben? Sie verteilten sogar Schokolade und Zigaretten aus Mitleid. Die Weißen haben deutsche Soldaten gedemütigt und geschlagen. Wären das nicht interessante Fragen für die heutige Gesellschaft, zu erfahren, woher so etwas kam?

Hans Dieter über zeitgenössisches Holocaustwissen

Während des Krieges habe ich kein einziges Wort über Konzentrationslager oder die Ermordung von Juden gehört, kein einziges. Ich hätte aber auch kein Wort davon geglaubt. Ich erinnere mich an ein Gespräch mit einem Arzt in Stuttgart Anfang der 1940er-Jahre, der mir erzählte, die deutschen Juden hätten in Polen eine eigene Stadt bekommen, wo sie unter sich leben würden.

In Echterdingen lebte eine einzige jüdische Familie. Unser Dorfpfarrer hat sie 1938 dazu überredet, auszuwandern. Das habe ich später erfahren. In Stuttgart hatte ich zwei Halbjuden in meiner Klasse, die normal behandelt wurden und mit uns Abitur gemacht haben. Als ich nach 1945 von den ganzen Gräueln gehört habe, war ich sicher, dass sie auch vergast worden sind, und musste oft an sie denken. Aber etwa zehn Jahre später kamen sie zum Klassentreffen nach Stuttgart; einer war Musiker, der andere Anwalt geworden. Leider hatte ich damals nicht den Mut, nach dem Schicksal ihrer Familie zu fragen. Das ärgert mich heute. Von der Reichskristallnacht in Stuttgart haben wir damals gehört, das sprach sich wie bei der stillen Post bis in die Dörfer rum. Ich weiß aber noch, dass einige Dorfbewohner bei uns erzählt haben, dass Hitler sich furchtbar über das aufgeregt hätte, was da geschehen ist. So haben sich die Menschen das damals bei uns vermutlich schöngeredet und die Verantwortung auf ein paar SA-Männer abgewälzt.

NACHWORT

Die Jungen der *verlorenen Generation* haben in der letzten Etappe des Zweiten Weltkriegs einen erbitterten und brutalen Kampf geführt, der sie bis an ihr Lebensende geprägt hat. Neben der Verarbeitung der vielen Traumata, die Kindersoldaten durch ihren Kriegseinsatz erlitten haben – etwa durch den Verlust von Kameraden im Gefecht und Familienangehörigen im Krieg, durch das Beiwohnen von schrecklichen Morden und Massakern an Zivilisten, durch das Durchstehen von Todesängsten und schlimmstem Hunger und manchmal Folter in Gefangenschaft –, trieben sie auch psychohistorische Fragen um: *Wie konnte ich so naiv sein? Wie konnten wir uns so täuschen lassen?* Nach dem Zusammenbruch des Dritten Reiches nämlich mussten sie sich eingestehen, dass sie für eine falsche Sache gekämpft haben. Falsch, weil die Ideale, von denen sie sich leiten ließen, nicht mit der Ideologie übereinstimmten, die ein Verbrecher-Regime verfolgte, das sie in ihrem jugendlichen Aufbegehren, ihrer Heimatverbundenheit, ihrem Familiensinn und ihrer Identitätsfindung ausgenutzt und missbraucht hat. Die Motivation der Zeitzeugen dieses Buches, für ihr Land zu kämpfen, deckt sich in den wesentlichen Punkten mit den Antworten, die der Historiker Rolf Schörken von ehemaligen Luftwaffenhelfern in seiner in der Einleitung zitierten Studie erhalten hat. Alle 13 Männer, die ich dazu gesprochen habe, gaben an, sie seien von einem Pflichtgefühl gegenüber ihrer Heimat getrieben gewesen und hätten ihr Vaterland und ihre Familien vor Gewalt und Willkür durch den einrückenden Feind schützen wollen. Das NS-System hat sie dabei bewusst in dem Glauben gelassen, dass Deutschland das Opfer böser Mächte von außen ist, die im Begriff sind, ihr Land zu zerstören. Verheimlicht haben ihnen die Nazis, dass sie selbst den Krieg gewollt hatten und brauchten, um in Europa einen Rassenfeldzug zu führen, und dass ihnen am Ende der Schutz der deutschen Heimat völlig egal war. Mit allen Mitteln eines faschistischen Systems haben sie hauptsächlich vertuscht, dass sie im Verborgenen längst damit angefangen hatten, Leben, das sie für minderwertig hielten, systematisch auszulöschen. Antisemitische Vorurteile haben die Zeitzeugen dieses Buches häufig als gegeben hingenommen und akzeptiert, da sie nie eine Welt ohne diese Stereotype gekannt haben. Auch hat nahezu jeder von ihnen in der früheren Kindheit – vor dem Einsatz als Soldat – Diskriminierungen und Ausgrenzung gegenüber der jüdischen Bevölkerung erlebt. Jeder empfand das als große Ungerechtigkeit, sah sich aber als Kind in einer gewachsenen Diktatur nicht in der Lage zu intervenieren. Keiner der von mir Befragten wusste oder ahnte auch nur im Ansatz von systematischen Morden in Vernichtungslagern. Die Rassenideologie der Nationalsozialisten gab für die Zeitzeugen keinerlei Ausschlag dafür, in den Kampf zu ziehen. Sie spielte keine Rolle, oder die Zeitzeugen wollten damit nichts zu tun haben, weil sie sich nie als Nazi, sondern als Soldat und Verteidiger der Heimat fühlten. In der absoluten Mehrheit hatten sie daneben keinerlei Bezug zur Person Adolf Hitler, kein Vertrauen und keine Sympathie für ihn, sondern fanden ihre Vorbilder in den militärischen Führern ihrer

Einheiten und ihren Halt in der Armee oder in der Kameradschaft der Kampfgruppe. So wie der einst umjubelte Führer sich selbst am Ende kaum noch zeigte oder äußerte, war er für die minderjährigen Soldaten im Kampf schlichtweg nicht vorhanden und auch nicht wichtig.

Die Männer, mit denen ich gesprochen habe, haben sich diese Erklärungen nicht zurechtgelegt, sondern haben nach lebenslanger Überlegung ehrlich und schlüssig geantwortet, und ihre Angaben decken sich mit Erkenntnissen historischer Forschung. Die Zeitzeugen haben es geschafft, darüber hinwegzukommen, dass sie sich von Verbrechern wie Hitler haben täuschen lassen, weil sie genau reflektiert haben, wofür sie und wofür sie nicht taten, was sie taten. Dabei ist es ihnen nicht gelungen, die Nachkriegsgesellschaft, teilweise ihre eigenen Kinder und Kindeskinder, auch davon zu überzeugen, dass sie nicht im Sinne des Nationalsozialismus gehandelt haben und nichts vom Holocaust gewusst haben, mit dem die jüngeren Generationen täglich in Medien und Gesellschaft konfrontiert werden. Die nötige Differenzierung, die durch Gespräche zwischen den Generationen möglich gewesen wäre, konnte nicht stattfinden, weil Angst und Scham, etwas Falsches zu fragen oder zu erfahren – auf der anderen Seite die Sorge, nicht verstanden zu werden –, wie ein Bremsklotz zwischen ihnen und der Gesellschaft gestanden hat.

Die Unfähigkeit zu differenzieren, die Tendenz, Dinge nur noch schwarz-weiß zu betrachten, und die Sorge, die falschen Fragen zu stellen und dadurch nicht politisch korrekt zu wirken, sind inzwischen zu den schlimmsten Geißeln des öffentlichen Umgangs miteinander mutiert. Wir sollten für uns und für die uns nachfolgenden Generationen Lösungen finden, dieses Ungleichgewicht geradezurücken. Auch wenn ein Krieg heute nicht direkt vor unserer Haustür tobt, so entsendet ein von uns beauftragtes Parlament doch deutsche Soldaten in fragwürdige Auslandseinsätze. Und auf Frieden in Deutschland gibt es mit Sicherheit keine Garantie. Wir werden unsere Großeltern und Eltern, die Krieg am eigenen Leib erfahren und wichtige Lehren daraus gezogen haben, zwar sehr bald nicht mehr persönlich um Rat fragen können, aber vielleicht können wir doch einiges aus den Geschichten, die sie uns – wie geschehen in diesem Buch – hinterlassen haben, für das eigene Dasein und Weiterkommen lernen. Es ist vor allem der Kampfgeist der *verlorenen Generation,* der sie nach dem totalen Zusammenbruch wieder auf die Beine gebracht hat, mit dem sie unser völlig zerstörtes Land wieder aufgebaut hat, der uns beeindrucken könnte. Es ist ihr Wille, nicht aufzugeben, überleben zu wollen und Krisen anzunehmen, um sie meistern zu können. Es ist ihre Art, leidensfähig zu sein und nicht vor unbedeutenden Dingen einzuknicken oder in einer Opferrolle stecken zu bleiben, die außer Beschwerden und der Annahme, man selbst und das eigene Problem sei der Mittelpunkt der Welt, nichts mehr zustande bringt.

Es ist nicht nur schade, sondern auch gefährlich, dass jüngere Generationen die positiven Eigenschaften ihrer Vorfahren nicht übernommen haben und stattdessen an kleinsten persönlichen Krisen zu zerbrechen drohen. Die Geschichte ist für die Menschen immer eines der wichtigsten Lernfelder gewesen. Durch sie zu lernen bedeutet, Erkenntnisse für sich selbst anzunehmen. Wenn wir uns mit den ehrlichen Erinnerungen der Vorfahren im Zweiten Weltkrieg auseinandersetzen und erfahren, wie unermesslich Leid tatsächlich sein kann, werden wir vielleicht, so die Hoffnung, ein paar unserer Luxusprobleme und Wichtigtuereien als zu nichtig ansehen, um uns auf allen Ebenen und Kanälen zu empören. Bei all der nötigen gebotenen Sensibilität, Fürsorge und

Vorsicht, die sich diese Gesellschaft auferlegt hat, sollten wir doch auch wieder lernen, auszuhalten und zu kämpfen. Die zukünftigen sozialen, politischen und klimatischen Probleme auf diesem Planeten, die sich durch Überbevölkerung, Globalisierung oder Digitalisierung ergeben und von neuen radikalen Ideologien befeuert werden, werden nämlich mit Sicherheit Kampfgeist, Ausdauer und auch Härte von uns verlangen. Sonst sind wir bald selbst eine verlorene Generation!

Am Ende meines Buches bedanke ich mich erneut und von ganzem Herzen bei allen Zeitzeugen, die mir ihre Geschichten anvertraut haben. *Euer Mut ist außergewöhnlich und vermutlich wichtiger für die, die noch länger auf dieser Erde bleiben werden, als ihr glaubt!*

Mein Dank geht ebenso an alle Familienangehörigen, die die Treffen mit ihren Vätern und Großvätern ermöglicht und gefördert haben. Ich danke auch den vielen Männern, mit denen ich gesprochen und geschrieben habe, deren Geschichten aber nicht Eingang in dieses begrenzte Buch finden konnten. Wehmütig denke ich besonders an die Verabredungen zurück, die bereits vereinbart waren, doch am Ende durch fortschreitende altersbedingte Krankheit des Zeitzeugen nicht stattfinden konnten. *Auch das, was ich bis dahin von euch erfahren habe, habe ich in der einen oder anderen Form weitergeben können und werde das weiter tun!*

Ich danke besonders dem Bund der Vertriebenen für die professionelle Vermittlung von Zeitzeugen nach meinen Vorstellungen, auch der Zeitzeugenbörse Berlin und dem Volksbund Deutsche Kriegsgräberfürsorge. Nicht möglich ist die Fertigstellung eines solch umfangreichen Buches ohne die fachkundige und engagierte Hilfe sowie das mir entgegengebrachte Vertrauen von Verlagsseite. Daher danke ich meinem Verleger Christian Strasser, meinem Lektor Franz Leipold, Barbara Stang, Kathleen Roth vom Europa Verlag und meiner Agentin Anna Mechler. *Ich freue mich schon sehr auf die nächsten eingeplanten Projekte mit euch!* Zuletzt verspreche ich meinem kleinen Sohn Enno und meiner Frau Anne, dass ich den größten Teil der Freizeit, die ich zwischen den Recherchereisen und Schreibepisoden habe, der Familie widmen werde.

Christian Hardinghaus im August 2021

ANMERKUNGEN

1 Vgl. www.instagram.com/mooshtariii/: Gespräch Nazierbe (15. Februar 2021), Url: https://www.instagram.com/tv/CLU2dZiqvMGF9mXAtGJD-x4Bpkjv_nYWV2IYs2w0/ (letzter Abruf: 16.8.2021). Die folgenden indirekten Zitate und Paraphrasen sind dem Gespräch entnommen.
2 Hoffmann, Jule: Deutsch und damit nicht normal, in Zeit Online (12. März 2021), URL: https://www.zeit.de/kultur/ 2021-03/ns-vergangenheit-nazihintergrund-she-said-buch laden-emilia-von-senger (letzter Abruf: 16.8.2021).
3 Ebenda.
4 Ebenda.
5 Ebenda.
6 Offiziell Luftwaffenhelfer-Hitlerjugend, umgangssprachlich auch als Flakhelfer bezeichnet.
7 Vgl. Nicolaisen, Hans-Dieter: Der Einsatz der Luftwaffen- und Marinehelfer im 2. Weltkrieg. Darstellung und Dokumentation. Büsum, 1981.
8 Vgl. Nicolaisen, Hans-Dieter: Luftwaffen- und Marinehelfer im Zweiten Weltkrieg. Berlin 1981.
9 Vgl. Seidler, Franz W.: Deutscher Volkssturm. Das letzte Aufgebot 1944/45. München 1989.
10 Mammach, Klaus: Der Volkssturm. Das letzte Aufgebot 1944/45. Köln 1981.
11 Vgl. Buddrus, Michael: Totale Erziehung für den totalen Krieg. Hitlerjugend und nationalsozialistische Jugendpolitik, München 2002.
12 Vgl. Keller, Sven: Volksgemeinschaft am Ende. Gesellschaft und Gewalt 1944/45, München 2013, S. 125–190.
13 Vgl. Gregor, Manfred: Die Brücke. München 2005.
14 Vgl. Schätz, Ludwig: Schüler-Soldaten. Die Geschichte der Luftwaffenhelfer im zweiten Weltkrieg. Darmstadt 1974.
15 Vgl. Schörken, Rolf: Luftwaffenhelfer und Drittes Reich. Die Entstehung eines politischen Bewußtseins. Stuttgart 1984.
16 Ebenda, S. 13.
17 Vgl. ebenda.
18 Ebenda, S. ebenda f.
19 Ebenda, S. 214.
20 Vgl. ebenda, S. 200.
21 Vgl. ebenda, S. 15
22 Ebenda, S. 14f.
23 Vgl. ebenda, S. 225.
24 Ebenda, S. 14.
25 Vgl. ebenda, S. 218.
26 Vgl. ebenda, S. 204.
27 Vgl. ebenda, S. 195f.

28 Vgl. ebenda, S. 198.
29 Vgl. ebenda S. 205ff.
30 Ebenda, S. 219.
31 Vgl. Hardinghaus, Christian: Die verdammte Generation. Gespräche mit den letzten Soldaten des Zweiten Weltkriegs. München 2019.
32 Vgl. ders: Die verratene Generation. Gespräche mit den letzten Zeitzeuginnen des Zweiten Weltkriegs. München 2020.
33 Einheiten des Jungvolks.
34 Die Designs der Uniformen für Flieger-HJ, Marine-HJ und Streifen-HJ wichen in weiteren Details von der üblichen ab.
35 Vgl. Schörken, S. 199.
36 Schörken, S. 14
37 Im späteren Kriegsverlauf Reduzierung auf 6 Mann.
38 Vollständiger Name: EM 4 m R 40 blc (Abk. für Entfernungs- Messer mit 4 m Basislänge, Raumbildverfahren, Baujahr 1940, blc).
39 Die Funkmessgeräte trugen auch die Namen Würzburg (39 T), Mainz (40 T)oder Mannheim (41 T).
40 Meyer, Kurt: Grenadiers, Reprint by The Stackpole Military History Series (Hrsg.): The Story of Waffen SS General Kurt »Panzer« Meyer, Mechanicsburg 2005, S. 248. Im Original: Meyer, Kurt: Grenadiere, Zweibrücken 1957.
41 Urząd Bezpieczeństwa (vergleichbar mit der deutschen Gestapo).
42 Bogerschaukel (Vgl. KZ Auschwitz).
43 Vgl. Rossdeutscher, Karl-Walther: Vomag. Privatarchiv Werner Nemitz.
44 Vgl. Nemitz, Werner: Hitlers allerletzte Reserve – Hitlerjungen als »Werwölfe«. Kassel 2014.
45 Nach Ende des Zweiten Weltkriegs verübten im Rahmen der wilden Vertreibung tschechische Milizen und aufgebrachte Zivilisten furchtbare Massaker und Vergeltungsaktionen an den Sudetendeutschen. Vgl. dazu Hardinghaus: Die verratene Generation, 2020.

REGISTER